21.80

William
Barclay

Auslegung des Neuen Testaments

Brief an die Galater

Brief an die Epheser

Brief an die Galater

Brief an die Epheser

ausgelegt von
William Barclay

Aussaat Verlag
Wuppertal

Aus dem Englischen übersetzt von Dr. Elfriede Leseberg. Titel der Originalausgabe „The Letters to the Galatians and Ephesians“ in der Reihe „The Daily Study Bible“ bei The Saint Andrew Press, Edinburgh, 1. bis 5. Auflage 1954 bis 1965. Der deutschen Ausgabe liegt der revidierte Text der Übersetzung von Martin Luther zugrunde.

Neudurchgesehene Auflage
Auflage 5 4 3 / 87 86 85 84 83 82
(die letzten Zahlen bezeichnen die Auflage und das Jahr des Druckes)
Einband: T. Hagen, Wuppertal
Satz und Druck: Aussaat-Druck, Wuppertal
ISBN 3 7615 0056 4

Der Brief des Paulus an die Galater

Inhalt

Der Brief des Paulus an die Epheser

Inhalt

Inhalt

ALLGEMEINE EINFÜHRUNG IN DIE PAULUSBRIEFE

Die Briefe des Apostels Paulus

Die Paulusbriefe gehören zu den interessantesten Dokumenten des Neuen Testaments. Der Grund dafür liegt auf der Hand: Briefe stellen die persönlichste Form der literarischen Aussage dar. Der griechische Literaturkritiker Demetrius hat einmal gesagt: „In seinen Briefen offenbart der Schreiber seine Seele. Zwar erkennt man seinen Charakter auch aus anderen literarischen Zeugnissen, doch nirgends kommt seine Eigenart so deutlich zum Ausdruck wie beim Briefeschreiben" (Demetrius, On Style, 227). Weil so viele Paulusbriefe erhalten geblieben sind, haben wir das Gefühl, Paulus besonders gut zu kennen. In den Briefen erschloß Paulus sich den Menschen, die er liebte; noch heute erkennen wir deutlich, daß sich hier ein großer Geist mit den Problemen der Frühkirche auseinandergesetzt hat, dessen Herz selbst dann noch für die Menschen schlug, wenn sie sich hatten irreführen lassen und sich im Irrtum befanden.

Schwierigkeiten, die uns die Briefe bereiten

Trotz des eben Gesagten läßt sich nicht leugnen, daß gerade Briefe häufig besonders schwer zu verstehen sind. Demetrius (On Style, 223) zitiert einen Satz des Artemon, der die Briefe des Aristoteles herausgegeben hatte. Danach sollen Briefe nichts anderes sein als aufgezeichnete Gespräche, oder anders ausgedrückt: Das Lesen eines Briefes ist mit einem telefonischen Anruf zu vergleichen, bei dem wir dem, was unser Gesprächspartner am anderen Ende der Leitung sagt, zuhören. Weil die Antwortbriefe uns nicht erhalten geblieben sind, ergibt sich beim Lesen der Paulusbriefe häufig die Schwierigkeit, daß wir nicht genau wissen, aus welcher Situation heraus und aus welchem konkreten Anlaß sie geschrieben wurden. Wir können diese Situation nur aus den Briefen selbst erschließen und stehen daher beim Lesen ständig einem doppelten Problem gegenüber. Einmal, wie der Briefinhalt als solcher zu verstehen ist, zum andern, wie sich feststellen läßt, unter welchen Umständen es zu diesem Brief kam. Wir müssen also ständig bemüht sein, die Situation zu rekonstruieren, aus der heraus die Briefe entstanden sind und allein verständlich werden.

Die alten Briefe

Bedauerlicherweise werden die Paulusbriefe häufig auch als Episteln bezeichnet, obwohl es sich bei ihnen um wirkliche Briefe und nicht um in Briefform abgefaßte Darstellungen von

Ereignissen, Empfindungen, Bekenntnissen und lehrhaften Anweisungen handelt. Die Entdeckung und Veröffentlichung der Papyri war für die Interpretation des Neuen Testaments außerordentlich wichtig. Papyrus war das in der Antike am häufigsten verwendete Material für die Abfassung von Dokumenten aller Art. Es wurde aus einer am Ufer des Nils wachsenden Sumpfbinse, der Papyrusstaude, hergestellt, indem man das entrindete Mark in dünnste Streifen schnitt und in zwei Schichten so übereinanderpaßte, daß die Markfibern beider senkrecht zueinander verliefen. Durch den stärkehaltigen Zellensaft entstanden fest miteinander verklebte Doppelschichten, die wie braunes Papier aussahen. Der trockene ägyptische Wüstensand war ein ideales Konservierungsmittel der auf diese Weise hergestellten Papyrusrollen. Obwohl es sich nämlich bei Papyrus um ein sprödes, brüchiges Material handelt, überdauert es, derart konserviert, die Zeiten, da lediglich Feuchtigkeit ihm etwas anzuhaben vermag. So kommt es, daß dank der Tätigkeit der Archäologen Hunderte von Dokumenten: Ehekontrakte, Verträge, Regierungserlasse und — das Interessanteste — zahllose Privatbriefe auf den Schutthalden der Ägypter gefunden worden sind und so der Nachwelt zugänglich gemacht werden konnten. Beim Lesen dieser Privatbriefe stellen wir fest, daß fast alle Briefe nach einem ganz bestimmten Schema aufgebaut sind, und ebenso, daß auch die Briefe des Paulus genau diesem Schema entsprechen. Hier ein Beispiel: Ein Soldat namens Apion schrieb seinem Vater Epimachus von Misenum aus, daß er nach einer stürmischen Überfahrt sicher angelangt sei.

„Apion entbietet seinem Vater und Herrn Epimachus die herzlichsten Grüße. Hoffentlich seid ihr alle gesund und wohlauf. Ich bitte darum, daß es dir, meiner Schwester und ihrer Tochter und meinem Bruder gut ergehe. Ich danke meinem Herrn Serapis (sein Gott), daß er mich behütet hat, als ich mich auf See in Gefahr befand. Gleich nach meiner Ankunft in Misenum erhielt ich von Caesar das Reisegeld — drei Goldstücke. Alles läßt sich gut an. Ich bitte dich, lieber Vater, schreib mir bald, damit ich vor allem erfahre, wie es dir geht. Schreib aber auch von den Brüdern und laß mich drittens deine Hand dafür küssen, daß du mich so gut erzogen hast, so daß ich hoffen darf, schon bald befördert zu werden. Grüße Capito aufs herzlichste, und auch meine Brüder, Serenilla und meine Freunde. Ich füge ein kleines Bild von mir bei, das Euctemon gemalt hat. Beim Militär werde ich Antonius Maximus genannt. Mögest du bei guter Gesundheit bleiben. Freundliche Grüße auch von Serenus, dem Sohn des Agathos Daimon, und von Turbo, dem Sohn des Gallonius" (G. Milligan, Selections from the Greek Papyri, 36). Apion wird sich kaum haben träumen lassen, daß wir den Brief an seinen Vater noch nach fast zweitausend Jahren lesen würden. Der Brief zeigt uns, daß die Menschen sich seitdem kaum geändert haben. Der junge Mann hofft, rasch befördert zu werden. Wer anders als das Mädchen, das er liebt und zurücklassen mußte, kann Serenilla sein? Er schickt seinen Angehörigen ein Bild von sich, so wie wir ihnen heute Fotografien schicken. Der Brief ist in mehrere Abschnitte gegliedert. 1. Der Eingangsgruß. 2. Gebet für die Gesundheit der Briefempfänger. 3. Dank an die Götter. 4. Der eigentliche Briefinhalt. 5. Gute Wünsche für das Wohlergehen des Empfängers und persönliche Grüße von anderen. Genau die gleichen Abschnitte lassen sich auch in allen Paulusbriefen feststellen. Dafür nachstehende Beispiele.

1. Die Grußworte: Römer 1, 1; 1. Korinther 1, 1; 2. Korinther 1, 1; Galater 1, 1; Epheser 1, 1; Philipper 1, 1; Kolosser 1, 1. 2; 1. Thessalonicher 1, 1; 2. Thessalonicher 1, 1.

2. Die Fürbitte: Paulus erbittet für alle, an die er schreibt, stets die Gnade Gottes: Römer 1, 7; 1. Korinther 1, 3; 2. Korinther 1, 2; Galater 1, 3; Epheser 1, 2; Philipper 1, 2; Kolosser 1, 2; 1. Thessalonicher 1, 1; 2. Thessalonicher 1, 2.

3. Danksagung: Römer 1, 8; 1. Korinther 1, 4; 2. Korinther 1, 3; Epheser 1, 3; Philipper 1, 3; 1. Thessalonicher 1, 2; 2. Thessalonicher 1, 3.

4. Besondere Einzelheiten: Der Hauptteil der Briefe enthält jeweils den eigentlichen Inhalt.

5. Besondere Wünsche und persönliche Grüße: Römer 16; 1. Korinther 16, 19; 2. Korinther 13, 12; Philipper 4, 21. 22; Kolosser 4, 12–15; 1. Thessalonicher 5, 26.

Paulus hat sich bei seinen Briefen also ganz offensichtlich an das damals übliche Briefschema gehalten.

Der unmittelbare Anlaß

Von wenigen Ausnahmen abgesehen wurden die Paulusbriefe durchweg in der Absicht geschrieben, mit einer unmittelbar gegebenen Situation fertigzuwerden. Sie entstanden nicht etwa in der Stille und Abgeschiedenheit eines Studierzimmers, sondern stets bildete eine akute Bedrohung der Gemeinden, sei es in Korinth, in Galatien, in Philippi oder Thessalonich den konkreten Anlaß des Schreibens. Paulus dachte bei dem, was er schrieb, nicht im mindesten an die Nachwelt, sondern ausschließlich an die Menschen, denen der Brief galt. Bei Professor Adolf Deißmann (1866–1937) heißt es: „Paulus beabsichtigte mit seinen Briefen keineswegs, der bereits vorhandenen umfangreichen jüdischen Epistelliteratur ein paar neue Beiträge hinzuzufügen, und noch viel weniger dachte er daran, die heiligen Schriften seines Volkes um weitere Bücher zu bereichern. Er hatte keine Ahnung davon, welche Rolle seine Worte einmal in der Geschichte der Kirche spielen würden. Er dachte nicht einmal daran, daß sie seine eigene Zeit überdauern könnten, geschweige denn daran, daß die Menschen sie einst in die Heilige Schrift aufnehmen würden." Wir sollten daher nie vergessen, daß etwas, was aus einer augenblicklich gegebenen Situation heraus entsteht, keineswegs unbedingt der Vergessenheit anheimfallen muß. Dafür ist die Liebeslyrik aller Zeiten und Völker ein lebendiges Beispiel, und ebenso verhält es sich auch mit den Briefen des Paulus. Weil sie aus tiefer Besorgnis geschrieben wurden, wenn den Gemeinden Gefahren drohten oder sie in Not waren, sind sie bis heute lebendig geblieben.

Das gesprochene Wort

Wir müssen bei den Paulusbriefen aber noch etwas anderes beachten. Wie fast alle seine Zeitgenossen schrieb Paulus seine Briefe gewöhnlich nicht selbst, sondern diktierte sie einem Schreiber. Erst im Anschluß an das, was er diktiert hatte, setzte er zur Beglaubigung eigenhändig seine Unterschrift unter den Brief. Wir kennen sogar den Namen eines der Männer, die für Paulus schrieben. Römer 16, 22 schiebt der Schreiber Tertius gegen Ende des Briefes von sich aus einen persönlichen Gruß ein. 2. Thessalonicher 3, 17 sagt Paulus: „Der Gruß ist meiner, des Paulus Hand. Das ist das Zeichen in allen Briefen. So schreibe ich" (vgl. 1. Kor. 16, 21; Kol. 4, 18). Aus dieser Tatsache erklärt sich auch, weshalb wir Paulus zuweilen so schwer verstehen. Häufig führt er seine Sätze gar nicht zu Ende; die grammatischen Zusammenhänge werden unterbrochen, und der Satzbau gerät durcheinander. Die Vorstellung, daß Paulus beim Diktieren ruhig an einem Tisch gesessen, gewissenhaft jeden Satz überlegt und an ihm gefeilt habe, ehe er ihn aufschreiben ließ, ist irrig. Wir müssen uns Paulus vielmehr in einem kleinen Raum auf- und abschreitend vorstellen, wobei seine Worte sich förmlich überstürzten, so daß der Schreiber Mühe hatte, mitzukommen. Paulus sah die Menschen, an die er schrieb, stets lebendig vor sich. In seinem Eifer, ihnen zu helfen, quoll sein Herz nur so über von Worten. Bei den Paulusbriefen handelt es sich nicht um das gelehrte Ergebnis gewissenhafter Überlegungen in der Abgeschiedenheit eines Studierzimmers, sondern um lebenssprühende Sturzbäche von Worten, die ihm unmittelbar aus dem Herzen kamen.

DER BRIEF DES PAULUS AN DIE GALATER

EINFÜHRUNG

Paulus wird angegriffen

Irgendwer hat den Galaterbrief einmal mit einem Florett verglichen, das in der Hand des Fechters aufblitzt. Der Brief entstand, als Paulus und seine Lehre angegriffen wurden. Wäre diesem Angriff Erfolg beschieden gewesen, wäre aus dem Christentum möglicherweise nur eine neue jüdische Sekte geworden, die den Juden vorbehalten geblieben und von der Beschneidung und von der Einhaltung der Gesetzesvorschriften statt allein von der Gnade Gottes abhängig gewesen wäre. Es ist ein eigentümliches Gefühl, sich vorzustellen, daß das Evangelium auf immer den Juden vorbehalten geblieben wäre, wenn die Widersacher des Paulus die Oberhand behalten hätten; daß wir nie die Chance gehabt hätten, etwas von der Liebe Jesu Christi zu erfahren.

Angriff auf das Apostelamt des Paulus

Unvorstellbar, daß eine so ausgeprägte Persönlichkeit wie Paulus mit einem so eigenwilligen Charakter nicht auf Widerspruch stoßen sollte. Ein Mann, der im religiösen Denken etwas so umstürzend Neues bewirkte wie Paulus, mußte notwendigerweise angegriffen werden. Als erstes wurde infrage gestellt, ob Paulus überhaupt ein Apostel sei. Nachdem der Verräter Judas Selbstmord begangen hatte, mußte die dadurch entstandene Lücke in der Schar der Apostel wieder geschlossen werden. Welche Eigenschaften mußte nun der Mann aufweisen, der an seiner Statt gewählt werden sollte? Er mußte „einer von diesen Männern sein, die bei uns gewesen sind die ganze Zeit über, welche der Herr Jesus unter uns ein- und ausgegangen ist, von der Taufe des Johannes an bis auf den Tag, da er von uns genommen ist". Er mußte „ein Zeuge der Auferstehung" sein. Die Apostel mußten Jesus während seines irdischen Wirkens begleitet und den auferstandenen Herrn bezeugt haben. An dieser Qualifikation fehlte es Paulus ganz offensichtlich. Doch nicht genug damit, daß er diese Voraussetzungen nicht erfüllte, war Paulus noch vor kurzem der schlimmste Verfolger der christlichen Gemeinden gewesen. Darauf geht Paulus im ersten Vers des Briefes ein. Voller Stolz betont er, daß sein Apostelamt nicht einer irdischen Quelle entstamme und daß er nicht von Menschenhand in sein Amt eingesetzt worden sei, sondern daß er seinen Auftrag unmittelbar von Gott selbst erhalten habe. Wohl mochten andere die erforderlichen Voraussetzungen erfüllen, als es galt, die erste Lücke in der Apostelschar zu schließen, doch Paulus war auf einzigartiger Weise zu diesem Amt qualifiziert worden: Christus war ihm auf der Straße nach Damaskus von Angesicht zu Angesicht begegnet.

Unabhängigkeit und Übereinstimmung

Weiter betont Paulus, daß seine Botschaft unabhängig von den Menschen sei. Aus diesem Grunde beschreibt er Kapitel 1 und 2 ausführlich alle Einzelheiten seiner Besuche in Jerusalem. Er betont, daß er nicht eine Botschaft aus zweiter Hand verkünde, sondern daß er seinen Auftrag unmittelbar von Christus empfangen habe. Das heißt keineswegs, daß Paulus ein Anarchist oder ein Rebell war. Er betonte nämlich außerdem, daß er seinen Auftrag zwar vollkommen unabhängig von den Menschen erhalten habe, daß dieser Auftrag aber dennoch von den anerkannten Führern der christlichen Gemeinde gebilligt worden sei (2, 6—10). Paulus betonte beharrlich, daß das Evangelium, das er predige, unmittelbar von Gott komme, daß es aber in völliger Übereinstimmung mit dem in der Gemeinde überlieferten Glauben stünde.

Die Judaisten

Trotzdem war das von Paulus verkündigte Evangelium Angriffen ausgesetzt. Dieser Kampf war unvermeidlich und mußte nun einmal ausgefochten werden, da es Juden gab, die zwar den christlichen Glauben angenommen hatten, jedoch glaubten, die göttlichen Verheißungen und Gaben gälten ausschließlich den Juden, und kein Heide könne dieses kostbaren Vorrechtes je teilhaftig werden. Sie vertraten den Standpunkt, daß das Christentum allein den Juden vorbehalten sei. Dieser Standpunkt ergab sich gewissermaßen zwangsläufig aus der Auffassung bestimmter jüdischer Kreise, Israel sei das allein von Gott erwählte Volk. Diese Juden behaupteten zum Beispiel: „Von allen Völkern, die Gott geschaffen hat, liebt er nur die Juden." „Gott wird Israel nach einem anderen Maßstab richten als die Heiden." „Gott schuf die Heiden als Brennstoff für die Hölle." Aus diesem Geist war ein Gesetz entstanden, das besagte, einer heidnischen Frau in ihrer schweren Stunde beizustehen, verstoße gegen das Gesetz, weil man dadurch nur einem Heiden mehr zum Leben verhelfe. Als diese Juden sahen, daß Paulus das Evangelium auch den verhaßten und verachteten Heiden verkündete, waren sie darüber ebenso entsetzt wie empört. Weil Paulus der ganzen Welt das Evangelium verkündete, haßten sie ihn mitsamt dem Evangelium.

Das Gesetz

Einen Ausweg aus dieser Schwierigkeit sahen die Vertreter dieser Auffassung darin, daß die Heiden, die Christen werden sollten, zunächst einmal Juden wurden. Was war damit gemeint? Die Heiden sollten beschnitten werden und die ganze Last des Gesetzes auf sich nehmen. Das schien Paulus jedoch im Widerspruch zum Wesen des christlichen Glaubens zu stehen, denn es bedeutete, daß das Heil des Menschen von dem abhängig war, was er tat, von einem fleischlichen Zeichen, und von seiner Fähigkeit, das Gesetz einzuhalten. Es besagte, daß die Menschen aus eigener Kraft erlöst werden konnten. Paulus aber sah in der Erlösung ausschließlich einen Gnadenakt Gottes. Er glaubte, kein Mensch verdiene je von sich aus das Wohlwollen Gottes; er glaubte, die Menschen könnten annehmen, was Gott ihnen aus Liebe gewähre, und müßten sich dieser Liebe im Glauben völlig ausliefern und sich an sie klammern. Die Juden sagten zu Gott: „Sieh nur! Das sind die guten Werke, die ich getan habe. Ich bin beschnitten. Ich habe Gutes getan. Gib mir das Heil, das ich verdiene." Für Paulus dagegen war nicht entscheidend, was der Mensch zu tun vermochte, sondern das, was Gott für die Menschen getan hatte.
„Das Gesetz", so argumentierten die Juden, „spielt im Leben unseres Volkes die größte Rolle; Gott hat Mose das Gesetz gegeben, auf dem unser ganzes Leben beruht." Darauf erwiderte Paulus: „Einen Augenblick bitte. Wer war der Stammvater unseres Volkes? Wem hat Gott die größten Verheißungen gemacht?" Die Antwort auf diese Frage lautet natürlich: Abraham. „Wie aber", fuhr Paulus fort, „kam es, daß Gott Abraham gewogen war? Abraham konnte Gottes Gnade nicht dadurch erlangen, daß er das Gesetz hielt, weil er vierhundertunddreißig Jahre vor Mose gelebt hat; es gab noch kein Gesetz. Aber wie denn wurde ihm die Gnade Gottes zuteil? Durch seinen Glauben. Als Gott ihm befahl, er solle sein Volk verlassen und hinausgehen, vertraute Abraham Gott so sehr, daß er durch diesen ungewöhnlich starken Glauben dazu fähig wurde, in allem auf Gott zu bauen. Nicht durch das Gesetz, sondern durch seinen Glauben wurde Abraham gerettet. Und", sagt Paulus, „so sollen alle Menschen durch den Glauben, nicht durch Werke des Gesetzes gerettet werden." „Wahre Söhne Abrahams", sagte Paulus, „sind nicht die Menschen, die ihren

Stammbaum bis auf Abraham zurückverfolgen können, sondern alle Menschen, die sich, einerlei welcher Rasse sie angehören und zu welchem Volk sie gehören, Gott in der gleichen Weise wie Abraham im Glauben ergeben. Das wahre Volk Israel hat mit leiblicher Abstammung nichts zu tun; das wahre Volk Israel setzt sich aus den Menschen zusammen, die den Glaubensakt Abrahams nachvollziehen." Diese Argumente führte Paulus an, um zu beweisen, daß die Gnade Gottes den Menschen nur um ihres Glaubens willen, nicht aber um ihrer Werke willen zuteil wird.

Gesetz und Gnade

Wenn dies alles zutrifft, erhebt sich die schwerwiegende Frage: Welche Rolle spielt dann das Gesetz? Es läßt sich nicht leugnen, daß Gott den Menschen das Gesetz gegeben hat. Auch das Gesetz ist göttlicher Natur. Wird das Gesetz völlig ausgelöscht, indem solch ein Nachdruck auf die Gnade gelegt wird? Dem Gesetz kommt im Gesamtplan durchaus die ihm gebührende Stellung zu. Durch das Gesetz erfahren die Menschen, was Gott will. Wenn es kein Gesetz gibt, können die Menschen das Gesetz auch nicht übertreten. Erst durch das Gesetz wird deutlich, was Sünde ist. Zum andern aber, und das ist ganz besonders wichtig, treibt das Gesetz die Menschen der Gnade Gottes zu. Die Schwierigkeit, die das Gesetz in sich birgt, besteht darin, daß wir es als sündige Menschen niemals ganz einhalten können. Der Versuch, es zu halten, ist von vornherein zum Scheitern verurteilt. Infolgedessen bewirkt das Gesetz, daß dem Menschen seine eigene Schwäche bewußt wird. In dieser verzweifelten Lage nun erkennt der Mensch, daß ihm nichts anderes übrig bleibt, als sich der barmherzigen, gnädigen Liebe Gottes im Glauben auszuliefern. Das Gesetz bringt uns unsere Hilflosigkeit zum Bewußtsein, es überzeugt uns von unserer eigenen Unzulänglichkeit und zwingt uns schließlich zu der Erkenntnis, daß wir nicht durch Gesetzesgehorsam – ein unmögliches Unterfangen –, sondern allein durch die Gnade Gottes gerettet werden. Mit anderen Worten: Das Gesetz bildet eine wichtige Stufe auf dem Wege zur Gnade Gottes. Die Herrlichkeit der Gnade Gottes ist in dieser Epistel denn auch das Hauptthema des Paulus und ebenso die Notwendigkeit der Erkenntnis, daß wir nicht durch unsere Werke und kraft unserer eigenen Verdienste gerettet werden können, sondern nur dadurch, daß wir uns der Gnade Gottes im Glauben ganz und gar ausliefern.

DER TROMPETENSCHALL DES EVANGELIUMS

Galater 1, 1–5

Paulus, ein Apostel nicht von Menschen, auch nicht durch einen Menschen, sondern durch Jesus Christus und Gott, den Vater, der ihn auferweckt hat von den Toten, und alle Brüder, die bei mir sind, den Gemeinden in Galatien: Gnade sei mit euch und Friede von Gott, unsrem Vater, und dem Herrn Jesus Christus, der sich selbst für unsre Sünden gegeben hat, daß er uns errette von dieser gegenwärtigen, argen Welt nach dem Willen Gottes, unsres Vaters, welchem sei Ehre von Ewigkeit zu Ewigkeit! Amen.

Zu den Galatern waren Menschen gekommen, die behauptet hatten, Paulus sei gar kein richtiger Apostel, und sie brauchten daher auch nicht auf das zu hören, was er ihnen sage. Sie beriefen sich bei dieser Schmähung darauf, daß Paulus nicht zu der ursprünglichen Schar der zwölf Apostel gehöre, daß er einer der schlimmsten Verfolger der christlichen Gemeinden gewesen war und daß er nicht offiziell von den führenden Männern der Gemeinde in sein Amt eingesetzt worden sei. Darauf erwiderte Paulus nicht mit einem Gegenargument, sondern mit einer unbestreitbaren Feststellung. Er verdanke das Apostelamt keinem Menschen; er verdanke es dem Tag, an dem er auf der Straße nach Damaskus Jesus von Angesicht zu Angesicht begegnet sei. Paulus erhob den Anspruch, sein Amt und seinen Auftrag unmittelbar von Gott erhalten zu haben.

1. Paulus war ganz sicher, daß Gott zu ihm gesprochen hatte. Ein Junge, der sich entschloß, Pastor zu werden, erwiderte auf die Frage, wann er den Entschluß gefaßt habe, das sei anläßlich einer Predigt in der Schulkapelle geschehen, die ihn ganz besonders beeindruckt habe. Auf die Frage nach dem Namen des Pfarrers, dessen Predigt eine solche Wirkung auf ihn ausgeübt hatte, erwiderte er: „Ich weiß nicht, wie der Pfarrer hieß; ich weiß nur, daß Gott an jenem Tage zu mir gesprochen hat." Letzten Endes kann tatsächlich niemand außer Gott allein jemanden zum Pastor und Diener Gottes machen. Ob jemand ein Christ ist, hängt nicht davon ab, ob er bestimmte Zeremonien beachtet und entsprechende Gelübde abgelegt hat, sondern davon, ob er Christus begegnet ist und ihn als Herrn seines Lebens anerkennt.

2. Die Ursache dafür, daß Paulus fähig war, alle Mühsal und

Leiden zu ertragen, ist gewiß einzig und allein darin zu sehen, daß er seinen Auftrag von Gott erhalten hatte. Paulus sah in allem, was von ihm verlangt wurde, einen ihm von Gott erteilten Auftrag. Aber nicht nur Menschen wie Paulus erhalten eine Aufgabe von Gott. Jedem von uns gibt Gott einen ganz bestimmten Auftrag, ob es sich nun um einen weltgeschichtlichen Auftrag oder um eine bescheidene Aufgabe handelt, von der niemand etwas erfährt. In jedem Fall wird uns die Aufgabe von Gott zugewiesen. Paulus sah seine gottgegebene Aufgabe darin, der Welt das Evangelium zu verkünden; für die meisten von uns besteht sie darin, ein paar Menschen unserer Umgebung Jesus Christus in Wort und Tat zu bezeugen.
gabe kommt von Gott.

Gleich zu Beginn des Briefes faßt Paulus seine Wünsche und Gebete für die Freunde in zwei Worten von gewaltiger Aussagekraft zusammen.

1. Er wünscht ihnen G n a d e. Mit dem Wort Gnade sind vor allem zwei Vorstellungen verknüpft. Da ist zunächst einmal die Vorstellung von r e i n e r S c h ö n h e i t. Zwar bedeutet das Wort c h a r i s auch Gnade im theologischen Sinne; immer aber bedeutet es Schönheit und Charme, und auch in der theologischen Bedeutung des Wortes ist etwas von der Vorstellung des Liebreizes erhalten geblieben. Ein christliches Leben voller Gnade sollte stets auch voll besonderen Charmes sein. Leider begegnen wir häufig einer Frömmigkeit ohne diesen Charme oder aber Menschen mit Charme ohne Frömmigkeit. Erst wenn Frömmigkeit und Charme sich miteinander verbinden, wird das Wirken der Gnade sichtbar. Die zweite Vorstellung, die das Wort Gnade hervorruft, ist die einer r e i n e n, u n v e r d i e n t e n G r o ß m u t. Wir haben dabei die Vorstellung einer Gabe, die wir weder verdient haben noch je verdienen können, die wir daher nur der verschwenderischen Güte und Liebe Gottes verdanken. Wenn Paulus um Gnade für seine Freunde bittet, ist es, als ob er sagt: „Möge das Wunder der unverdienten Liebe Gottes mit euch sein, so daß all seine Schönheit in eurem Leben sichtbar wird."

2. Er wünscht ihnen F r i e d e n. Paulus war Jude, und selbst als er das griechische Wort e i r e n e schrieb, muß er dabei das hebräische Wort s h a l o m im Sinn gehabt haben, das weit mehr besagt, als daß wir keine Schwierigkeiten haben. Dieses Wort schließt alles ein, was den Menschen lieb und teuer ist. Es schließt alles ein, was den Sinn lauter, den Willen entschlossen und das Herz froh macht. Im Sinne dieser liebenden Fürsorge Gottes blieb den Menschen der Friede und die Freude des

Herzens selbst dann erhalten, wenn sie körperliche Qualen erdulden mußten.
Zum Schluß faßt Paulus das Wesen des Wirkens Jesu in einem Satz von buchstäblich grenzenloser Bedeutung zusammen. „Er gab sich selbst . . . daß er uns errette.“ 1. Die Liebe Jesu Christi ist eine schenkende und duldende Liebe. 2. Die Liebe Jesu Christi ist eine überwindende und vollkommene Liebe. Die Tragik der irdischen Liebe besteht darin, daß sie so oft zuschanden wird; daß sie Qualen ertragen muß, ohne dem geliebten Menschen helfen zu können. Die Liebe Jesu Christi ist vollkommen, weil dahinter jene unendliche Macht steht, die durch nichts zuschanden werden, wohl aber den von ihr Geliebten von den Fesseln der Sünde erlösen kann.

DER KNECHT JESU CHRISTI. WIDER DIE VERFÄLSCHUNG DES EVANGELIUMS

Galater 1, 6—10

Mich wundert, daß ihr euch so bald abwenden lasset von dem, der euch berufen hat in die Gnade Christi, zu einem andern Evangelium, obwohl es doch kein andres gibt; nur daß etliche da sind, die euch verwirren und wollen das Evangelium Christi verkehren. Aber wenn auch wir oder ein Engel vom Himmel euch würde Evangelium predigen anders, als wir euch gepredigt haben, der sei verflucht. Wie wir eben gesagt haben, so sage ich abermals: Wenn jemand euch Evangelium predigt anders, als ihr es empfangen habt, der sei verflucht. Predige ich denn jetzt Menschen oder Gott zu Gefallen? Oder gedenke ich, Menschen gefällig zu sein? Wenn ich den Menschen noch gefällig wäre, so wäre ich Christi Knecht nicht.

Bei dem Sachverhalt, der diesem Brief zugrundeliegt, handelt es sich um folgendes. Paulus predigte das Evangelium von der Gnade Gottes und der Gesetzesfreiheit. Er glaubte mit der ganzen Kraft seines Herzens daran, daß niemand imstande sei, das Wohlwollen Gottes von sich aus zu erlangen und daß niemand je die Liebe Gottes von sich aus verdienen könne. Und eben deswegen glaubte er, daß den Menschen nichts anderes übrig bleibe, als sich der Liebe und Barmherzigkeit Gottes im Glauben vollständig anzuvertrauen. Er glaubte, die Menschen könnten nur eines tun: In staunender Dankbarkeit annehmen, was Gott ihnen anbot. Wichtig sei nicht, was wir für uns tun könnten, sondern das, was Gott für uns getan habe. Dieses Evangelium von der Gnade Gottes hatte Paulus gepredigt. Aber nach ihm waren Männer gekommen, die eine jüdische Version des christlichen Glaubens verkündeten und behaupteten, wer Gott gefallen wolle, müsse sich zunächst beschneiden lassen und sodann sein ganzes Leben der Erfüllung der einzelnen Gesetzesvorschriften widmen. Sie behaupteten, die Menschen könnten sich durch ihre gesetzestreuen Taten ein Guthaben bei Gott verschaffen. Sie lehrten, der Mensch müsse sich das Wohlwollen und die Liebe Gottes zu verdienen trachten. Das aber schien Paulus unmöglich zu sein. Seine Gegner erklärten, Paulus mache die Religion zu einer viel zu leichten Angelegenheit, um sich auf die Weise bei den Menschen einzuschmeicheln und sich bei ihnen beliebt zu machen. Dieser Vorwurf war jedoch alles andere als berechtigt. Denn im Gegensatz zu denen, die behaupteten, daß die Beschneidung und Einhaltung einer Unzahl von Gesetzesvorschriften und Satzungen entscheidend wichtig seien — womit theoretisch jedenfalls die Möglichkeit bestand, den Forderungen der Religion gerecht zu werden —, sagt Paulus, indem er das Kreuz hochhält: „So sehr hat Gott die Welt geliebt!“ Religion besteht für Paulus nicht in Gesetzeserfüllung, sondern ist für ihn der ständige Versuch, sich mit den Verpflichtungen auseinanderzusetzen, die diese Liebe Gottes mit sich bringt. Den Ansprüchen des Gesetzes können die Menschen gerecht werden, weil sie genau festgelegt sind; dem Gebot der Liebe dagegen vermag niemand gerecht zu werden; auch wer um eines geliebten Menschen willen alles hingäbe, würde dennoch das Gefühl nicht loswerden, daß sein Opfer immer noch zu gering sei. Die jüdischen Widersacher des Paulus sahen jedoch nur, daß Paulus behauptet hatte, die Beschneidung erübrige sich und das Gesetz sei nicht von ausschlaggebender Bedeutung.

Paulus bestritt, daß es ihm darum gehe, sich bei den Menschen beliebt zu machen. Er sagte, er diene nicht den Menschen, sondern Gott. Ihm sei es einerlei, was die Menschen von ihm sagten oder dächten; Gott sei sein Herr. Und dann führte er ein unwiderlegliches Argument an. „Wenn ich versuchte, mich in die Gunst der Menschen einzuschmeicheln“, sagt Paulus, „dann wäre ich nicht der Knecht Christi.“ Er wollte damit sagen, daß der Name seines Herrn ihm eingebrannt sei, wie den Sklaven der Antike das Zeichen ihres Herrn mit einem rotglühenden Eisen eingebrannt wurde. Der Körper des Paulus

trug die Zeichen seines Kampfes, seiner Leiden und seines Dienstes für Christus. „Trüge ich all diese Spuren und Narben auch, wenn es mir darum gegangen wäre, mir die Menschen geneigt zu machen?" fragt Paulus. „Wenn mir nur daran gelegen hätte, mit den Menschen auf gutem Fuß zu stehen, wiese mein Körper dann wirklich diese Merkmale auf?" Die Tatsache, daß sein Körper gezeichnet war, bewies eindeutig, daß er kein anderes Ziel kannte, als Christus zu dienen; daß er keineswegs den Menschen zu gefallen trachtete.
Um zu beweisen, daß er ein Diener Christi sei, rief Paulus die Spuren, die dieser Dienst an seinem Körper hinterlassen hatte, zu Zeugen an; sie allein waren seine Zierde, seine Ehrenabzeichen. Erst wenn die Menschen erkennen, daß wir bereit sind, um unseres Glaubens willen zu leiden, werden wir sie davon überzeugen, daß wir es ernst damit meinen. Wert hat in den Augen der Menschen nur das, wofür wir einen Preis bezahlen müssen.

IN DER HAND GOTTES. DAS APOSTELAMT DES PAULUS

Galater 1, 11–17

Ich tue euch aber kund, liebe Brüder, daß das Evangelium, das von mir gepredigt ist, nicht menschlicher Art ist. Denn ich habe es von keinem Menschen empfangen noch gelernt, sondern durch eine Offenbarung Jesu Christi. Denn ihr habt ja wohl gehört von meinem Wandel vormals im Judentum, wie ich über die Maßen die Gemeinde Gottes verfolgte und sie zu zerstören suchte und nahm zu im Judentum weit über viele meiner Gefährten in meinem Volk und eiferte über die Maßen für die väterlichen Satzungen. Da es aber Gott wohlgefiel, der mich von meiner Mutter Leibe an hat ausgesondert und berufen durch seine Gnade, daß er seinen Sohn offenbarte in mir, damit ich ihn durchs Evangelium verkündigen sollte unter den Heiden, fuhr ich zu und besprach mich nicht mit Fleisch und Blut, ging auch nicht hinauf nach Jerusalem zu denen, die vor mir Apostel waren, sondern zog hin nach Arabien und kam wiederum nach Damaskus.

Paulus behauptete, bei dem Evangelium, das er den Menschen predigt, handelt es sich nicht um einen überlieferten Bericht aus zweiter Hand; er habe es vielmehr unmittelbar von Gott empfangen. Das war in der Tat eine anspruchsvolle Behauptung, die unbedingt eines Beweises bedurfte. Paulus besaß den Mut, sich selbst als Beweis dafür hinzustellen, indem er auf den radikalen Wandel seines Lebens hinwies, den er durchgemacht hatte. 1. Er war ein Gesetzeseiferer gewesen. Das Gesetz hatte ihm alles bedeutet; all sein Trachten hatte der Kenntnis des Gesetzes gegolten; sein ganzes Bemühen war gewesen, das Gesetz einzuhalten. Jetzt aber bildet die Gnade die alles beherrschende Mitte seines Lebens. Der Mann, der mit leidenschaftlicher Hingabe das Wohlwollen Gottes zu erringen versucht hatte, gab sich jetzt in Demut zufrieden mit dem, was Gott ihm gewährte. Er hatte endgültig aufgehört, seine Ehre darin zu suchen, selbst etwas für sich zu tun, und pries von nun an nur noch, was Gott für ihn getan hatte. 2. Er hatte die christliche Gemeinde über die Maßen verfolgt. Er hatte gegen die Gemeinde gewütet und sie zu zerstören versucht. Das griechische Wort, das Paulus an dieser Stelle benutzt, bedeutet, eine Stadt vollständig ausplündern. Er hatte versucht, nichts als verbrannte Erde von der Gemeinde zurückzulassen. Jetzt aber kennt er kein anderes Ziel mehr, als eben diese christliche Gemeinde über die ganze Welt auszubreiten, und ist bereit, sein Leben dafür einzusetzen. Ohne entsprechende Ursache keine entsprechende Wirkung. Wer ungestüm kehrt macht und in genau entgegengesetzter Richtung weiterstürmt; wer plötzlich alle bis dahin geltenden Werte fallen läßt und sein Leben auf den Kopf stellt, der muß schon einen entsprechend wichtigen Grund dafür haben. Paulus hatte nur eine Erklärung dafür: Gott selbst hatte unmittelbar in sein Leben eingegriffen. Gott hatte die Hand auf seine Schulter gelegt und ihm mitten in seiner Laufbahn Einhalt geboten. „So etwas kann nur Gott bewirken", sagte Paulus. Bemerkenswert ist, daß Paulus sich nicht scheut, von seiner eigenen Schande zu berichten, um damit die Macht Gottes unter Beweis zu stellen.

Paulus macht zwei Aussagen über das Eingreifen Gottes in sein Leben. 1. Es handelte sich dabei nicht um einen unvorbereiteten, unbedachten Vorgang, sondern entsprach dem ewigen Ratschluß Gottes. Noch ehe Paulus geboren war, war es in Gottes Plan beschlossen worden. Ein bekannter englischer Theologe pflegte bei der Ordination jedesmal zu sagen, daß Gott vor aller Zeit und in alle Ewigkeit diesen Mann und diese Gemeinde füreinander bestimmt habe und sie nun genau zum richtigen Zeitpunkt zusammenführe. Gott hat mit jedem Menschen einen Plan. Gott hat uns in die Welt gesandt, damit wir unseren

Platz darin nach seinem Plan und Ratschluß einnehmen. Einerlei, ob es sich dabei um ein bedeutendes oder um ein kleines Amt handelt. Vielleicht ist uns eine Aufgabe zugedacht, von der die ganze Welt etwas erfahren wird, vielleicht aber auch eine Aufgabe, von der nur die uns liebsten Menschen etwas erfahren. Der Stoiker Epiktet (gest. 138 n. Chr.) hat einmal gesagt: „Hab den Mut, zu Gott aufzublicken und zu sagen: ‚Mach von nun an mit mir, was du willst. Ich bin eins mit dir; ich gehöre dir; ich schrecke vor nichts zurück, wenn du es für gut hältst. Führe mich, wohin du willst; kleide mich, wie du willst. Willst du, daß ich ein Amt bekleide oder es meide? Willst du, daß ich bleibe oder fliehe, reich bin oder arm? Ich werde dich in allem vor den Menschen verteidigen.'" Wenn schon ein heidnischer Philosoph sich so gänzlich seinem Gott ergab, von dem er nur eine verschwommene Vorstellung hatte, um wieviel mehr sollten wir uns erst Gott ergeben!

2. Paulus wußte, daß Gott ihn zu einer Aufgabe ausersehen hatte. Aber er war keineswegs der Meinung, daß dies bedeute, ihm seien besondere Ehren zugedacht. Er wußte, daß er zu einem Dienst ausersehen war, der nicht Bequemlichkeit, sondern Kampf bedeutete. Paulus wußte, daß er zum Dienen ausersehen war.

DER WEG DES ERWÄHLTEN

Galater 1, 18–24

Danach über drei Jahre kam ich nach Jerusalem, Kephas kennenzulernen, und blieb fünfzehn Tage bei ihm. Von den andern Aposteln aber sah ich keinen außer Jakobus, des Herrn Bruder. Was ich euch aber schreibe, siehe, Gott weiß, ich lüge nicht! Danach kam ich in die Länder Syrien und Cilicien. Ich war aber unbekannt von Angesicht den christlichen Gemeinden in Judäa. Sie hatten nur gehört: der uns vormals verfolgte, der predigt jetzt den Glauben, welchen er vormals zu vernichten suchte, und sie priesen Gott über mir.

Um zu erkennen, was Paulus tat, nachdem Gott die Hand auf ihn gelegt hatte, müssen wir diesen Abschnitt zusammen mit dem vorhergehenden betrachten.

1. Paulus ging zunächst nach Arabien. Er wollte aus zwei Gründen allein sein. Einmal mußte er über das gewaltige Erleb-

nis nachdenken, das ihm widerfahren war, und zum andern wollte er mit Gott sprechen, bevor er zu den Menschen sprach. Er mußte sich seiner selbst und Gottes ganz sicher sein. Leider nehmen sich nur wenige Menschen die Zeit, sich selbst und Gott in dieser Weise gegenüberzutreten. Wie aber sollen wir den Versuchungen, den Anstrengungen und Spannungen des Lebens standhalten, wenn wir nicht zuvor alles be- und durchdacht haben; bevor wir nicht ganz sicher sind?

2. Danach ging Paulus nach Damaskus zurück. Das war sehr mutig von ihm, denn wir dürfen nicht vergessen, daß alle Menschen in Damaskus wußten, was Paulus vorgehabt hatte, bevor Gott auf dem Wege dorthin seine Hand auf ihn legte. Trotzdem ging Paulus dorthin zurück, wo er die christliche Gemeinde hatte vernichten wollen. Er wollte vor eben den Menschen Zeugnis ablegen, die ihn von früher her kannten. In einem Mulhollands Gelübde betitelten Gedicht von Kipling gerät ein Schiff mit Vieh an Bord in einen heftigen Sturm. Mulholland, der für die Tiere verantwortlich ist, schwört, als das Vieh bei dem Sturm ausbricht, er werde künftig nur noch Gott dienen, wenn er in dem Durcheinander der stampfenden und ausschlagenden Tiere mit dem Leben davonkomme. Tatsächlich entgeht er dem Tode und beabsichtigt, an Land gekommen, seinen Schwur einzulösen, indem er sich an einen Ort zurückzieht, an dem niemand ihn kennt, um dort unter angenehmen Lebensbedingungen zu predigen. Doch da fordert Gott ihn auf: „Geh auf den Viehtransporter zurück und verkündige dort das Evangelium." Gott sandte Mulholland an den Platz zurück, der ihm vertraut und an dem er bekannt war. Christliches Zeugnis und christliche Nächstenliebe beginnen in der vertrauten, häuslichen Umgebung.

3. Von Damaskus ging Paulus nach Jerusalem. Wieder setzte er sein Leben aufs Spiel. Seine ehemaligen Freunde, die Juden, trachteten danach, ihn zu töten, weil er in ihren Augen ein Renegat, ein Abtrünniger war. Ebenso war aber auch zu erwarten, daß seine Opfer von ehedem, die Christen, ihn verfemen würden, weil sie nicht glauben konnten, daß er ein Gewandelter sei. Paulus besaß dennoch den Mut, seiner Vergangenheit ins Gesicht zu sehen. Auch wir können unsere Vergangenheit nicht bewältigen, indem wir vor ihr davonlaufen. Nur indem wir uns ihr stellen, zugeben, was wir getan haben, und sie so überwinden, werden wir mit ihr fertig.

4. Paulus ging nach Syrien und Cilicien. Dort lag Tarsus, die Stadt, in der Paulus aufgewachsen war, wo er zur Schule gegangen und erste Erfahrungen gesammelt hatte.

Dort lebten die Freunde seiner Kindheit und Jugend. Wieder entschloß Paulus sich, den schweren Weg zu gehen. In Tarsus würde man ihn fraglos für verrückt halten, ihm voller Zorn, ja, schlimmer noch, mit Spott begegnen. Aber Paulus war bereit, sich um Christi willen selbst für einen Narren halten zu lassen.

Paulus versucht in diesen Versen die Unabhängigkeit des von ihm verkündeten Evangeliums zu beweisen und zu verteidigen. Nicht von Menschen, sondern von Gott hat er den Auftrag erhalten, es zu verkünden. Nicht Menschen, sondern Gott hat er um Rat gefragt. Paulus schildert sich hier unbewußt als einen Menschen, der den Mut besaß, sich zu seiner Wandlung zu bekennen und das Evangelium eben dort zu verkünden, wo es ihm am schwersten fallen mußte.

EIN MANN, DER SICH NICHT EINSCHÜCHTERN LIESS. DIE ANERKENNUNG DES PAULUS DURCH DIE ANDEREN APOSTEL

Galater 2, 1–10

Danach über vierzehn Jahre zog ich abermals hinauf nach Jerusalem mit Barnabas und nahm auch Titus mit mir. Ich zog aber hin auf Grund einer Offenbarung und besprach mich mit ihnen über das Evangelium, das ich predige unter den Heiden, besonders aber mit denen, die das Ansehen hatten, auf daß ich nicht etwa vergeblich liefe oder gelaufen wäre. Aber es ward selbst Titus, der mit mir war, nicht gezwungen, sich beschneiden zu lassen, obwohl er ein Grieche war. Denn da etliche falsche Brüder sich mit eingedrängt hatten und nebeneingeschlichen waren, auszukundschaften unsre Freiheit, die wir haben in Christus Jesus, damit sie uns knechteten, wichen wir denselben auch nicht eine Stunde und waren ihnen nicht untertan, damit die Wahrheit des Evangeliums bei euch bestehen bliebe. Von denen aber, die das Ansehen hatten – wer immer sie einst gewesen sind, daran liegt mir nichts; denn Gott achtet das Ansehen der Menschen nicht –, mir haben die, welche das Ansehen hatten, nichts weiter auferlegt. Im Gegenteil, da sie sahen, daß mir anvertraut war das Evangelium an die Heiden gleichwie dem Petrus das Evangelium an die Juden – denn der in Petrus kräftig gewesen ist zum Apostelamt unter den

Juden, der ist auch in mir kräftig gewesen unter den Heiden –, und da sie erkannten die Gnade, die mir gegeben war, Jakobus und Kephas und Johannes, die für Säulen angesehen werden, gaben sie mir und Barnabas die rechte Hand und wurden mit uns eins, daß wir unter den Heiden, sie aber unter den Juden predigten, nur daß wir der Armen gedächten, welches ich auch fleißig gewesen bin zu tun.

Im vorhergehenden Abschnitt hat Paulus die Unabhängigkeit seines Evangeliums dargelegt; er hat überzeugend davon gesprochen, daß er seine Botschaft nicht den Menschen verdankt, sondern Gott, der sie ihm unmittelbar aufgetragen hat. Hier nun versucht er den Galatern klarzumachen, daß diese Unabhängigkeit nicht anarchischer, zügelloser Natur ist, daß das Evangelium, das er predigt, keinen schismatischen und sektiererischen Charakter hat, sondern nichts anderes ist als der Glaube, der der Gemeinde anvertraut worden ist. Nach vierzehnjährigem Wirken ging Paulus wieder nach Jerusalem, zusammen mit seinem jungen Freund und Helfer, dem Griechen Titus. Bei diesem Besuch waren mancherlei schwierige Fragen zu klären gewesen. Selbst jetzt noch merkt man Paulus an, wie sehr ihn dies alles erregt hat. Seine Sätze geraten in Unordnung, und es ist daher nicht leicht, den griechischen Grundtext in der Übersetzung ganz genau wiederzugeben. Die Schwierigkeit bestand darin, daß Paulus weder zuwenig noch zuviel sagen durfte. Sagte er zuwenig, sah es aus, als ob er seine eigenen Grundsätze verrate; sagte er zuviel, sah es aus, als ob er offen abwiche von dem Standpunkt, den die führenden Männer in der Gemeinde vertraten. So kommt es, daß er mitten im Satz abbricht und neu beginnt. Seine Schreibweise verrät, welche Sorgen und Befürchtungen ihn erfüllten.
Die wirklich maßgeblichen Männer der Gemeinde hatten Paulus von Anfang an anerkannt; doch gab es auch Menschen, die darauf aus waren, den feurigen Geist des Paulus zu dämpfen. Manche hatten zwar den christlichen Glauben angenommen, waren jedoch der Meinung, Gott habe nur den Juden Vorrechte eingeräumt; wer Christ werden wolle, müsse sich daher zuvor beschneiden lassen und das Gesetz beachten. Diese sogenannten Judaisten sahen in Titus einen Testfall. Aus den Worten dieses Abschnitts geht hervor, daß sich hinter den Kulissen ein Kampf abgespielt haben muß. Wahrscheinlich drängten die führenden Männer der Gemeinde Paulus, er solle um des Friedens willen einen Kompromiß schließen und im Fall des Titus nachgeben.

Doch Paulus hielt eisern und unerschütterlich an seinem Standpunkt fest. Er wußte, daß es sich hier um einen Präzedenzfall handelte, und deshalb gab er keinen Augenblick auch nur einen Zollbreit nach. Das hätte nämlich bedeutet, daß er der Gesetzesknechtschaft auf immer verfallen geblieben wäre und der christlichen Freiheit in Jesus Christus den Rücken gekehrt hätte. Schließlich trug Paulus mit seiner Entschlossenheit den Sieg davon. Grundsätzlich wurde anerkannt, daß der Wirkungsbereich des Paulus bei den Nichtjuden lag; das Wirkungsfeld von Petrus und Jakobus dagegen bei den Juden. Wir müssen dabei jedoch beachten, daß es sich nicht etwa um die Verkündigung zweier verschiedener Evangelien handelte, sondern lediglich darum, daß Paulus das Evangelium ebenso wie andere dazu besonders qualifizierte Männer jeweils Gruppen der verschiedensten Herkunft predigen sollten.

Bei dem hier geschilderten Vorgang treten einige Charakterzüge des Paulus deutlich zutage.

1. Paulus brachte den Autoritäten den schuldigen Respekt entgegen. Er ging nicht einfach seinen Weg, sondern besprach sich zuvor mit den maßgeblichen Männern der Gemeinde, ohne Rücksicht darauf, wie unterschiedlich ihre Auffassungen auch sein mochten. Ein wichtiges, häufig vernachlässigtes Lebensgesetz lautet, daß sich mit Schroffheit nichts erreichen läßt, so recht wir auch haben mögen. Warum auch sollten Entschlossenheit und Liebenswürdigkeit nicht Hand in Hand miteinander gehen können?

2. Paulus ließ sich nicht einschüchtern. Mehrfach betont er, welches Ansehen die Anführer als Säulen der Gemeinde genossen. Er respektierte sie; er begegnete ihnen mit vollendeter Höflichkeit; aber in der Sache selbst blieb er unnachgiebig. Leider gibt es neben angemessener Ehrerbietung aber auch ein kriecherisches, vorsichtiges und berechnendes Sichducken vor denen, die in der Kirche einen Namen haben. Paulus freilich war ganz sicher, daß er nicht versuchte, den Menschen zu gefallen, sondern allein Gott.

3. Paulus war sich seines besonderen Auftrages bewußt. Er fühlte zutiefst, daß Gott ihm eine besondere Aufgabe zugewiesen hatte, und ließ sich weder durch Widerstand von außen noch durch Enttäuschungen davon abbringen. Es ist zu allen Zeiten dasselbe: Wer sich bewußt ist, daß Gott ihm eine Aufgabe übertragen hat, dem wachsen auch die Kräfte zu, dieser Aufgabe gerecht zu werden.

EINE WICHTIGE GEMEINSCHAFT

Galater 2, 11–13

Als aber Kephas nach Antiochien kam, widerstand ich ihm ins Angesicht, denn es war Grund zur Klage wider ihn. Denn zuvor, ehe etliche von Jakobus kamen, aß er mit den Heiden; als sie aber kamen, zog er sich zurück und sonderte sich ab, weil er die aus dem Judentum fürchtete. Und mit ihm heuchelten die andern Juden, so daß auch Barnabas verführt ward, mit ihnen zu heucheln.

Damit aber waren keineswegs alle Schwierigkeiten behoben gewesen. Das gemeinsame Mahl, das sogenannte Liebesmahl oder Agape, bildete einen wichtigen Bestandteil des Gemeindelebens in der Frühkirche. Zu diesem Mahl kamen alle Gemeindeglieder zusammen, um sich miteinander daran zu erfreuen. Jeder trug soviel dazu bei, wie in seinen Kräften stand. Für viele Sklaven handelte es sich dabei wahrscheinlich um die einzige gute Mahlzeit der ganzen Woche. Dieses Mahl war bezeichnend für das in der Urgemeinde herrschende Gemeinschafts- und Zusammengehörigkeitsgefühl. An dieser Einrichtung nahm jedoch eine Gruppe strenggläubiger Judenchristen Anstoß, die sich allein als das auserwählte Volk Gottes betrachteten. Alle anderen Völker waren in ihren Augen unrein. Dieser Ausschließlichkeitsanspruch machte sich selbst im täglichen Leben bemerkbar. Strenggläubigen Juden war verboten, mit Heiden Geschäfte abzuschließen, mit Heiden zusammen auf die Reise zu gehen, Heiden Gastfreundschaft zu gewähren oder sie von ihnen anzunehmen. Hier in Antiochien ergab sich daher eine Frage von weitreichender Bedeutung. Konnten die Judenchristen sich angesichts all dieser Vorschriften mit den Heiden zum Liebesmahl zusammen an einen Tisch setzen? Wollten sie das alte Gesetz nicht übertreten und an den alten Bräuchen festhalten, dann war dies ganz eindeutig ausgeschlossen. Petrus nun, oder mit seinem griechischen Namen Kephas, war nach Antiochien gekommen, hatte über der Herrlichkeit des neuen Glaubens die alten Tabus vergessen und an dem gemeinsamen Liebesmahl der Juden- und Heidenchristen teilgenommen. Dann jedoch kamen andere Juden aus Jerusalem nach Antiochien, die sich zwar auf Jakobus beriefen, ganz sicher aber nicht seinen Standpunkt vertraten. Sie setzten Petrus so lange zu, bis er sich von dem gemeinsamen Liebesmahl der Gemeinde zurückzog. Ebenso verhielten sich die anderen Juden der Gemeinde, bis schließlich sogar Barnabas sich ihnen anschloß. Da griff Paulus mit der ganzen Intensität seiner leidenschaftlichen Natur ein. Er sah voraus, welche Folgen dieses Verhalten nach sich ziehen konnte.

1. Die christliche Gemeinde bleibt nur solange eine christliche Gemeinde, wie es darin keinerlei Klassenunterschiede gibt. Vor Gott ist das Etikett, mit dem jeder Mensch in der Welt versehen ist, ohne jede Bedeutung. Vor Gott zählen weder Juden noch Christen, weder Vornehme noch Geringe, weder Arme noch Reiche; vor Gott sind alle Menschen Sünder, für die Christus gestorben ist. Wer teil hat an der Gotteskindschaft, ist ein Bruder aller Gotteskinder; das neue Band der Zusammengehörigkeit reicht über alle irdischen Schranken hinweg, weil es die Menschen zu Kindern eines Vaters macht, zu Kindern Gottes.

2. Paulus erkannte, daß der Tendenz, die sich hier bemerkbar machte, nur durch energisches Handeln entgegengewirkt werden konnte. Er wartete daher nicht lange, sondern handelte sofort. Dabei spielte es für ihn überhaupt keine Rolle, daß auch Petrus in die Sache verwickelt war. Petrus hatte sich falsch verhalten, und das allein war entscheidend für Paulus. Eine unrühmliche Tat läßt sich niemals dadurch rechtfertigen, daß sie von dem Träger eines berühmten Namens begangen wurde. Paulus ist ein Beispiel dafür, daß ein einzelner starker Mensch durch seine Standhaftigkeit einer Strömung Einhalt zu gebieten vermag, bevor die Abdrift vom rechten Kurs zu einer gewaltigen Flut anschwillt.

DAS ENDE DES GESETZES

Galater 2, 14–17

Als ich aber sah, daß sie nicht richtig wandelten nach der Wahrheit des Evangeliums, sprach ich zu Kephas vor allen öffentlich: Wenn du, der du ein Jude bist, heidnisch lebst und nicht jüdisch, warum zwingst du denn die Heiden, jüdisch zu leben? Wir sind von Natur Juden und nicht Sünder aus den Heiden. Doch weil wir wissen, daß der Mensch durch des Gesetzes Werke nicht gerecht wird, sondern durch den Glauben an Christus Jesus, sind auch wir gläubig geworden an Christus Jesus, damit wir gerecht werden durch den Glauben an Christus und nicht durch des Gesetzes Werke; denn durch des Gesetzes Werke wird kein Fleisch gerecht. Sollten wir aber, die wir suchen, durch Christus gerecht zu werden, selber als Sünder erfunden werden, so wäre Christus ein Diener der Sünde. Das sei ferne!

Hier sind wir an der eigentlichen Wurzel angelangt. Hier wird eine Entscheidung erzwungen, die keinen Aufschub duldete. Es zeigte sich, daß der Beschluß von Jerusalem nur eine Kompromißlösung gewesen war, die wie alle Kompromisse den Keim zu neuen Schwierigkeiten in sich barg. In Jerusalem war entschieden worden, daß die Judenchristen auch in Zukunft wie Juden weiterleben sollten, indem sie die Beschneidung beibehielten und das Gesetz beachteten, daß die Heidenchristen dagegen frei von diesen Vorschriften leben sollten. Selbstverständlich konnte es so auf die Dauer nicht weitergehen, weil dadurch zwei verschiedene Gruppen innerhalb der Gemeinde entstanden. Paulus argumentiert nun folgendermaßen. Er sagt zu Petrus: „Du hast mit den Heiden zusammen an einem Tisch gesessen; du hast ebenso gelebt und gegessen wie sie; damit hast du in Wirklichkeit selbst zugegeben, daß es für Heiden- und Judenchristen nur einen einzigen Weg gibt. Wie kannst du diese Entscheidung nun auf einmal rückgängig machen wollen? Du warst doch bereit, wie die Heidenchristen zu leben; jetzt aber schwenkst du plötzlich um und verlangst, daß die Heiden beschnitten werden, das Gesetz halten und Juden werden." Das alles erschien Paulus unvernünftig und unsinnig. Wir müssen uns an dieser Stelle der Bedeutung e i n e s Wortes richtig bewußt werden. Im Zusammenhang mit den Heiden legten die Juden bei dem Wort S ü n d e r keineswegs sittliche Maßstäbe an, sondern dachten nur an die Beachtung des Gesetzes. Wir wollen uns das einmal an einem Beispiel klarmachen. 3. Mose 11 ist von den jüdischen Speisevorschriften die Rede. Dort werden die Tiere aufgezählt, die Juden essen dürfen, und ebenso die Tiere, die zu essen ihnen verboten war. Wer Hasen- oder Schweinefleisch aß, verstieß gegen das Gesetz und wurde im Sinne dieses Begriffs zum S ü n d e r. So antwortete jetzt auch Petrus dem Paulus: „Wenn ich mit den Heiden zusammen ihre Speisen esse, werde ich zum Sünder." Darauf gibt Paulus ihm zwei Antworten. Einmal sagt er: „Wir sind schon vor langer Zeit dahin übereingekommen, daß wir selbst durch die gewissenhafteste Einhaltung des Gesetzes nicht das rechte Verhältnis zu Gott herstellen können. Das ist allein durch die Gnade Gottes möglich. Niemand verdient die großmütige Liebe Gottes; wir können sie nur annehmen. Nur indem wir der Liebe Gottes in Jesus Christus voll vertrauen, erlangen wir das rechte Verhältnis zu Gott. Dadurch aber wird die ganze Sache mit dem Gesetz überflüssig und hinfällig." Dann bedient Paulus sich eines zweiten Arguments, mit dessen Hilfe er den Gegner in eine Ecke drängt, aus der es kein Entkommen für ihn gibt. „Du behauptest", sagt er, „daß du zum Sünder wirst, wenn du all diese das Gesetz mit seinen vielen Vorschriften und Satzungen betreffenden Dinge unberücksichtigt läßt. Aber das ist ja gerade das, was Jesus dir befohlen hat. Jesus hat dir nicht befohlen, das Heil dadurch zu erlangen, daß du das Fleisch bestimmter Tiere ißt und das Fleisch anderer Tiere nicht. Er hat dir befohlen, dich vorbehaltlos der Gnade Gottes auszuliefern. Willst du also immer noch behaupten, daß Jesus Christus dich gelehrt habe, zu sündigen?" Darauf gibt es nur eine einzige Antwort. Und diese Antwort lautet schlicht: Die alten Gesetze sind ausgelöscht.

Dahin aber mußte es unbedingt kommen. Es konnte unmöglich richtig sein, daß die Heiden durch die Gnade zu Gott gelangten und die Juden durch das Gesetz. Paulus kannte nur die eine Wahrheit, daß alle Menschen sich der Gnade Gottes ergeben sollten.

Christen sind zwei großen Versuchungen ausgesetzt, und je bessere Menschen sie sind, umso anfälliger sind sie in gewisser Hinsicht dafür. Da ist einmal die Versuchung, der Gnade Gottes durch eigenes Verdienst teilhaftig zu werden, obwohl doch die Menschen Gott gegenüber nie Gebende, sondern stets nur Empfangende sein können, und zum andern die Versuchung, Vergleiche zwischen sich und den Mitmenschen anzustellen, die zugunsten der eigenen Person ausfallen. Wer glaubt, als Christ Gott aus eigener Kraft gefallen zu können; wer sich seinen Mitmenschen überlegen fühlt, der ist in Wirklichkeit kein Christ.

MIT CHRISTUS GEKREUZIGT UND AUFERSTANDEN

Galater 2, 18–21

Wenn ich aber das, was ich zerbrochen habe, wiederum baue, so mache ich mich selbst zu einem Übertreter. Denn ich bin durchs Gesetz dem Gesetz gestorben, damit ich Gott lebe; ich bin mit Christus gekreuzigt. Ich lebe; doch nun nicht ich, sondern Christus lebt in mir. Denn was ich jetzt lebe im Fleisch, das lebe ich im Glauben an den Sohn Gottes, der mich geliebt hat und sich selbst für mich dar-

gegeben. Ich werfe nicht weg die Gnade Gottes; denn wenn durch das Gesetz die Gerechtigkeit kommt, so ist Christus vergeblich gestorben.

Aus diesen Versen spricht die persönliche Glaubenserfahrung des Paulus. Die Wiederaufrichtung des Gesetzesgebäudes als Weg zum Heil ist geistlicher Selbstmord. Paulus sagt, er sei durch das Gesetz dem Gesetz erstorben, um Gott zu leben. Damit meint er folgendes. Er hatte versucht, Gott zu gefallen, indem er das Gesetz hielt; er hatte mit der ganzen Intensität seines heißen Herzens Gottes Wohlwollen zu erringen versucht, indem er sich bemüht hatte, jede kleinste Gesetzesvorschrift einzuhalten und so Gerechtigkeit vor Gott zu erlangen. Er hatte schließlich erkannt, daß dieser Versuch mit einem nur noch stärkeren Gefühl der Vergeblichkeit, mit einem nur noch stärkeren Bewußtsein der Unsinnigkeit dieses Unterfangens enden mußte. Das Gesetz hatte ihm seine ganze Hilflosigkeit vor Augen geführt. Darauf hatte er den Weg des Gesetzes verlassen und sich als armer Sünder ganz und gar der Barmherzigkeit Gottes ausgeliefert. Dieses Gesetz von neuem anzuerkennen, hieß nichts anderes, als sich aufs neue der tödlichen Gefahr auszusetzen, sich Gott zu entfremden. Der Wandel, der sich in Paulus vollzogen hatte, war so groß, als ob er mit Christus zusammen gekreuzigt worden sei, so daß der Mensch, der er gewesen war, jetzt tot war. Und Paulus sagt, die lebendige Kraft, von der er jetzt erfüllt sei, sei nichts anderes als Christus selbst. „Wenn ich durch die peinliche Einhaltung des Gesetzes Gerechtigkeit vor Gott erlangen kann, was hat dann die Gnade für einen Sinn? Wenn ich mich selbst erlösen kann, wozu mußte Christus dann sterben?"
Paulus war ganz sicher, daß Jesus Christus für ihn das getan hatte, wozu er selbst niemals imstande gewesen wäre. Die gleiche Erfahrung wie Paulus machte auch Luther, der geradezu ein Musterbeispiel für Selbstzucht und Bußfertigkeit, für Selbstverleugnung und Selbstzerfleischung ist. „Wenn je ein Mensch durch mönchisches Leben das Heil erlangt hätte, so hätte ich dieser Mensch sein müssen", sagt Luther. Er war nach Rom gepilgert; er war dort die Scala Santa, die heilige Treppe, auf Händen und Füßen hinaufgeklommen, was als verdienstvolle Tat galt. Während er sich um dieses Verdienstes willen mühsam hinaufquälte, hörte er plötzlich eine Stimme vom Himmel: „Der Gerechte wird durch den Glauben leben." Frieden mit Gott erlangt man nicht durch nie endende fruchtlose und immer wieder vereitelte Anstrengungen. Frieden mit Gott erlangt nur der

Mensch, der sich der Liebe und Barmherzigkeit Gottes in Jesus Christus ausliefert, der uns dies offenbar gemacht hat. Erst wenn wir aufhören, zu glauben, wir könnten den Kampf aus eigener Kraft gewinnen; erst wenn wir uns der vergebenden Liebe Gottes anheimgeben, erlangen wir Frieden. Als Paulus Gott bei seinem Wort nahm, sah er sich aus der Finsternis der vergeblichen Gesetzesbemühungen in die Helligkeit und das Licht der Gnade Gottes versetzt.

DAS GESCHENK DER GNADE. DIE GERECHTIGKEIT AUS DEM GLAUBEN

Galater 3, 1–9

O ihr unverständigen Galater! Wer hat euch bezaubert, denen doch Jesus Christus vor die Augen gemalt war als der Gekreuzigte? Das allein will ich von euch erfahren: Habt ihr den Geist empfangen durch des Gesetzes Werke oder durch die Predigt vom Glauben? Seid ihr so unverständig? Im Geist habt ihr angefangen, wollt ihr's denn nun im Fleisch vollenden? Habt ihr denn so viel umsonst erlitten? Wenn anders das konnte umsonst sein! Der euch nun den Geist darreicht und tut solche Taten unter euch, tut er's durch des Gesetzes Werke oder durch die Predigt vom Glauben? So hat doch „Abraham Gott geglaubt, und es ist ihm gerechnet zur Gerechtigkeit" (1. Mose 15, 6). Erkennet also: die des Glaubens sind, das sind Abrahams Kinder. Die Schrift aber hat es vorausgesehen, daß Gott die Heiden durch den Glauben gerecht macht. Darum verkündigte sie dem Abraham (1. Mose 12, 3): „In dir sollen alle Heiden gesegnet werden." So werden nun, die des Glaubens sind, gesegnet mit dem gläubigen Abraham.

In diesem Abschnitt bedient Paulus sich noch eines völlig anderen Arguments, um zu zeigen, daß die Menschen durch ihr Gottvertrauen das rechte Verhältnis zu Gott erlangen und nicht durch Werke des Gesetzes. In der Frühkirche empfingen die Bekehrten den Heiligen Geist fast stets in sichtbarer, eindeutiger Weise. Das wird in den ersten Kapiteln der Apostelgeschichte besonders deutlich (vgl. Apg. 8, 14–17; 10, 44). Alle konnten sehen, wie die Menschen von einer neuen lebenspendenden Kraft erfüllt wurden. Auch die Galater hatten den

Heiligen Geist empfangen. Paulus sagt ihnen nun, ohne daß sie etwas dagegen einwenden können, das sei keineswegs geschehen, weil sie die Vorschriften des Gesetzes befolgt hätten, von dem sie zu jener Zeit überhaupt noch nichts gehört hätten, sondern weil sie die frohe Botschaft von der Liebe Gottes vernommen und darauf in vollkommenem Glauben geantwortet hätten.

Am leichtesten läßt sich ein Gedanke erfassen, wenn er durch einen Menschen verkörpert wird. In gewisser Hinsicht muß jedes bedeutende Wort Fleisch werden. So wies Paulus die Galater jetzt auf einen Mann hin, der diesen Glauben verkörperte. Dieser Mann war Abraham, dem Gott verheißen hatte, daß in ihm alle Menschen gesegnet sein sollten (1. Mose 12, 3). Gott hatte Abraham aus freiem Entschluß erwählt. Es fand sich nichts an frommer Leistung bei Abraham, was für Gott Voraussetzung für diese Wahl gewesen wäre. Und Abraham brach auf den Ruf Gottes auf. Mehr konnte er nicht tun. Das Gesetz Moses war ihm noch nicht gegeben. Er nahm Gott bei seinem Wort, indem er ihm bedingungslos vertraute, indem er alle irdischen Güter preisgab und sich Gott im Glauben ergab. Den Nachkommen Abrahams wurde verheißen, sie sollten gesegnet sein. Auf dieses Versprechen verließen sich die Juden. Sie glaubten, allein die Tatsache, daß sie leibliche Nachkommen Abrahams waren, genüge, um zwischen ihnen und Gott ein anderes Verhältnis zu bewirken als zwischen Gott und den übrigen Menschen. Dem tritt Paulus mit aller Entschiedenheit entgegen. Er sagt, nicht Fleisch und Blut machen die Menschen zu Abrahams Nachkommen; Nachkommen Abrahams sind nur die Menschen, die sich zu allen Zeiten und jeden Tag aufs neue im Glauben Gott ausliefern. Wer das Erbe der Abraham gemachten Verheißung durch die Einhaltung des Gesetzes antreten zu können glaubt, befindet sich im Irrtum. Nur an jenen Menschen wird sich die Verheißung erfüllen, die sich wie Abraham Gott in unbedingtem Glauben zuwenden, einerlei, welchem Volk sie angehören. Auch die Galater haben einst im Glauben begonnen, und Paulus fordert sie daher auf, nicht in die Gesetzesreligion zurückzufallen, damit sie ihr Erbe nicht verlieren.

Dieser Abschnitt enthält eine Reihe wichtiger griechischer Wörter. Vers 1 spricht Paulus von dem bösen Blick. Die Griechen fürchteten sich besonders vor dem Zauber des bösen Blicks. Immer wieder schließen Privatbriefe mit Sätzen wie diesem: „Vor allem bitte ich darum, daß du v o r d e m b ö s e n B l i c k b e w a h r t b l e i b e n und daß es dir wohl ergehen möge" (Milligan, Selections from the Greek Papyri, Nr. 14). Im selben

Vers spricht Paulus davon, daß er ihnen Jesus Christus, den Gekreuzigten, vor Augen gemalt habe. Das an dieser Stelle des griechischen Grundtextes verwendete Wort prographein wurde für das Aufstellen von Plakaten benutzt. So gab zum Beispiel ein Vater auf diese Weise bekannt, daß er nicht länger für die Schulden seines Sohnes aufkomme, oder auch ein Auktionator, daß eine Versteigerung stattfinde. Vers 3 spricht Paulus davon, daß sie im Geist angefangen haben, und fragt, ob sie es nun im Fleisch vollenden wollen. Hier benutzt Paulus zwei griechische Wörter, mit denen der Beginn und das Ende eines Opfers bezeichnet wurden. Das erste Wort – enarchesthai – besagte, daß Gerstenkörner auf und um das Opfertier gestreut wurden, womit die Opferhandlung eingeleitet wurde; das zweite Wort – epitelesthai – besagte, daß das Ritual vollzogen war. Mit diesen beiden Worten weist Paulus darauf hin, daß die Christen ihr ganzes Leben als ein Opfer betrachten sollen, das sie Gott darbringen. Vers 5 spricht Paulus davon, daß Gott den Galatern seine Gaben so großmütig gewährt habe. Hier stoßen wir auf das griechische Wort choregia. Der Chor spielte in den großen Tragödien des Äschylos, Sophokles und Euripides eine wesentliche Rolle. Die Ausstattung der Chöre und das Einstudieren der Chorgesänge verursachte erhebliche Kosten, und so kam es, daß wohlhabende, auf das Gemeinwohl bedachte Griechen sich bereiterklärten, alle entstehenden Kosten bei der Aufführung der Tragödien zu übernehmen. Auch in Kriegszeiten pflegten patriotisch gesinnte Bürger dem Staat freiwillig Mittel zur Verfügung zu stellen. Das alles wird mit dem Wort choregia ausgedrückt. Zur Zeit des Hellenismus kommt das Wort häufig bei Eheverträgen vor und bezeichnet die Mittel, die der Ehemann seiner Frau zur Verfügung stellt. Mit dem Wort wird also die Großmut Gottes unterstrichen, eine aus Liebe geborene Großmut. Die Liebe des Bürgers zu seiner Stadt und die Liebe, die der Ehemann seiner Frau entgegenbringt, sind nur ein schwacher Abglanz dieser Liebe Gottes.

DER FLUCH DES GESETZES

Galater 3, 10–14

Denn die mit des Gesetzes Werken umgehen, die sind unter dem Fluch. Denn es steht geschrieben (5. Mose 27, 26): „Verflucht sei jedermann, der nicht bleibt in alledem, was geschrieben steht in dem Buch des Gesetzes, daß er's tue!" Daß aber durchs Gesetz niemand gerecht wird vor Gott, ist offenbar; denn „der Gerechte wird aus Glauben leben" (Hab. 2, 4). Das Gesetz aber ist nicht „aus Glauben", sondern „der Mensch, der es tut, wird dadurch leben" (3. Mose 18, 5). Christus aber hat uns erlöst von dem Fluch des Gesetzes, da er ward ein Fluch für uns, denn es steht geschrieben (5. Mose 21, 23): „Verflucht ist jedermann, der am Holz hanget", auf daß der Segen Abrahams unter die Heiden käme in Jesus Christus und wir den verheißenen Geist empfingen durch den Glauben.

Wieder versucht Paulus seine Widersacher in die Enge zu treiben. „Angenommen", sagt er, „ihr entschließt euch, Gott dadurch zu gefallen, daß ihr das Gesetz anerkennt und einzuhalten versucht; angenommen also, ihr wolltet auf diese Weise das rechte Verhältnis zu Gott herstellen, was wäre dann die logische Folge?" Zunächst einmal müssen alle zu ihrer Entscheidung stehen; wer sich für das Gesetz entschieden hat, muß auch nach dem Gesetz leben. Zum andern hat aber niemals jemand das Gesetz völlig einhalten und ihm Genüge tun können, und so wird es immer bleiben. Wenn es sich aber so verhält, werdet ihr drittens verflucht sein, denn in der Heiligen Schrift heißt es (5. Mose 27, 26), daß verflucht sein soll, wer das Gesetz nicht in allem hält. Die logische Folge ist daher, daß der Versuch, das Gesetz zur Grundlage zu machen, mit Gott eins zu werden, selbst ein Fluch ist. In der Heiligen Schrift steht aber auch der Satz: „Der Gerechte wird durch seinen Glauben leben" (Hab. 2, 4). Der einzige Weg, das rechte Verhältnis zu Gott zu erlangen und Frieden zu finden, ist also der Weg des Glaubens, der Hinnahme dessen, was von Gott kommt, und Ergebung in Gottes Willen. Gesetz und Glaube sind einander widersprechende Prinzipien; niemand kann sich nach beiden zugleich richten. Wir müssen uns entscheiden. Die einzig konsequente Entscheidung aber ist, auf den Weg des Gesetzes zu verzichten und den Weg des Glaubens einzuschlagen, indem wir Gott bei seinem Wort nehmen und seiner Liebe vertrauen.

Und woher wissen wir, daß es sich so verhält? In Jesus Christus haben wir die entscheidende Gewähr; um dieser Erkenntnis willen mußte Jesus am Kreuze sterben. Nun heißt es schon in der Heiligen Schrift, daß jedermann, der am Galgen ende, verflucht sei (5. Mose 21, 23); um uns von diesem Fluch zu befreien, mußte Jesus selbst verflucht werden.

Der Gedanke an den Preis, den das Evangelium Christi von den Menschen fordert, lag Paulus zu allen Zeiten sehr nahe. Er vergaß nie, daß wir unseren Frieden dem Leben und Sterben Jesu Christi verdanken; denn wie hätten die Menschen je erkennen sollen, wie Gott ist, wäre Christus nicht gestorben, um uns zu beweisen, wie sehr Gott uns liebt?

DER BUND IST UNABÄNDERLICH UND UNAUFHEBBAR

Galater 3, 15–18

Liebe Brüder, ich will nach menschlicher Weise reden: Man hebt doch eines Menschen Testament nicht auf, wenn es bestätigt ist, und tut auch nichts dazu. Nun ist die Verheißung Abraham zugesagt und „seinen Nachkommen". Es heißt nicht: und den Nachkommen, als gälte es vielen, sondern es gilt einem: „und deinem Nachkommen" (1. Mose 22, 18), welcher ist Christus. Ich meine aber dies: Das Testament, das von Gott zuvor bestätigt ist, wird nicht aufgehoben durch das Gesetz, welches vierhundertdreißig Jahre hernach gegeben ist, so daß die Verheißung zunichte würde. Denn wenn das Erbe durch das Gesetz erworben würde, so würde es nicht durch Verheißung gegeben; Gott aber hat es Abraham durch Verheißung frei geschenkt.

Beim Lesen von Stellen, wie sie uns hier und auch im nächsten Abschnitt begegnen, müssen wir stets bedenken, daß Paulus ein geschulter Rabbi war und Experte auf dem Gebiet der Methoden, die an den Rabbinerschulen gelehrt wurden. Mit Hilfe dieser Methoden, die in den Augen der Juden von zwingender Logik waren, vermochte Paulus die Menschen damals völlig zu überzeugen, so schwer es uns heute auch fällt, seinen Argumenten zu folgen und sie zu verstehen. Es liegt Paulus daran, den Beweis dafür zu erbringen, daß der Weg der Gnade dem Weg des Gesetzes überlegen ist. Er beginnt daher seine Beweisführung mit der Feststellung, daß der Gnadenweg älter sei als der Weg der Gesetzeserfüllung. Gott hat Abraham eine große Verheißung gemacht, als dieser ihm voller Vertrauen alles anheimstellte. Das heißt, die Verheißung war die Folge eines von Abraham vollzogenen Glaubensaktes gewesen. Die freie Wahl Gottes und der Glaube Abrahams ließen es zum

Bund Gottes mit Abraham kommen. Das Gesetz gab es dagegen erst seit Mose, das heißt, es wurde den Juden erst vierhundertdreißig Jahre später gegeben. Wenn aber, so argumentiert Paulus weiter, ein Bund, ein Vertrag, ein Testament ordnungsgemäß abgeschlossen und bestätigt worden sind, dann können sie nicht mehr geändert werden; man kann nicht einfach Zusatzklauseln und Nachträge hinzufügen; man muß sie unverändert lassen. Das Gesetz, das den Juden später gegeben wurde, vermag also nichts an dem älteren Bund des Glaubens zu ändern. Abraham wurde durch seinen Glauben gerecht vor Gott; daran vermag das Gesetz nichts zu ändern; und der Glaube ist immer noch der einzige Weg, auf dem wir das rechte Verhältnis zu Gott erlangen, auf dem wir eins mit Gott werden können.

Die Rabbinen schätzten Beweisführungen, die sich auf die Bedeutung, den Gebrauch und die Interpretation bestimmter Worte stützten, ganz außerordentlich. Auf einem solchen Wort pflegten sie ganze Gedankengebäude zu errichten. So stützt Paulus sich auch hier auf ein einzelnes Wort der Abrahamüberlieferung. Er greift auf die Verheißung zurück, die Abraham gemacht wurde, wie sie 1. Mose 17, 7. 8 festgehalten ist. Gott sagte zu Abraham: „Und ich will aufrichten meinen Bund zwischen mir und dir und deinen Nachkommen von Geschlecht zu Geschlecht." Mit anderen Worten, Gott sagt: „Ich gebe dir und deinen Nachkommen das Erbe." Nun steht im hebräischen Text für Nachkommen das Wort Samen, also ein Singular, nicht ein Plural. Darauf stützt sich Paulus. Er sagt, Gottes Verheißung habe nicht einer großen Anzahl von Menschen gegolten, sondern *einem Einzelwesen*. Dieser einzelne, die einzige Person, auf die dieser Bund zielt, in der er sich erfüllt, ist allein Jesus Christus. Das ist der Grund dafür, daß nur der Glaube zum Frieden, zum rechten Verhältnis zu Gott führt. Wir müssen diesen Glaubensakt nachvollziehen, indem wir voll unbegrenzten Vertrauens auf Jesus blicken.

Immer wieder kommt Paulus auf denselben Punkt zu sprechen. Die entscheidende Frage für jeden Menschen ist, wie er die richtige Beziehung zu Gott erlangen kann. Solange wir Gott fürchten, solange Gott uns fremd ist, solange werden wir keinen Frieden finden. Wie aber kann das rechte Verhältnis zu Gott hergestellt werden? Sollen wir versuchen, es durch peinlichen, ja selbstquälerischen Gehorsam gegenüber dem Gesetz zu erreichen? Sollen wir es durch unsere Taten, durch die Einhaltung jeder kleinsten Gesetzesvorschrift zu erlangen versuchen? Wer diesen Weg einschlägt, wird stets in Verzug geraten, weil wir in unserer menschlichen Unvollkommenheit der Vollkommenheit Gottes nie gerecht werden können; wir bemühen uns vergeblich, den Gipfel zu erklimmen und werden auf immer verdammt bleiben. Doch wenn wir diesen aussichtslosen Kampf aufgeben und uns mit all unserer Sünde Gott darbringen, dann wird Gott seine Arme gnädig öffnen und wir werden Frieden schließen mit einem Gott, der nicht länger unser Richter, sondern unser Vater ist. Paulus kommt zu dem Schluß, daß der Bund, den Gott auf dieser Grundlage mit Abraham schloß, durch nichts, was später geschah, geändert werden könne, ebensowenig wie ein Testament zu ändern sei, das bestätigt und unterschrieben wurde.

UNTER DER SÜNDE BESCHLOSSEN. DIE AUFGABE DES GESETZES

Galater 3, 19–22

Was soll nun das Gesetz? Es ist hinzugekommen um der Sünden willen, bis der Nachkomme da sei, dem die Verheißung gilt, und zwar ist es verordnet von Engeln durch die Hand eines Mittlers. Der Mittler aber ist nicht eines Einzigen Mittler, Gott aber ist nur einer. Wie? Ist denn das Gesetz wider Gottes Verheißungen? Das sei ferne! Denn nur, wenn ein Gesetz gegeben wäre, das da könnte lebendig machen, käme die Gerechtigkeit wahrhaftig aus dem Gesetz. Aber die Schrift hat alles beschlossen unter die Sünde, auf daß die Verheißung durch den Glauben an Jesus Christus gegeben würde denen, die da glauben.

Dieser Abschnitt gehört zu den schwierigsten Stellen bei Paulus überhaupt. Er ist so schwierig, daß es nahezu dreihundert verschiedene Auslegungen darüber gibt! Wir wollen uns zunächst nochmals daran erinnern, was Paulus beweisen will: Der Weg der Gnade und des Glaubens ist dem Weg der Gesetzeserfüllung überlegen. Er stellt drei das Gesetz betreffende Fragen. 1. Wozu ist das Gesetz überhaupt nötig? Die Antwort lautet: Es war um der Sünde willen erforderlich. Damit will Paulus sagen – er spricht damit einen seiner Lieblingsgedanken aus –, daß es dort, wo es kein Gesetz gibt, auch keine Sünde gibt. Gesetze, die nicht existieren, kann man nicht übertreten. Nur wer das Gesetz kennt, kann als Sünder gebrandmarkt werden. Wer nicht weiß, ob etwas gut oder böse ist, kann nicht bestraft werden, wenn er es unwissentlich tut. Aufgabe des Gesetzes ist es also, festzulegen, was Sünde ist. Nun kann das Gesetz die Sünde zwar definieren und tut es auch, aber das Gesetz vermag nichts zu tun, um die Menschen von der Sünde zu befreien. Darin liegt die Stärke, aber auch die Schwäche des Gesetzes. Die Stärke des Gesetzes besteht darin, daß es bestimmt, was Sünde ist; die Schwäche des Gesetzes darin, daß es die Sünde nicht aus der Welt schaffen kann. Es läßt sich mit einem Arzt vergleichen, der zwar ein hervorragender Diagnostiker ist, der Behandlung des von ihm festgestellten Leidens jedoch hilflos gegenübersteht. 2. Das Gesetz kam nicht unmittelbar von Gott. Dem alten Bericht 2. Mose 20 zufolge wurde das Gesetz Mose zwar unmittelbar von Gott eingegeben, doch zur Zeit des Paulus waren die Rabbinen so fasziniert von der Heiligkeit und Ferne Gottes, daß sie es für ausgeschlossen hielten, Gott könnte unmittelbar in die Angelegenheiten der Menschen eingegriffen haben. Sie brachten daher die Version auf, daß das Gesetz zunächst den Engeln übergeben und dann von diesen an Mose weitergeleitet worden sei (vgl. Apg. 7, 53; Hebr. 2, 2). Paulus bedient sich hier also des zeitgenössischen Gedankenguts der Rabbinen. Das Gesetz ist auf doppelte Weise von Gott getrennt. Zuerst wurde es den Engeln anvertraut, und dann einem Mittler. Dieser Mittler war Mose. Verglichen mit der Verheißung, die Abraham unmittelbar von Gott zuteil wurde, handelt es sich beim Gesetz also um etwas aus zweiter Hand, das die Menschen nur durch Vermittler erreichte. 3. Wir kommen nun zu einem ungewöhnlich schwierigen Satz: „Der Mittler aber ist nicht eines einzigen Mittler, Gott aber ist nur einer." Welchen Gedanken verfolgt Paulus in diesem Satz? Zu einem Vertrag auf gesetzlicher Grundlage gehören stets zwei Menschen. Der eine legt ihn vor, der andere stimmt ihm zu. Sobald einer der beiden Vertragspartner den Vertrag bricht, fällt er in sich zusammen. Jede gesetzliche Vereinbarung ist davon abhängig, daß beide Seiten sie einhalten. Das ist die Situation aller, die sich auf das Gesetz verlassen. Wird das Gesetz übertreten, wird der Vertrag hinfällig. Ein Versprechen geht dagegen immer von einer Person aus; daran kann niemand anders etwas ändern. So hängt auch die Gnade allein von Gott ab. Die Verheißung, die Gnade und die Liebe gehen von Gott aus. Daran vermag kein Mensch etwas zu ändern. Ob wir straucheln, ob wir sündigen, die Liebe und die Gnade Gottes bleiben davon unberührt. Paulus sah in der Abhängigkeit von zwei Partnern die Schwäche des Gesetzes, das nicht nur vom Gesetzgeber abhängig war, sondern auch davon, daß die

Menschen es hielten. Das Gesetz war an den Menschen gescheitert. Die Gnade dagegen liegt allein bei Gott; kein Mensch kann sie zunichte machen; und es ist zweifellos besser, von der Gnade des unwandelbaren Gottes abhängig als auf die zum Scheitern verurteilten Bemühungen hilfloser Menschen angewiesen zu sein. 4. Steht also die Gnade mithin im Widerspruch zum Gesetz? Logischerweise müßte Paulus darauf erwidern: „Ja", tatsächlich antwortet er jedoch: „Nein." Er sagt, die Schrift habe alles beschlossen unter die Sünde, und denkt dabei an 5. Mose 27, 26, wo es heißt, daß verflucht sei, wer nicht alle Worte des Gesetzes erfülle. Das bedeutet in Wirklichkeit nichts anderes, als daß alle Menschen verflucht sind, da kein Mensch das Gesetz je ganz eingehalten hat noch es je einhalten wird. Welche Konsequenzen ergeben sich daraus? Aus dem Gesetz folgt, daß es die Menschen dazu treibt, nach der Gnade zu trachten, weil sich durch das Gesetz nur die Hilflosigkeit der Menschen erweist. Diesen Gedanken wird Paulus schon im nächsten Kapitel wieder aufgreifen und weiterverfolgen. Hier weist er nur ganz allgemein darauf hin. Der Wert des Gesetzes und seine entscheidende Aufgabe bestehen darin, daß es die Menschen auf den Weg der Gnade führt, weil sie erkannten, daß sie außerstande waren, das Gesetz zu erfüllen. Sollen die Menschen nur ruhig versuchen, auf dem Wege über das Gesetz das rechte Verhältnis zu Gott herzustellen; sie werden schon herausfinden, daß dies unmöglich ist; und dann werden sie zu der Erkenntnis gelangen, daß ihnen nichts übrig bleibt, als das Wunder der Gnade anzunehmen, von dem Jesus Christus zu den Menschen gesprochen hat. Denn dazu ist er in die Welt gekommen.

DAS KOMMEN DES GLAUBENS

Galater 3, 23–29

Ehe aber der Glaube kam, wurden wir unter dem Gesetz verwahrt und verschlossen auf den Glauben hin, der da sollte offenbart werden. So ist das Gesetz unser Zuchtmeister gewesen auf Christus, damit wir durch Glauben gerecht würden. Nun aber der Glaube gekommen ist, sind wir nicht mehr unter dem Zuchtmeister. Denn ihr seid alle Gottes Kinder durch den Glauben an Christus Jesus. Denn wie viele von euch auf Christus getauft sind, die haben Christus angezogen. Hier ist nicht Jude noch Grieche, hier ist nicht Knecht noch Freier, hier ist nicht Mann noch Weib; denn ihr seid allzumal einer in Christus Jesus. Seid ihr aber Christi, so seid ihr ja Abrahams Kinder und nach der Verheißung Erben.

In diesem Abschnitt denkt Paulus über die Rolle nach, die das Gesetz nach Gottes Ratschluß spielen soll. Zum Haushalt gehörte in Griechenland ein Diener, der paidagogos genannt wurde. Dabei handelte es sich nicht um einen Lehrer, sondern meist um einen alten, zuverlässigen Sklaven, der seit langem in der Familie lebte und sich als vertrauenswürdig erwiesen hatte. Er war für das sittliche Wohlergehen der Kinder verantwortlich. Seine Aufgabe bestand darin, die Kinder vor unnötigen Gefahren zu bewahren und dafür zu sorgen, daß sie die wichtigsten männlichen Tugenden beherrschen lernten. Eine besondere Aufgabe bestand darin, daß der paidagogos die ihm anvertrauten Knaben täglich zur Schule begleiten und sie von dort auch wieder abholen mußte. Mit dem eigentlichen Unterricht hatte er dagegen nichts zu tun; er mußte die Kinder lediglich sicher zur Schule geleiten und sie dort dem Lehrer übergeben. Dieselbe Funktion hat nach Paulus auch das Gesetz. Paulus sagte, das Gesetz sei dazu da, um die Menschen Christus zuzuführen; das Gesetz selbst konnte den lebendigen Christus nicht vermitteln; aber es konnte die Menschen dahin bringen, daß sie von diesem Punkt aus allein zu Jesus gelangten. Das Gesetz verhalf den Menschen zu der Erkenntnis ihrer Unfähigkeit, das Gesetz zu erfüllen, und führte sie so Jesus Christus zu. Erst das Bewußtsein ihres Versagens und ihrer Unzulänglichkeit führe die Menchen zu Christus, sagte Paulus. Hatten die Menschen Jesus aber erst einmal gefunden, dann hatten sie das Gesetz nicht mehr nötig, denn von nun an stützten sie sich allein auf die Gnade Gottes.
„Wie viele von euch auf Christus getauft sind, die haben Christus angezogen", sagt Paulus. Diesem Satz liegen zwei anschauliche Bilder zugrunde. Zum jüdischen Ritus gehörte auch die Taufe. Wer zum jüdischen Glauben übertreten wollte, mußte drei Voraussetzungen erfüllen. Er mußte sich beschneiden lassen, Opfer darbringen und sich taufen lassen. Zeremonialwaschungen zur Reinigung von der Befleckung gehörten zur jüdischen Religionspraxis (vgl. 3. Mose Kapitel 11–15). Die jüdische Taufe wurde auf folgende Weise vollzogen. Der Täufling mußte sich die Haare und Nägel schneiden lassen und sich vollständig entkleiden; das Taufwasser bestand aus zwei großen Fässern voll Wasser (etwa 480 Liter). Alle Körperteile mußten mit Wasser benetzt werden. Vor drei Männern, den sogenannten

Taufvätern, mußte der Täufling seinen Glauben bekennen. Noch während er im Wasser stand, wurden ihm Teile des Gesetzes vorgelesen, ermutigende Worte zugesprochen und der Segen Gottes auf ihn herabgefleht. Sobald der Täufling dem Wasser wieder entstieg, war er Mitglied der jüdischen Glaubensgemeinschaft. Die Menschen wurden also zum jüdischen Glauben getauft. In der gleichen Weise erlangten die Menschen durch die christliche Taufe Zugang zur Gemeinde. Die ersten Christen sahen in der Taufe einen Akt, bei dem eine wirkliche Vereinigung mit Christus stattfand. Dabei müssen wir beachten, daß es sich damals vorwiegend um eine Erwachsenentaufe handelte, da durch die Missionstätigkeit der Apostel ja vor allem Erwachsene erfaßt wurden, die unmittelbar vom Heidentum zum Christentum übertraten und über eine Glaubenserfahrung verfügten, die Kinder natürlich nicht haben können. Ebenso wie bei der Bekehrung zum jüdischen Glauben der Bekehrte den jüdischen Glauben empfing und eins mit ihm wurde, so wurden auch die zum christlichen Glauben Übertretenden eins mit Christus und gehörten ihm an. Möge an dieser Stelle der Hinweis auf eine spätere Sitte gestattet sein, bei der der Täufling in ein weißes Gewand gehüllt wurde, als Symbol des neuen Lebens, das er begonnen hatte. Wie das neue weiße Gewand, so zog der Täufling auch Christus an; er war von nun an mit Christus bekleidet.
Daraus folgt, daß zwischen den einzelnen Gliedern der Gemeinde keinerlei Unterschiede bestehen; sie alle sind Kinder Gottes geworden. Vers 28 sagt Paulus, alle Unterschiede zwischen Juden und Griechen, zwischen Sklaven und Freien, zwischen Männern und Frauen seien ausgelöscht. Dabei ist folgendes außerordentlich interessant. Das jüdische Morgengebet der Männer, das auch Paulus jeden Morgen gesprochen hatte, bevor er Christ wurde, enthält eine Stelle, an der Gott dafür gedankt wird, daß „du mich nicht zu einem Heiden, zu einem Sklaven oder zu einer Frau gemacht hast". Dieses Gebet verkehrt Paulus jetzt in das genaue Gegenteil. Die alten Unterschiede sind verschwunden; an die Stelle von Uneinigkeit ist Einigkeit getreten; die Spaltung ist der Gemeinschaft gewichen; in Christus sind alle eins.
Wir haben bereits gesehen (Vers 16), daß Paulus die Verheißungen, die Abraham gemacht wurden, als einen Hinweis darauf deutet, daß sie ihre Erfüllung in Christus finden würden. Wenn wir also eins sind in Christus, werden wir auch zu Erben der Verheißungen. Dieses große Vorrecht haben wir nicht durch strenge Gesetzeserfüllung erlangt, sondern durch unseren

Glauben an die Großmut und Gnade, die Gott uns aus freien Stücken gewährt.
Es gibt nur einen Weg, die zwischen den Menschen bestehenden Unterschiede und Spaltungen zu beseitigen. Nur wenn wir alle zu Schuldnern der Gnade Gottes werden, wenn wir alle in Christus sind, dann und nur dann werden wir alle eins sein untereinander. Nicht Menschenmacht, sondern allein die Liebe Gottes kann die gespaltene Welt vereinigen.

DIE ZEIT DER KINDHEIT. BEFREIUNG VOM GESETZ DURCH CHRISTUS

Galater 4, 1–7

Ich sage aber: Solange der Erbe unmündig ist, ist zwischen ihm und einem Knechte kein Unterschied, ob er wohl ein Herr ist aller Güter, sondern er ist unter den Vormündern und Pflegern bis auf die Zeit, die der Vater bestimmt hat. So auch wir: als wir unmündig waren, waren wir in der Knechtschaft der Elemente der Welt. Als aber die Zeit erfüllet ward, sandte Gott seinen Sohn, geboren von einem Weibe und unter das Gesetz getan, auf daß er die, so unter dem Gesetz waren, erlöste, damit wir die Kindschaft empfingen. Weil ihr denn Kinder seid, hat Gott gesandt den Geist seines Sohnes in unsre Herzen, der schreit: Abba, lieber Vater! So bist du nicht mehr Knecht, sondern Kind; wenn aber Kind, dann auch Erbe durch Gott.

Die einzelnen Lebensabschnitte waren in der Antike sehr viel fester umrissen als bei uns heute. Das galt vor allem für den Zeitpunkt des Eintritts in das Erwachsenendasein. 1. Am ersten Sabbat nach dem zwölften Geburtstag nahm der Vater seinen Sohn mit in die Synagoge, wo er ein Sohn des Gesetzes wurde. Darauf sprach der Vater folgenden Segen: „Gesegnet seist du, Gott, der du die Verantwortung für diesen Knaben von mir genommen hast." Der Knabe sprach ein Gebet, in dem es hieß: „O du mein Gott und Gott meiner Väter! An diesem geheiligten Tage, an dem ich vom Knaben zum Mann wurde, hebe ich demütig meine Augen auf zu dir und beteure aufrichtig und ehrlich, daß ich von nun an deine Gebote halten und die Verantwortung für alle meine Taten vor dir auf mich nehmen werde." Dieser Tag bildete einen Wendepunkt im Leben des

Knabens. Beinah über Nacht wurde der Knabe zum Mann. 2. In Griechenland unterstand der Sohn vom siebten bis zum vollendeten achtzehnten Lebensjahr der Obhut seines Vaters. Dann wurde er zum ephebos, zum Jüngling, und unterstand zwei Jahre lang als eine Art Fahnenjunker der staatlichen Weisungsgewalt. Die Athener waren in zehn phratriari oder Sippen eingeteilt. Bevor der Knabe zum ephebos wurde, fand ein Fest, die sogenannte apatouria, statt, bei dem er in seine Sippe aufgenommen wurde. Zu der Zeremonie gehörte, daß ihm sein langes Haar abgeschnitten und den Göttern geopfert wurde. Auch hier war der Übergang vom Kindes- zum Mannesalter ein einschneidendes Ereignis. 3. Im römischen Recht war der Zeitpunkt, zu dem der Knabe zum Manne wurde, zeitlich nicht so genau festgelegt wie bei den Juden und Griechen, doch geschah dies auf jeden Fall im Alter von vierzehn bis siebzehn Jahren. Im Rahmen einer Familienfeier, der sogenannten Liberalia, legte der Knabe die toga praetexta, das mit einem purpurnen Besatzstreifen versehene Obergewand ab und vertauschte es mit der toga virilis, der weißen Männertoga. Dann geleiteten seine Angehörigen und Freunde ihn auf das Forum, wo er offiziell in das öffentliche Leben eingeführt wurde. Es handelte sich dabei um eine ihrem Wesen nach religiöse Zeremonie. Auch hier war es wieder ein ganz bestimmter Tag, an dem der Knabe erwachsen wurde. Nach römischer Sitte opferten Mädchen und Jungen an dem Tage, an dem sie erwachsen wurden, Ball und Puppe dem Gott Apoll, um damit zu dokumentieren, daß sie mit solchen Kindereien von nun an nichts mehr zu tun haben wollten. Solange jemand vor dem Gesetz unmündig war, konnte er auch, wenn er ein großes Vermögen besaß, nicht über seinen Besitz verfügen; nicht er bestimmte sein Leben, sondern andere entschieden alles für ihn. Er hatte daher praktisch nicht mehr Freiheiten als ein Sklave. Erst wenn er zum Mann geworden war, konnte er sein Erbe antreten und genoß die Freiheiten eines Mannes.
So regierte auch in der Kindheit der Welt – argumentiert Paulus – das Gesetz, das jedoch nur ein Elementarwissen darstellt. Um das deutlich zu machen, bedient Paulus sich des Wortes stoicheia. Stoicheion bedeutete ursprünglich Reihe, zum Beispiel eine Reihe Soldaten. Dann nahm das Wort die Bedeutung ABC an, und von hier aus war es nur noch ein Schritt bis zu der Bedeutung Elementarkenntnisse oder Anfangsgründe. Wir müssen jedoch beachten, daß das Wort noch etwas anderes bedeuten konnte, was manche an dieser Stelle auch darunter verstanden haben. Es können damit nämlich

auch die Grundstoffe, die Elemente gemeint sein, aus denen sich die Welt zusammensetzt, vor allem die Gestirne. Die Antike war vom Glauben an die Astrologie besessen. Wurde jemand unter einem bestimmten Stern geboren, so war sein Schicksal damit ein für allemal festgelegt. Die Menschen ließen sich von diesem Sternenglauben tyrannisch beherrschen, obwohl sie sich insgeheim danach sehnten, von ihm erlöst zu werden. Manche Theologen sind der Ansicht, Paulus wolle mit dieser Stelle sagen, daß es eine Zeit gegeben habe, zu der auch die Galater von dem unheilvollen Glauben an den Einfluß der Gestirne auf das Schicksal der Menschen heimgesucht worden seien. Doch scheint der Abschnitt insgesamt eher darauf hinzudeuten, daß stoicheia hier als Anfangs- und Grundkenntnisse verstanden werden muß. Danach sagt Paulus, als die Galater – und mit ihnen alle Menschen – noch hilflose Kinder gewesen seien, hätten sie unter der Tyrannei des Gesetzes gestanden; als es dann aber soweit gewesen sei, sei Christus gekommen, der die Menschen aus der Tyrannei des Gesetzes erlöst habe. Die Menschen seien nun nicht länger Sklaven des Gesetzes, sondern seien zu Kindern Gottes geworden, die ihr Erbe angetreten hätten. Die Kindheit, die dem Gesetz gehört habe, sei vorbei; jetzt seien sie freie Menschen.
Der Nachweis dafür, daß wir Kinder Gottes sind, entspringt einem instinktiven Bedürfnis. In der schlimmsten Not blicken die Menschen zu Gott auf und rufen: „Vater!" Paulus schreibt sowohl „Abba!" als auch „Vater!", wobei Abba das aramäische Wort für Vater ist. Dieses Wort war so oft über die Lippen Jesu gekommen, sein Klang so geheiligt, daß die Menschen es auch weiterhin in der Sprache Jesu überlieferten. Paulus glaubt, daß dieser instinktive Schrei des menschlichen Herzens auf das Wirken des Heiligen Geistes zurückzuführen sei. Er sagt, wenn dieser Schrei von Herzen komme, dann wüßten wir, daß wir Gottes Kinder seien, und dann gehöre uns das ganze Erbe der göttlichen Gnade. In den Augen des Paulus waren die Menschen, die ihr Leben weiter unter die Knechtschaft des Gesetzes stellten, noch Kinder; wer dagegen an sich selbst die Gnade Gottes erfahren hatte, ist reif und voll erwachsen im Glauben an Christus.

STATT FORTSCHRITT RÜCKSCHRITT. RÜCKFALL DER GALATER IN GESETZLICHKEIT

Galater 4, 8–11

Aber zu der Zeit, da ihr Gott nicht kanntet, dientet ihr denen, die in Wahrheit nicht Götter sind. Nun ihr aber Gott erkannt habt, ja vielmehr von Gott erkannt seid, wie wendet ihr euch denn wiederum zu den schwachen und dürftigen Elementen, welchen ihr von neuem dienen wollt? Ihr haltet Tage und Monate und Feste und Jahre. Ich fürchte für euch, daß ich vielleicht umsonst an euch gearbeitet habe.

Auch in diesem Abschnitt geht Paulus wieder von dem Gedanken aus, daß die Gesetzesreligion eine Anfangsstufe darstellt, daß dagegen der reife Mensch den Standpunkt der Gnade vertritt. Früher war das Gesetz berechtigt, da die Menschen es nicht besser wußten. Doch nun haben sie Gott und seine Gnade kennengelernt. Und dann verbessert Paulus sich selbst: Die Menschen können von sich aus Gott gar nicht kennenlernen; es ist Gott, der sich den Menschen in seiner Gnade offenbart. Niemand findet zu Gott, den Gott nicht zuvor schon gefunden hätte. Und so fragt Paulus jetzt: „Wollt ihr etwa in ein Stadium zurückverfallen, das längst hinter euch liegen sollte? Wollt ihr statt Fortschritt Rückschritt?"

Paulus bezeichnet die Anfangskenntnisse, die Gesetzesreligion, als schwache und dürftige Elemente. 1. Sie sind schwach, weil hilflos. Die Gesetzesreligion kann wohl sagen, was Sünde ist; sie kann die Menschen auf ihre Sünden hinweisen und sie von ihren Sünden überzeugen. Aber sie vermag ihnen weder Vergebung für die Sünden der Vergangenheit noch Stärke zur Überwindung künftiger Sünden zu geben. Die entscheidende, dem Gesetz innewohnende Schwäche war und ist, daß es die Sünde wohl zu diagnostizieren vermag, aber kein entsprechendes Heilmittel bereithält. 2. Die Gesetzesreligion ist im Vergleich zu der Herrlichkeit der göttlichen Gnade dürftig. Das Gesetz kann sich seinem Wesen nach jeweils nur mit einer bestimmten Situation befassen. Für jede neue Situation brauchen die Menschen ein neues Gesetz. Das Wunder der Gnade aber besteht gerade darin, daß es poiklos, mannigfaltig und vielseitig ist. Das heißt, es gibt keine menschliche Situation, der die Gnade Gottes nicht gerecht zu werden vermag.

Zu den Merkmalen des jüdischen Gesetzes gehörte die Beachtung und Einhaltung bestimmter Tage und Zeiten. Bei den Tagen dieses Abschnittes handelt es sich um den wöchentlichen Sabbat; bei den Monaten um den Neumond; bei den Festen um die großen Jahresfeste wie Ostern, Pfingsten und Laubhüttenfest; bei den Jahren schließlich handelt es sich um das alle sieben Jahre wiederkehrende Sabbatjahr, das als besonderes Jahr galt. Der Nachteil einer Religion, die von bestimmten Tagen und Festen abhängig ist, besteht darin, daß ganz zwangsläufig zwischen heiligen und weltlichen Tagen, zwischen Tagen, die Gott gehören, und solchen, mit denen die Menschen nach Belieben verfahren können, unterschieden wird. Eine weitere fast unvermeidliche Folge ist die Tendenz, daß Menschen, die peinlich genau die besonderen Tage einhalten, glauben, sie seien damit aller weiteren Verantwortung vor Gott ledig. Die Gesetzesreligion war weit entfernt von jener Religion, von der die Propheten gesprochen hatten. Jemand hat einmal gesagt, in alter Zeit habe es kein hebräisches Wort für Religion gegeben. Damals hätten die Juden ihr ganzes Leben als etwas betrachtet, was von Gott kam und daher auch seinem Gesetz und seiner Herrschaft unterstand. So sagte auch Jesus Christus nicht: „Ich bin gekommen, um euch eine Religion zu bringen", sondern: „Ich bin gekommen, auf daß ihr die Fülle des Lebens habt." Der Glaube wird zu einer reinen Äußerlichkeit, wenn man ihn von der Einhaltung bestimmter Tage, Zeiten und Feste abhängig macht. Für Christen sollte jeder Tag ein Tag Gottes sein. Paulus befürchtete, daß hier Menschen, die einst die Herrlichkeit der Gnade Gottes erfahren hatten, wieder in die Gesetzesreligion zurückverfallen könnten. Er befürchtete, daß Menschen, die einst in der Gemeinschaft des lebendigen Gottes gelebt hatten, Gott nur an bestimmten Tagen Einlaß in ihr Leben gewähren wollten.

APPELL DER LIEBE

Galater 4, 12–20

Werdet doch wie ich, denn ich wurde wie ihr; liebe Brüder, ich bitte euch. Ihr habt mir kein Leid getan. Ihr wisset doch, daß ich euch in Schwachheit des Leibes das Evangelium gepredigt habe das erste Mal. Und was euch anfocht an meinem Leib, das habt ihr nicht verachtet noch verschmäht, sondern wie einen Engel Gottes nahmet ihr mich auf, ja wie Christus Jesus. Wie waret ihr dazumal so selig! Ich bin euer Zeuge, daß, wenn es möglich gewesen wäre, ihr hättet eure Augen ausgerissen und mir gegeben. Bin ich denn damit euer Feind geworden, daß ich euch die Wahrheit vorhalte? Es ist nicht recht, wie sie um euch eifern; sie wollen euch nur von mir abwendig machen, daß ihr um sie sollt eifern. Eifrig umworben zu werden ist gut, wenn's im Guten geschieht immerdar und nicht allein dann, wenn ich anwesend bei euch bin, meine lieben Kinder, welche ich abermals mit Ängsten gebäre, bis daß Christus in euch Gestalt gewinne! Ich wollte, daß ich jetzt bei euch wäre und meine Stimme wandeln könnte; denn ich bin irre an euch.

Hier richtet Paulus nicht als Theologe, sondern als Mensch eine dringende Bitte an die Galater. Er appelliert nicht an den Intellekt, sondern unmittelbar an die Herzen der Menschen, indem er sie daran erinnert, daß er um ihretwillen zum Heiden geworden ist und daß er sie in allem zu verstehen suchte. Er hat ihretwegen auf die Vorrechte seines Volkes verzichtet; er hat sich von der Überlieferung, in der er aufgewachsen ist, freigemacht und ist einer der ihren geworden. Und jetzt bittet er die Galater, daß sie nicht zu Juden, sondern wie er werden möchten.
In diesem Abschnitt findet sich ein Hinweis auf den „Pfahl im Fleisch" des Paulus. Seine Krankheit ist der Anlaß gewesen, weshalb er zum ersten Mal zu ihnen gekommen ist. Wir werden uns mit diesem „Pfahl im Fleisch" ausführlich beschäftigen, wenn wir zu der berühmten Stelle 2. Korinther 12, 7 kommen. Eine Meinung geht dahin, daß Paulus am Verfolgungswahn gelitten habe; es heißt, er habe die Versuchungen des Fleisches nie ganz unterdrücken können; seine persönliche Erscheinung sei alles andere als eindrucksvoll gewesen, fanden die Korinther (2. Kor. 10, 10). Der ältesten Überlieferung zufolge bezieht sich der „Pfahl im Fleisch" auf Kopfschmerzen schlimmster Art. Dieser Abschnitt enthält zwei Andeutungen. Es heißt darin, die Galater hätten sich damals sogar die Augen ausgerissen und sie ihm gegeben, wenn dies möglich gewesen wäre. Daraus hat man geschlossen, daß Paulus Schwierigkeiten mit seinen Augen hatte; er sei möglicherweise von der Lichterscheinung auf der Straße nach Damaskus so geblendet gewesen, daß er seitdem nur noch schlecht habe sehen können und häufig unter Augenschmerzen gelitten habe. Die Stelle, die in der vorliegenden Ausgabe übersetzt ist: „Das habt ihr nicht verachtet noch ver-

schmäht", lautet wörtlich übersetzt: „Ihr habt nicht vor mir ausgespien." In der Antike herrschte die Sitte, Epileptiker anzuspucken, wenn man ihnen begegnete, um so den Einfluß des Bösen abzuwenden, von dem der Kranke nach ihrer Meinung besessen war. Man hat daher vermutet, daß Paulus Epileptiker war. Wir wollen einmal sehen, ob sich nicht feststellen läßt, wann Paulus nach Galatien gekommen ist. Vielleicht kann auf die Weise geklärt werden, aus welchem Grunde er dorthin ging. Es ist durchaus möglich, daß die Angaben Apostelgeschichte 13, 13. 14 sich auf die Ankunft des Paulus in Galatien beziehen. Paulus war zusammen mit Barnabas und Markus von Cyrus nach dem Festland gekommen und schließlich nach Perga in Pamphylia gelangt, wo Markus sich von den beiden trennte. Danach zogen Paulus und Barnabas nach Antiochien in Pisidien weiter, einer Provinz Galatiens.

Paulus spricht von denen, die den Galatern schmeicheln. Er denkt dabei an die Männer, die sie zu überreden versuchten, Judenchristen zu werden. Wenn es den Bemühungen dieser Judaisten gelang, die Galater davon zu überzeugen, daß sie zunächst einmal Juden werden müßten, blieb den Galatern gar nichts anderes übrig, als sich in aller Bescheidenheit um die Beschneidung zu bemühen, durch die sie zu Juden wurden. Diese Männer eiferten nur deshalb um die Galater, um sie in die Hand zu bekommen und sie sich selbst und dem Gesetz zu unterwerfen.

Am Schluß des Absatzes bedient Paulus sich einer lebendigen Metapher, eines anschaulichen bildlichen Ausdrucks. Er spricht davon, daß es ihn ebenso viele Schmerzen gekostet habe, die Galater zu Christus zu führen, wie eine Mutter die Geburt ihres Kindes koste, und jetzt müsse er all diese Schmerzen nochmals durchmachen. Christus ist in ihnen, aber erst im Keim. Er muß sie dahinbringen, daß sie in Christus neu geboren werden. Aus den letzten Sätzen des Paulus spricht eine heftige Erregung; das kann niemand übersehen. Meine lieben Kinder — die Diminutivform der Anrede ist ein Zeichen der Zuneigung. Bei Johannes findet sich dieser Ausdruck häufig, bei Paulus dagegen nur an dieser Stelle, an der sein Herz überfließt. Wir sollten auch beachten, daß Paulus die Galater nicht mit bitteren Scheltworten überhäuft. Er sehnt sich vielmehr nach seinen verirrten Kindern. Wo dem Zorn kein Einlaß gewährt wird, wird die Stimme der Liebe stets durchdringen.

EINE ALTE GESCHICHTE UND EINE NEUE BEDEUTUNG. KNECHTSCHAFT UND FREIHEIT GEGENÜBER DEM GESETZ

Galater 4, 21 – 5, 1

Saget mir, die ihr unter dem Gesetz sein wollt: Höret ihr nicht das Gesetz? Denn es steht geschrieben, daß Abraham zwei Söhne hatte, einen von der Magd, den andern von der Freien. Aber der von der Magd war, ist nach dem Fleisch geboren; der aber von der Freien ist durch die Verheißung geboren. Diese Worte bedeuten etwas. Denn das sind die zwei Testamente: eins von dem Berg Sinai, das zur Knechtschaft gebiert, welches ist die Hagar; denn Hagar heißt in Arabien der Berg Sinai und ist ein Gleichnis für das Jerusalem dieser Zeit, das dienstbar ist mit seinen Kindern. Aber das Jerusalem, das droben ist, das ist die Freie, die ist unsre Mutter. Denn es steht geschrieben (Jes. 54, 1): „Sei fröhlich, du Unfruchtbare, die du nicht gebierst! Brich hervor und rufe, die du nicht schwanger bist! Denn die Einsame hat viel mehr Kinder, als die den Mann hat.“ Ihr aber, liebe Brüder, seid wie Isaak Kinder der Verheißung. Aber wie zu jener Zeit der nach dem Fleisch Geborene verfolgte den, der nach dem Geist geboren war, so geht es auch jetzt. Doch was spricht die Schrift (1. Mose 21, 10): „Stoß die Magd hinaus mit ihrem Sohn; denn der Magd Sohn soll nicht erben mit dem Sohn der Freien“? So sind wir nun, liebe Brüder, nicht der Magd Kinder, sondern der Freien. Zur Freiheit hat uns Christus befreit! So stehet nun fest und lasset euch nicht wiederum in das knechtische Joch fangen!

Bei dem Versuch, Abschnitte wie den vorstehenden zu interpretieren, müssen wir stets daran denken, daß den Worten der Heiligen Schrift in den Augen frommer und gelehrter Juden, vor allem in den Augen der Rabbinen nicht nur eine einzige Bedeutung zukam. Tatsächlich wurde denn auch dem wörtlichen Sinn die geringste Bedeutung beigemessen. Nach Ansicht der jüdischen Rabbinen kam den Berichten der Heiligen Schrift eine vierfache Bedeutung zu. 1. Peshat, das heißt die schlichte, wortgetreue Bedeutung. 2. Remaz, die sich aufdrängende Bedeutung. 3. Derush, die Bedeutung, die sich aus der genauen Untersuchung des Textes entwickeln und ableiten läßt. 4. Sod, die allegorische, sinnbildliche Bedeutung. Die Anfangsbuchstaben dieser vier Wörter – P R D S – bilden die Konsonanten des Wortes P a r a d i e s. Wer den vier Bedeutungen erfolgreich auf den Grund gegangen war, erlangte dadurch paradiesische Freude! Zu beachten ist dabei, daß der a l l e g o r i s c h e n Bedeutung der größte Wert beigemessen wurde. In ihr gipfelten alle Bedeutungen. Aus diesem Grunde lasen die Rabbinen selbst in ganz schlichte historische Erzählungen des Alten Testaments eine tiefere Bedeutung hinein, die uns häufig geradezu merkwürdig anmutet, auf ihre Zeitgenossen jedoch durchaus überzeugend wirkte. Auch Paulus war ein geschulter Rabbi und verfährt hier nach dem geschilderten Muster. Er benutzt die Geschichte von Abraham, Sara, Hagar, Ismael und Isaak (1. Mose, Kapitel 16, 17, 21), eine schlichte Erzählung des Alten Testaments, und deutet sie allegorisch, um an ihr seinen Standpunkt klarzumachen.

Bei der Geschichte geht es um folgendes. Abraham und Sara waren bereits zu Jahren gekommen, ohne daß ihnen Kinder beschieden waren. Da tat Sara das, was zu jener patriarchalischen Zeit jede andere Frau an ihrer Stelle ebenso gemacht hätte: Sie schickte Abraham zu ihrer Magd Hagar, damit sie ihm an ihrer Stelle ein Kind gebäre. Hagar bekam tatsächlich einen Sohn mit Namen Ismael. Mittlerweile hatte nun aber Gott verheißen, daß auch Sara ein Kind haben werde. Das erschien Abraham und Sara so unfaßlich, daß sie es kaum glauben wollten. Doch nach angemessener Zeit wurde ihnen wirklich ein Sohn, Isaak, geboren. Das heißt, Ismael war auf Grund normaler menschlicher Triebe geboren worden, Isaak dagegen, weil Gott es verheißen hatte. Außerdem war Sara eine Freie, Hagar dagegen eine Sklavin. Anfangs neigte Hagar dazu, über Sara zu triumphieren, weil Unfruchtbarkeit als bittere Schande galt. So ergab sich eine unerfreuliche, spannungsgeladene Atmosphäre. Später „spottete" Ismael über Isaak, fand Sara – Paulus setzt diese Stelle mit Verfolgung gleich –, und sie bestand daher darauf, daß Hagar vertrieben würde, damit der Sohn einer Sklavin nicht das Erbe mit ihrem frei geborenen Sohn teile. Von nun an wurde Arabien als das Land der Sklaven betrachtet, in dem die Nachkommen der Hagar wohnten.

Paulus sieht in dieser Erzählung also ein Sinnbild, in dem Hagar den alten Bund des Gesetzes verkörpert, der auf dem Berge Sinai geschlossen wurde, also in Arabien, dem Land der Nachkommen der Hagar. Hagar selbst war Sklavin, und auch alle ihre Kinder wurden in die Knechtschaft hineingeboren. Der Bund, der auf dem Gesetz beruht, macht die Menschen zu Knechten des Gesetzes. Hagars Sohn verdankte seine Existenz

dem menschlichen Geschlechtstrieb; so ist auch Gesetzestreue das Äußerste, was Menschen von sich aus erreichen können. Sara dagegen verkörpert den neuen Bund in Jesus Christus, den neuen Gnadenweg Gottes, der mit den Menschen nicht nach dem Gesetz, sondern nach dem Maßstab seiner Gnade verfährt. Saras Sohn war frei geboren, und auch alle seine Nachkommen sollten frei sein; er war nicht auf Grund menschlicher Triebe, sondern auf Grund einer göttlichen Verheißung geboren worden. In der alttestamentlichen Erzählung verfolgt der Sohn der Sklavin den Sohn der Freien; das wiederholt sich in der Art, wie die Juden die Christen verfolgen; die Kinder des Gesetzes verfolgen die Kinder der Gnade und Verheißung. Aber wie am Schluß der Erzählung der Sohn der Sklavin vertrieben wird und kein Teil hat an dem Erbe, so werden auch die Gesetzesanhänger von Gott verworfen werden und kein Teil haben an dem Erbe seiner Gnade.
So seltsam uns das Ganze berührt, eins bleibt wahr: Wer das Gesetz zur Richtschnur seines Lebens macht, befindet sich in der Lage eines Sklaven. Wer sein Leben dagegen auf die Gnade Gottes gründet, macht damit die Liebe zur obersten Richtschnur seines Lebens.

DAS PERSÖNLICHE VERHÄLTNIS. AUFRUF ZUR RECHTEN FREIHEIT

Galater 5, 2–12

Siehe, ich, Paulus, sage euch: Wenn ihr euch beschneiden lasset, so wird euch Christus nichts nützen. Ich bezeuge abermals einem jeden, der sich beschneiden läßt, daß er das ganze Gesetz zu tun schuldig ist. Ihr habt Christus verloren, die ihr durch das Gesetz gerecht werden wollt, und seid aus der Gnade gefallen. Denn wir warten im Geist durch den Glauben auf die Gerechtigkeit, auf die man hoffen muß. Denn in Christus Jesus gilt weder Beschneidung noch Unbeschnittensein etwas, sondern der Glaube, der durch die Liebe tätig ist. Ihr liefet fein. Wer hat euch aufgehalten, der Wahrheit nicht zu gehorchen? Solch Überreden ist nicht von dem, der euch beruft. Ein wenig Sauerteig durchsäuert den ganzen Teig. Ich habe das Vertrauen zu euch in dem Herrn, ihr werdet nicht anders gesinnt sein. Wer euch aber irremacht, der wird sein Urteil tragen müssen, er sei, wer er wolle. Ich aber, liebe Brüder, wenn ich die Beschneidung noch predige, warum leide ich denn Verfolgung? So hätte ja das Ärgernis des Kreuzes aufgehört. Sie sollten sich doch lieber gleich verschneiden lassen, die euch in Unruhe bringen!

Paulus war der Ansicht, daß Gnade und Gesetz einander ausschlössen. Der entscheidende Fehler, den die Menschen begingen, die den Weg des Gesetzesgehorsams einschlugen, bestand nach seiner Auffassung darin, daß sie glaubten, sie könnten sich durch ihre Werke in den Augen Gottes Verdienste erwerben. Paulus nun behauptete, wer das Heil durch Gesetzeserfüllung zu erlangen trachte, mache es von den Leistungen der Menschen abhängig. Wer dagegen den Gnadenweg wähle, liefere sich mitsamt all seinen Sünden der Barmherzigkeit und Liebe Gottes aus. Weiter argumentiert Paulus, wer sich beschneiden lasse, erkenne damit das Gesetz teilweise an und müsse konsequenterweise dann auch das ganze Gesetz anerkennen. Angenommen, jemand möchte sich naturalisieren lassen und beachtet sorgfältig alle diesbezüglichen Gesetze und Vorschriften des Landes, in dem er die Bürgerrechte erwerben möchte. Dann kann er es dabei nicht bewenden lassen, sondern muß auch alle übrigen Gesetze des betreffenden Landes anerkennen und beachten. Paulus argumentiert also, wer sich beschneiden lasse, stelle sich damit automatisch unter das Gesetz; denn die Beschneidung bilde den Eingangsritus dazu. Ebenso automatisch verlasse er mit diesem Akt den Gnadenweg, und Christus sei für ihn mithin umsonst gestorben. Der Glaube, der durch die Liebe wirkt, war für Paulus das allein Entscheidende. Oder anders ausgedrückt: Entscheidend für den Glauben sei nicht das Gesetz, sondern die persönliche Beziehung zu Jesus Christus. Wer Jesus Christus von ganzem Herzen liebt, liefert sich ihm mit allem, was er ist, aus. Christlicher Glaube gründet sich auf eine ganz persönliche Beziehung. Nicht der Gehorsam gegenüber einem Gesetz, sondern die Liebe zu Jesus Christus bildet seine Antriebskraft.

Im Anfang hatten die Galater dies sehr wohl gewußt, doch jetzt wandten sie sich dem Gesetz zu. „Ein wenig Sauerteig genügt", sagt Paulus, „um den ganzen Teig zu versäuern." Der Sauerteig war bei den Juden meistens ein Symbol des Bösen. Paulus sagt also: „Wohl mag der Einfluß der Gesetzesanhänger noch nicht sehr groß sein, trotzdem aber müßt ihr ihn ein für allemal ausschalten, damit er euren Glauben nicht verdirbt und zunichte macht."

Paulus schließt mit einer fast beleidigend offenen Bemerkung. Galatien lag in der Nähe von Phrygien, wo die Göttin Kybele große Verehrung genoß. Dort herrschte der Brauch, daß Priester und der Kybele besonders treu ergebene Anhänger sich selbst verstümmelten und entmannten. Alle Priester der Kybele waren Eunuchen. Paulus sagt hier also: „Der Ritus der Beschneidung ist nur der Anfang eines Prozesses, der sehr wohl damit enden kann, daß ihr euch wie die Priester der Kybele selbst entmannt." Die feine Gesellschaft mochte über dieses scheußliche Beispiel vielleicht die Nase rümpfen, aber für die Galater war es außerordentlich anschaulich. Sie waren über den Kybele-Kult bestens informiert, da die Priester dieser Göttin mitten unter ihnen lebten.

CHRISTLICHE FREIHEIT

Galater 5, 13—15

Ihr aber, liebe Brüder, seid zur Freiheit berufen. Allein sehet zu, daß ihr durch die Freiheit nicht dem Fleisch Raum gebet, sondern durch die Liebe diene einer dem andern. Denn das ganze Gesetz ist in einem Wort erfüllt, in dem (3. Mose 19, 18): „Liebe deinen Nächsten wie dich selbst." Wenn ihr euch aber untereinander beißet und fresset, so sehet zu, daß ihr nicht voneinander verzehrt werdet.

Von diesem Absatz an verlagert sich der Schwerpunkt des Briefes. Bis jetzt hat Paulus vor allem theologische Argumente angeführt. Von nun an liegt die Betonung auf dem Ethischen. Paulus besaß einen außerordentlichen Sinn für das praktische Leben. Alle Briefe, auch wenn sie die höchsten Gedankenflüge enthalten, enden mit einer lebensnahen, praktischen Bemerkung. Ein theologisches Gedankengebäude, das sich nicht in die Praxis umsetzen ließ, erschien Paulus sinnlos. So finden wir zum Beispiel im Römerbrief eine der bedeutendsten theologischen Abhandlungen, um dann im 12. Kapitel festzustellen, daß Paulus unvermittelt wieder mit beiden Füßen auf der Erde steht und den Römern mit äußerstem Nachdruck praktische Ratschläge erteilt und sie ganz persönlich aufruft. Jemand hat einmal gesagt, man erkenne gute Theologen daran, daß sie sich nicht nur anderen Theologen verständlich machen könnten,

sondern auch jedem Laien. Dieser Probe hält Paulus auf vorbildliche Weise stand. Im Galaterbrief sind wir jetzt an diesem Wendepunkt angelangt. Alles, was Paulus bisher gesagt hat, muß jeden Tag im Alltag gelebt und bewiesen werden.
Die Theologie des Paulus war stets in ganz besonderer Richtung gefährdet. Wenn er erklärte, daß das Ende der Gesetzesreligion gekommen und die Zeit der Gnade angebrochen sei, konnten Menschen, die ihn absichtlich falsch auslegten, darauf erwidern: „Das heißt also, daß jeder tun kann, was ihm beliebt; alle Schranken sind gefallen. Ich kann von nun an all meinen Begierden, meinen Leidenschaften, Wünschen und Gefühlen freien Lauf lassen. Das Gesetz ist ungültig, und durch die Gnade Gottes bin ich der Vergebung in jedem Falle sicher."
Doch so sah Paulus die Dinge keineswegs, sondern er sagte, jeder Mensch sei zu zweierlei verpflichtet. 1. Niemand könne von der Verantwortung vor Gott entbunden werden. Das ist unausgesprochen die stillschweigende Voraussetzung aller Gedankengänge des Paulus. Die Liebe, die Gott uns entgegenbringt, ist eine Verpflichtung für uns. Ich kann mein Leben, für das Christus mit seinem Leben bezahlt hat, nicht besudeln und in den Schmutz ziehen. 2. Wir alle sind unseren Mitmenschen gegenüber verpflichtet. Zwar sind wir freie Menschen, aber diese Freiheit besagt, daß wir unseren Nächsten wie uns selbst lieben sollen.
Die christliche Freiheit ist kein Freibrief für Zügellosigkeit, und zwar aus dem ebenso einfachen wie einleuchtenden Grunde, daß Christen durch die Gnade Gottes nicht die Freiheit zur Sünde erhalten, sondern vielmehr von der Sünde frei werden. Wenn der Geist Christi in ihnen wohnt, werden die Menschen so geläutert, daß sie ihren Nächsten wie sich selbst lieben.
Am Schluß des Absatzes gibt Paulus den Galatern einen Rat, an dem sie zu schlucken haben. „Wenn ihr nicht lernt, miteinander zu leben, dann macht ihr jedes wirkliche Leben unmöglich und euer Leben lebensunwert. Selbstsucht ist der ärgste Feind des Menschen."

DAS BÖSE. WANDEL IM GEBET

Galater 5, 16—21

Ich sage aber: Wandelt im Geist, so werdet ihr die Lüste des Fleisches nicht vollbringen. Denn das Fleisch streitet wider den Geist und der Geist wider das Fleisch; diesel-

ben sind widereinander, daß ihr nicht tut, was ihr wollt. Regiert euch aber der Geist, so seid ihr nicht unter dem Gesetz. Offenbar sind aber die Werke des Fleisches, als da sind: Unzucht, Unreinigkeit, Ausschweifung, Götzendienst, Zauberei, Feindschaft, Hader, Eifersucht, Zorn, Zank, Zwietracht, Spaltungen, Neid, Saufen, Fressen und dergleichen, von welchen ich euch vorausgesagt habe und sage noch einmal voraus, daß, die solches tun, werden das Reich Gottes nicht erben.

Paulus war sich der Zwiespältigkeit der menschlichen Natur und der sich daraus ergebenden Spannungen durchaus bewußt. Er wußte, daß „ein Teil des Menschen vom Himmel kommt, der andere Teil von der Erde", wie es in einem Gedicht heißt. Das entscheidende Merkmal der christlichen Freiheit sah Paulus darin, daß Ungebundenheit nicht hieß, den niederen Instinkten der menschlichen Natur nachzugeben, sondern daß Freiheit bedeutete, ein Leben im Geiste zu führen. Paulus zählt hier einen ganzen Katalog des Bösen auf. Hinter jedem Wort, das er nennt, steht ein Bild, und wir müssen daher auch jedes Wort für sich betrachten. Unzucht; man hat mit Recht behauptet, durch das Christentum sei den Tugenden der Antike eine neue Tugend hinzugefügt worden, nämlich die Tugend der Keuschheit. Das Christentum fand eine Welt vor, in der sexuelle Ausschweifungen den Menschen nicht nur nachgesehen wurden, sondern als ganz normal und typisch für das Alltagsleben der Menschen angesehen wurden. Unreinigkeit; das griechische Wort akatharsia, das Paulus an dieser Stelle gebraucht, hat mehrere Bedeutungen. Es bezeichnete den Eiter einer Wunde, einen Baum, der nicht beschnitten war oder auch ein ungesiebtes Material. Das entsprechende positive Adjektiv, katharos = rein, wurde gewöhnlich bei Miet- oder Kaufverträgen verwendet, um anzudeuten, daß ein Haus sich in tadellosem, sauberem Zustand befand. Am aufschlußreichsten ist der Gebrauch des Adjektivs katharos jedoch im Zusammenhang mit einem Reinigungszeremoniell, das den Menschen dazu berechtigt, sich den Göttern anbetend zu nähern. Unreinigkeit bedeutet demnach, daß der Mensch sich im Schmutz wälzt; sie bewirkt, daß er nicht vor Gott treten kann. Indem wir uns besudeln, entfernen wir uns von Gott. Ausschweifung; für das an dieser Stelle verwendete griechische Wort aselgeia finden sich in der vorliegenden Bibelübersetzung verschiedene Ausdrücke: Ausschweifung (2. Kor. 12, 21; Gal. 5, 19), Lüste (1. Petr. 4, 3; Judas 4), Wollust (Röm.

13,13) und fleischliche Lust (2. Petr. 2,18). In dem Wort kommt die Bereitschaft zu jeder Art von Zügellosigkeit zum Ausdruck. Wer ihr nachgibt, kennt keine Hemmungen, sondern tut, wozu Laune und Begierde ihn treiben. Der jüdische Geschichtsschreiber Josephus schreibt diese Eigenschaft auch Isebel zu, die Baal in der heiligen Stadt Jerusalem einen Tempel errichtete. Dem Wort liegt die Vorstellung zugrunde, daß jemand seinen Trieben und Lüsten so sehr verfallen ist, daß es ihm nichts ausmacht, was die Menschen von ihm denken oder sagen. Götzendienst; damit ist die Anbetung von Götterfiguren gemeint, die von Menschenhänden hergestellt sind. Die Sünde besteht darin, daß an die Stelle Gottes etwas Stoffliches getreten ist. Zauberei; das entsprechende griechische Wort bedeutet an sich nur die Verwendung von Heilmitteln. Doch besagt es auch, daß Drogen nicht nur als Heilmittel, sondern auch als Zaubermittel gebraucht werden können, wie dies in der Antike vielfach geschah. Feindschaft; diesem Wort liegt die Vorstellung zugrunde, daß jemand seinen Mitmenschen grundsätzlich feindlich gesinnt ist; diese Eigenschaft ist das Gegenteil der christlichen Tugend der Nächstenliebe. Hader; das entsprechende griechische Wort bedeutet ursprünglich Kampf um die Beute. Es kann in diesem Zusammenhang zwar auch im positiven Sinne verwendet werden, doch meistens äußert sich dieser Wettkampf in Streit und Zank. Eifersucht; das entsprechende griechische Wort zelos hatte ursprünglich eine positive Bedeutung. Es ging darum, daß jemand allem Edlen nachzueifern trachtete, was er sah. Doch dann machte das Wort einen Bedeutungswandel zum Negativen durch und bezeichnete das Verlangen nach dem, was jemand anders besitzt; das falsche Verlangen nach etwas, was uns nicht zukommt. Zorn; das griechische Wort, das Paulus hier verwendet, kennzeichnet Jähzornausbrüche, die ebenso schnell vergehen, wie sie aufflammen. Zank; das entsprechende griechische Wort hat eine lange Entwicklung durchgemacht. Eritheia, so lautet das Wort, bedeutete ursprünglich die Arbeit des Tagelöhners (erithos). Davon abgeleitet bedeutete es dann überhaupt Arbeit gegen Bezahlung. Daraus entwickelte sich die Bedeutung, sich um ein politisches oder ein anderes öffentliches Amt bewerben. Und zwar in dem Sinne, daß dem Betreffenden nicht etwa daran liegt, dem Staat zu dienen, sondern nur daran, Vorteile aus seiner Stellung zu gewinnen. Es handelt sich dabei um die Eigenschaft eines Menschen, der nur an sich selbst denkt und das Wohl der anderen gänzlich außer Acht läßt. Zwietracht; das entsprechende griechische Wort bedeutete ursprünglich auseinandertreten. Zwietracht herrscht in einer Gemeinschaft, in der alle auseinanderstatt zueinanderstreben. Spaltungen; das griechische Wort bezeichnet ein noch stärkeres Voneinanderabweichen als bei der Zwietracht. Es handelt sich hier um das griechische Wort hairesis, von dem unser Wort Häresie abgeleitet ist. Mit diesem Wort wurde nicht von Anfang an etwas Schlechtes bezeichnet. Es ist auf eine Wurzel zurückzuführen, die wählen bedeutet, und wurde auf bestimmte Philosophen und ihre Anhänger oder auch auf andere Gruppen von Menschen angewendet, die eine gemeinsame Überzeugung vertraten. Doch leider kommt es bei Menschen, die verschiedene Standpunkte vertreten, häufig dahin, daß sie nicht nur den Standpunkt des anderen nicht anerkennen, sondern auch die Menschen mißbilligen, die ihn vertreten. Dabei müßte es doch möglich sein, einem Menschen auch dann wohlgesinnt zu bleiben, wenn man andere Ansichten vertritt als er. Neid; das entsprechende griechische Wort phtonos ist ein gemeines Wort. Euripides hat diese Eigenschaft einmal „die schlimmste aller menschlichen Krankheiten" genannt. Ihr Wesen besteht darin, daß der von ihr Befallene dem anderen mißgönnt, was er besitzt. Wer neidisch ist, dem geht es nicht in erster Linie darum, selbst etwas zu besitzen, sondern er möchte vor allem, daß auch der andere es nicht besitzt. Die Stoiker bezeichneten phtonos als ein Übelnehmen dessen, was ein anderer Gutes besitzt. Diese Eigenschaft verrät nicht so sehr Eifersucht, als vielmehr Bitterkeit. Saufen; dieses Laster war in der Antike nicht besonders weit verbreitet, obwohl die Griechen beispielsweise mehr Wein als Milch tranken. Sogar Kinder tranken Wein. Doch wurde der Wein stets im Verhältnis zwei zu drei mit Wasser vermischt. Die Griechen und die Christen verurteilten die Trunkenheit, weil sie die Menschen degradierte. Fressen; auch hier hat das entsprechende griechische Wort (komos) wieder eine interessante Entwicklung durchgemacht. Als komos wurde die Gruppe der Freunde bezeichnet, die den Sieger im Wettkampf nach dem Sieg begleiteten. Sie tanzten, lachten und sangen, um ihn zu preisen. Aber auch die Bachusverehrer wurden so genannt. Ungehemmte, laute Lustbarkeit, die bereits in Zügellosigkeit ausartet, ist damit gemeint.

Wenn wir der Bedeutung dieser Ausdrücke ein wenig nachgehen, erkennen wir, daß sich die Welt seither nicht allzusehr geändert hat. Christen, die in diesem Teufelskreis bleiben, haben keinen Anteil am Reich Gottes.

DAS GUTE

Galater 5, 22–26

Die Frucht aber des Geistes ist Liebe, Freude, Friede, Geduld, Freundlichkeit, Gütigkeit, Glaube, Sanftmut, Keuschheit. Wider solche ist das Gesetz nicht. Welche aber Christus Jesus angehören, die haben ihr Fleisch gekreuzigt samt den Lüsten und Begierden.
Wenn wir im Geist leben, so lasset uns auch im Geist wandeln. Lasset uns nicht eitler Ehre geizig sein, einander nicht reizen, einander nicht neiden.

Wie Paulus im vorhergehenden Abschnitt die bösen Merkmale des Fleisches genannt hat, so zählt er jetzt alles Gute auf, das der Geist bewirkt. Auch hier lohnt es sich, jedes Wort einzeln zu betrachten. Liebe; im Neuen Testament steht dafür das griechische Wort agape, das im klassischen Griechenland nicht sehr gebräuchlich war. Im Griechischen gibt es vier Wörter für Liebe. a) Mit eros wird die Liebe zwischen Mann und Frau bezeichnet. Stets kommt darin ein leidenschaftliches Verlangen zum Ausdruck. Dieses Wort findet sich im Neuen Testament an keiner Stelle. b) Philia ist der Ausdruck für die herzliche Liebe, die wir für unsere Angehörigen und uns nahestehende Menschen empfinden. c) Mit storge wird vor allem die Zuneigung gekennzeichnet, die Eltern und Kinder füreinander empfinden. d) Agape bedeutet im christlichen Sinne unendliche Güte und unbesiegbares Wohlwollen. Agape besagt, daß wir stets das Beste eines Menschen im Auge haben, einerlei, was er uns antut. Herz und Verstand sind also gleichermaßen beteiligt. Agape besagt, daß wir fest entschlossen sind – nur mit Gottes Hilfe sind wir dazu imstande, immer nur nach dem zu streben, was zum Wohle unserer Mitmenschen dient, selbst wenn diese uns Böses anzutun versuchen. Freude; das entsprechende griechische Wort heißt chara. Damit wird vor allem die Freude zum Ausdruck gebracht, die sich auf Gott und den Glauben gründet (vgl. Ps. 30, 12; Röm. 14, 17; 15, 13; Phil. 1, 4. 25). Diese Freude hat ihre Ursache nicht in irdischen Dingen und billigen Triumphen, und noch weniger wird damit das Frohlocken über jemanden zum Ausdruck gebracht, den man im Wettkampf besiegt hat. Diese Freude gründet sich allein auf Gott. Frieden; in der zeitgenössischen griechischen Umgangssprache lassen sich zwei interessante Verwendungszwecke dieses Wortes (eirene) feststellen. Einmal kennzeichnet es die Ruhe und den Frieden, die ein Land unter der gerechten und gütigen Regierung eines guten Herrschers genießt, zum andern die Ordnung, die in Dörfern und Städten herrschte. Der für die Aufsicht in den Dörfern zuständige Beamte hieß Hüter des Dorffriedens (eirene) und hatte für den öffentlichen Frieden zu sorgen. Im Neuen Testament wird das hebräische Wort shalom im allgemeinen mit eirene übersetzt und bedeutet nicht nur, daß es keine Schwierigkeiten und keine Mühsal gibt, sondern daß darüber hinaus den Menschen alles zuteil wird, was gut und schön für sie ist. Hier nun ist mit dem Wort die heitere Gelassenheit des Herzens gemeint, die von dem alles durchdringenden Bewußtsein herrührt, daß wir in Gottes Hand sind. Interessant ist auch, daß eirene = Irene zu einem christlichen Vornamen geworden ist. Großmut oder makrothymia; ein ganz besonders wichtiges Wort. 1. Makkabäer 8, 3 heißt es, daß die Römer mit großer makrothymia viele Länder erobert hätten. Damit meint der Schreiber die Beharrlichkeit der Römer, ihre trotz einzelner Niederlagen nicht ermüdende Geduld, die schließlich auch zum Siege führte. Im allgemeinen wurde das Wort nicht für Geduld im Hinblick auf ein Handeln oder Geschehen gebraucht, sondern nur im Hinblick auf Menschen. Der Patriarch Chrysostomos (gest. 407) spricht von der makrothymia als von der Nachsicht eines Menschen, der sich auch dann nicht rächt, wenn er in der Lage dazu ist; Menschen, die die Eigenschaft der makrothymia besitzen, geraten nur sehr schwer in Zorn. Für uns ist besonders interessant, daß das Wort im Neuen Testament meistens im Zusammenhang mit dem Verhalten gebraucht wird, das Gott und Jesus den Menschen gegenüber an den Tag legen (Röm. 2, 4; 9, 22; 1. Tim. 1, 16; 1. Petr. 3, 20). Wäre Gott wie die Menschen, hätte er die Welt längst vernichtet und ausgelöscht. So aber ist er geduldig und langmütig gegenüber unseren Sünden und verwirft uns nicht. Auch wir sollten im Umgang mit unseren Mitmenschen versuchen, die gleiche liebevolle, nachsichtige, verzeihende Geduld wie Gott aufzubringen.

Freundlichkeit und Gütigkeit sind eng miteinander verknüpfte Begriffe. Für Freundlichkeit steht im Griechischen das Wort chrestotes, das im allgemeinen mit Güte übersetzt wird. In der vorliegenden Übersetzung ist es teils mit Freundlichkeit, teils mit Güte übersetzt (vgl. Titus 3, 4; Röm. 2, 4; 2. Kor. 6, 6; Eph. 2, 7; Kol. 3, 12; Gal. 5, 22). In einer anderen Übersetzung ist dafür das Wort Süßigkeit eingesetzt worden. Auf jeden Fall handelt es sich um ein wunderschönes Wort. Plutarch behauptete, es sei viel umfassender als Gerechtigkeit. Alter Wein wird als chrestos, als mild bezeichnet. Das Joch Christi wird chrestos genannt (Matth. 11, 30); es ist sanft, wird uns nicht lästig, peinigt und scheuert nicht. Dem Wort liegt die Vorstellung von freundlicher Güte zugrunde. Das griechische Wort für Gütigkeit (agathosyne) ist ein ausgesprochen biblisches Wort und kommt im profanen Bereich nicht vor (vgl. Röm. 15, 14; Eph. 5, 9; 2. Thess. 1, 11). Es handelt sich dabei um das umfassende Wort für Güte als eine „Tugend, die mit allem Erforderlichen versehen ist". Worin besteht nun der Unterschied zwischen den beiden Begriffen? Während agathosyne auch Tadel, Korrektur und Zucht miteinschließt, handelt es sich bei der chrestotes um eine ausschließlich helfende Eigenschaft.

Ein englischer Theologe ist der Ansicht, bei der Tempelreinigung habe Jesus agathosyne bewiesen, chrestotes dagegen, als die Sünderin ihm die Füße salbte. Als Christen bedürfen wir der Güte, die zugleich freundlich und streng ist. Glaube; das entsprechende griechische Wort pistis wird im weltlichen Bereich ganz allgemein für Vertrauenswürdigkeit benutzt. Pistis ist das Merkmal zuverlässiger Menschen. Sanftmut; das entsprechende griechische Wort praotes läßt sich ganz besonders schwer übersetzen. Im Neuen Testament kommen ihm vor allem drei Bedeutungen zu. a) Es bedeutet Ergebung in den Willen Gottes (Matth. 5, 5; 11, 29; 21, 5). b) Es bedeutet gelehrig und kennzeichnet Menschen, die nicht zu stolz zum Lernen sind (Jak. 1, 21). c) Am häufigsten bedeutet es bedachtsam, überlegt (1. Kor. 4, 21; 2. Kor. 10, 1; Eph. 4, 2). Der griechische Philosoph Aristoteles bezeichnet praotes als die Mitte zwischen übertriebenem Zorn und übertriebener Milde; als die Eigenschaft von Menschen, die nur im rechten Augenblick, niemals dagegen zur unrechten Zeit zornig werden. Als besonders erhellend erweist sich das dazugehörige Adjektiv praos, das im Zusammenhang mit gezähmten Tieren verwendet wurde. Das Wort deutet also auf Selbstbeherrschung und Selbstzucht hin. Zu beidem kann nur Christus uns verhelfen. Aus dem Wort praotes spricht der Geist der Ergebung in Gott, der Geist der Lernbereitschaft für alles Gute und der Geist der Nachsicht gegenüber den Mitmenschen. Keuschheit; das entsprechende griechische Wort egkrateia wird von Plato im Sinne der Selbstbeherrschung verwendet. Aus ihm spricht der Geist, der die eigenen Begierden und die Genußsucht zu beherrschen weiß. Mit dem Wort wird die Selbstdisziplin des Wettkämpfers (1. Kor. 9, 25) und die sexuelle Enthaltsamkeit der Christen (1. Kor. 7, 9) bezeichnet. Im weltlichen Bereich auch die Tugend von Herrschern, die sich bei ihren Regierungsgeschäften nicht von privaten Interessen leiten lassen. Praotes ist eine Tugend, durch die die Menschen sich selbst so in der Gewalt haben, daß sie fähig werden, anderen Menschen zu dienen.

Paulus glaubte und hatte selbst erfahren, daß Christen mit Christus sterben und mit ihm zu einem neuen, reichen Leben erweckt werden, aus dem das Böse verschwunden ist, in dem dafür aber die guten Gaben des Geistes zur Reife gelangen.

VOM LASTENTRAGEN

Galater 6, 1–5

Liebe Brüder, wenn ein Mensch etwa von einem Fehl übereilt würde, so helfet ihm wieder zurecht mit sanftmütigem Geist, ihr, die ihr geistlich seid; und siehe auf dich selbst, daß du nicht auch versucht werdest. Einer trage des andern Last, so werdet ihr das Gesetz Christi erfüllen. Denn wenn sich jemand läßt dünken, er sei etwas, obwohl er doch nichts ist, der betrügt sich selbst. Ein jeglicher aber prüfe sein eigen Werk; und alsdann wird er an sich selbst den Ruhm haben und nicht an einem andern. Denn ein jeglicher wird seine Last tragen.

Paulus wußte, welche Probleme sich in jeder christlichen Gemeinschaft ergeben. Selbst die besten Menschen begehen Fehler. Paulus gebraucht an dieser Stelle das griechische Wort paraptoma, mit dem nicht die absichtliche Sünde bezeichnet wurde, sondern ein Fehltritt wie zum Beispiel das Ausrutschen auf einer vereisten Straße. Menschen, die selbst ein geistliches Leben führen, neigen dazu, über die Sünden anderer ziemlich hart zu richten. Dieser Gefahr sind tatsächlich viele fromme Menschen ausgesetzt. Wir kämen daher nie auf den Gedanken, ihnen unser Herz auszuschütten, wenn wir etwas falsch gemacht oder auf andere Weise versagt haben. Sie sind keines Mitgefühls fähig. Darum sagt Paulus zu den Galatern, jeder wahre Christ müsse es als seine Pflicht ansehen, solchen Menschen wieder auf die Beine zu helfen. Paulus verwendet in diesem Zusammenhang für korrigieren ein Wort, mit dem üblicherweise die Tätigkeit des Chirurgen bezeichnet wurde, der jemanden von einer Geschwulst befreite oder auch ein gebrochenes Glied schiente. Die Betonung liegt bei diesem Wort nicht auf der Bestrafung, sondern auf der Heilung. Die Korrektur erfolgt nicht im Sinne einer Strafe, sondern im Sinne einer Hilfe. Weiter sagt Paulus, daß wir gut daran täten, jedesmal, wenn wir sehen, daß ein Mensch einen Fehler macht, oder eine Sünde begeht, zu uns selbst zu sagen: „Ohne die Gnade Gottes erginge es mir ebenso."

Weiter tadelt Paulus die Eitelkeit der Menschen und gibt ihnen einen Rat, wie sie sich vermeiden läßt. Wir sollen das, was wir leisten, nicht mit dem vergleichen, was unser Nachbar leistet, sondern uns stets fragen, ob unsere Leistung wirklich dem entspricht, was wir hätten schaffen können, wenn wir unser Bestes hergegeben hätten. Wenn wir unsere Erfolge mit denen vergleichen, die andere aufzuweisen haben, schneiden wir dabei vielleicht ganz gut ab; doch wenn wir sie mit unseren Idealvorstellungen vergleichen, besteht durchaus kein Grund zur Eitelkeit.

Zweimal spricht Paulus in diesem Abschnitt vom Lastentragen. Es gibt Lasten, die uns von außen auferlegt werden. Sie sind auf die Wechselfälle des Lebens zurückzuführen. Es kommen Krisen- und Notzeiten oder auch Trauer über uns. Wenn dann einer dem anderen hilft, erfüllen wir das Gesetz Christi. Es gibt aber auch Lasten, die jeder für sich allein tragen muß. Mit dem griechischen Wort, das Paulus an der betreffenden Stelle benutzt, wurde das Marschgepäck der Soldaten bezeichnet. Es gibt Verpflichtungen, die uns niemand abnehmen kann, und Aufgaben, die niemand, auch wenn er noch so freundlich ist, für uns tun kann. Wir allein sind dafür verantwortlich, und wir können sie, so gern wir dies oft auch möchten, auf niemanden sonst abschieben.

NICHT NACHLASSEN, SONDERN WEITERMACHEN

Galater 6, 6—10

Der aber unterrichtet wird im Wort, der teile mit allerlei Gutes dem, der ihn unterrichtet. Irret euch nicht! Gott läßt sich nicht spotten. Denn was der Mensch sät, das wird er ernten. Wer auf sein Fleisch sät, der wird von dem Fleisch das Verderben ernten; wer aber auf den Geist sät, der wird von dem Geist das ewige Leben ernten. Lasset uns aber Gutes tun und nicht müde werden; denn zu seiner

Zeit werden wir auch ernten, wenn wir nicht ablassen. Darum, solange wir noch Zeit haben, lasset uns Gutes tun an jedermann, allermeist aber an des Glaubens Genossen.

Hier wendet Paulus sich ganz der praktischen Seite des Christentums zu.

Die Kirche war damals eine Gemeinschaft, in der jeder mit jedem teilte, was er besaß. Niemand ertrug es, im Überfluß zu leben, während andere darbten. Und nun sagt Paulus hier: „Wenn jemand euch die unvergänglichen ewigen Wahrheiten lehrt, dann solltet ihr auch die materiellen Güter, die ihr besitzt, mit diesem Lehrer teilen."

Paulus weist sie darauf hin, daß im Leben stets das Gesetz des Ausgleichs eingehalten wird. Wer sich von niedrigen Trieben beherrschen läßt, kann letztlich nichts als Kummer erwarten. Wer sich dagegen sein Leben lang um das Gute bemüht, wird eines Tages — mag es bis dahin auch noch so lange dauern — von Gott dafür belohnt werden. Die Bedrohungen, denen das Leben der Menschen ausgesetzt ist, sind vom Christentum nie geleugnet worden. Die Griechen glaubten an die Nemesis, an die Göttin der Rache. Sie glaubten, wer etwas Böses tue, sei vom Augenblick der Tat an der Verfolgung durch die Nemesis ausgesetzt, und früher oder später werde sie ihn einholen. Alle griechischen Tragödien stehen unter dem Motto: „Niemand kann der Strafe entrinnen." Wir bedenken viel zu wenig, daß Gott den Menschen wirklich und wahrhaftig ihre Sünden vergeben kann und sie ihnen auch tatsächlich vergibt; freilich: die Folgen der Sünden macht Gott nicht in jedem Fall ungeschehen. Wer sich an seinem Körper versündigt, wird früher oder später dafür mit einer zerrütteten Gesundheit bezahlen müssen — auch wenn Gott ihm verziehen hat. Wer sich an den Menschen versündigt, die er liebt, wird früher oder später an gebrochenem Herzen leiden — auch wenn Gott ihm verziehen hat. Wir sollten uns nicht leichtfertigerweise auf die Vergebung Gottes verlassen. Wer gegen die sittlichen Gesetze verstößt, muß oft die daraus für ihn erwachsenden Gefahren und Folgen auch dann auf sich nehmen, wenn ihm vergeben wird.

Paulus beschließt den Absatz mit der Mahnung an seine Freunde, die Verpflichtung zur Nächstenliebe und Freigiebigkeit könne zuweilen zwar beschwerlich und ermüdend sein, trotzdem aber ändere das nichts an der Tatsache selbst. Eines Tages aber werden alle, die ihr Brot hingaben, erkennen, daß sie es zurückerhalten.

DIE SCHLUSSWORTE. RUHM DES KREUZES CHRISTI

Galater 6, 11–18

Sehet, mit wie großen Buchstaben ich euch schreibe mit eigner Hand! Die ein Ansehen haben wollen nach dem Fleisch, die zwingen euch zur Beschneidung, nur damit sie nicht um des Kreuzes Christi willen verfolgt werden. Denn auch sie selbst, die sich beschneiden lassen, halten das Gesetz nicht, sondern sie wollen, daß ihr euch beschneiden lasset, damit sie sich eures Fleisches rühmen können. Von mir aber sei es ferne, mich zu rühmen, als allein des Kreuzes unsres Herrn Jesus Christus, durch welchen mir die Welt gekreuzigt ist und ich der Welt. Denn in Christus Jesus gilt weder Beschneidung noch Unbeschnittensein etwas, sondern eine neue Kreatur. Und wie viele nach dieser Regel einhergehen, – Friede und Barmherzigkeit sei über sie und über das Israel Gottes. Hinfort mache mir niemand weiter Mühe; denn ich trage die Malzeichen Jesu an meinem Leibe.
Die Gnade unsres Herrn Jesus Christus sei mit eurem Geist, liebe Brüder! Amen.

Meistens setzte Paulus nur seinen Namenszug unter die Briefe, die der Schreiber nach seinem Diktat anfertigte. In diesem Fall aber fließt sein Herz so sehr über vor Liebe und Sorge um die Galater, daß er den ganzen letzten Absatz selbst schreibt. „Seht, so groß sind die Buchstaben, die ich hier mit eigener Hand schreibe" sagt Paulus. Die große Schrift kann drei Ursachen haben. a) Der Abschnitt war so wichtig, daß Paulus ihn aus diesem Grunde in so großen Buchstaben schrieb – so wie wir heute beim Druck etwas durch fette oder gesperrte Buchstaben hervorheben. b) Vielleicht waren die Buchstaben auch deshalb so groß, weil Paulus wenig schrieb und dies seine beste Schrift war. c) Vielleicht hatte Paulus so schlechte Augen oder litt unter so heftigen Kopfschmerzen, daß er nur auf diese Weise erkennen konnte, was er schrieb.
Paulus kommt zum Schluß des Briefes nochmals auf den eigentlichen Kern seines Schreibens zurück. Die Menschen, die die Galater veranlassen wollen, sich beschneiden zu lassen, tun dies aus drei Gründen. a) Sie entgingen dadurch der Verfolgung. Die jüdische Religion wurde nämlich von den Römern anerkannt, die den Juden offiziell gestatteten, ihren Glauben auszuüben. Die Beschneidung war der unwiderlegliche Beweis

für die Zugehörigkeit zum Judentum. Die Menschen in Galatien sahen daher in der Beschneidung den einzigen Freibrief, falls es zu einer Verfolgung kam. Sie waren damit ebenso vor dem Haß der Juden wie vor der Verfolgung durch die Römer sicher. b) Letztlich versuchten sie, sich Gott durch die Beschneidung und Einhaltung der Vorschriften des Gesetzes geneigt zu machen. Paulus war jedoch fest davon überzeugt, daß die Menschen durch nichts, was sie von sich aus zu tun imstande sind, gerettet werden können. Er weist sie daher nochmals auf das Kreuz hin. Die Gnade und Liebe Gottes zeigen sich im Kreuzestod Christi ganz deutlich. Paulus ermahnt die Galater, sie sollten aufhören, das Heil aus eigener Kraft erlangen zu wollen. Stattdessen sollen sie der Gnade Gottes vertrauen, der sie liebt. c) Die Menschen, die es darauf abgesehen hatten, daß die Galater sich beschneiden ließen, hielten das Gesetz selbst nicht. Das vermochte überhaupt kein Mensch. Aber sie wollten sich mit den Galatern brüsten als mit ihren jüngsten Konvertiten. Sie wollten sich ihrer Macht über die Menschen rühmen, die sie in die Knechtschaft des Gesetzes zurückgeführt hätten. Und deshalb betont Paulus nochmals mit allem Nachdruck, dessen er fähig ist, daß es weder auf die Beschneidung noch auf das Unbeschnittensein ankomme, sondern nur auf den Glauben und das Vertrauen zu Christus, der uns zu neuen Menschen macht und uns ein neues Leben erschließt.

„Ich trage die Malzeichen Jesu an meinem Leibe", sagt Paulus. Dieser Satz kann zweierlei besagen. a) Die Stigmata, die Wundmale Christi, haben die Menschen zu allen Zeiten fasziniert. Franz von Assisi soll einst, als er auf einem einsamen Bergesgipfel fastete, die Liebe Gottes an ein Kreuz genagelt gesehen haben, das sich über den ganzen Horizont erstreckte. Wie ein Schwert durchdrangen bei diesem Anblick Schmerz und Mitleid sein Herz. Allmählich verschwand die Vision, und Franziskus erwachte aus seiner Entrückung. Und dann sah er, so heißt es, nach unten und siehe: Er trug die Nägelmale Christi an seinen Händen und behielt sie bis an sein Lebensende. Wir wir wissen nicht, ob es sich hier um Legende oder Wirklichkeit handelt, doch gibt es tatsächlich vieles auf der Welt, von dem unsere wirklichkeitsbezogene Weisheit sich nichts träumen läßt. Manche glauben, Paulus habe die Kreuzigung seines Herrn in einer Weise selbst durchlitten, daß auch er davon die Nägelmale an seinen Händen trug. b) Herren ließen ihre Sklaven häufig mit einem Brandzeichen versehen, durch das sie ein für allemal als sein Eigentum kenntlich gemacht wurden. Höchstwahrscheinlich meint Paulus mit diesem Satz die Merkmale der

Leiden, die er um Christi willen erduldet hatte. Er beruft sich hier nicht auf seine Autorität als Apostel, sondern begründet seine dringende Bitte mit den Wunden, die er um Christi willen davongetragen hat. Paulus sagt: „Ich zeuge mit meinen Wunden und Narben für meinen Erlöser."

Am Schluß dieses Briefes, der spannungsgeladen und voller heftiger Ausbrüche war, wird Paulus jetzt endlich wieder ruhig und schließt mit Segenswünschen für die Galater. Nachdem er die Galater mit ebenso nachdrücklichen wie liebevollen Worten zu überzeugen versucht hat, ist sein letztes Wort an sie G n a d e, das einzige Wort, das für ihn wirklich zählt.

DER BRIEF DES PAULUS AN DIE EPHESER

EINFÜHRUNG

Ein Brief von allergrößter Bedeutung

Es herrscht allgemeine Übereinstimmung darüber, daß dem Brief des Paulus an die Epheser in der theologischen Literatur ein wichtiger Platz zukommt. Manche sind der Ansicht, daß dieser Brief den Gipfel neutestamentlichen Denkens bilde. Als der englische Reformator John Knox im Sterben lag, ließ er sich noch kurz vor seinem Ende immer wieder aus Calvins „Sermon über den Epheserbrief" vorlesen. Coleridge, ein englischer Dichter und Kritiker des 18. Jahrhunderts, hat den Epheserbrief „die göttlichste Komposition" genannt, die je ein Mensch geschaffen habe.

Trotzdem ist auch dieser Brief nicht ganz unproblematisch, und es handelt sich bei den Problemen, vor die er uns stellt, keineswegs um Hirngespinste allzu kritischer Theologen. Die Probleme liegen für alle sichtbar zutage. Lassen sie sich lösen, dann wird der Epheserbrief dadurch nur um so bedeutender; dann geht von ihm ein noch strahlenderes Licht aus.

Zur Entstehungsgeschichte des Epheserbriefes

Bevor wir uns den Unklarheiten des Briefes zuwenden, wollen wir zunächst einmal festhalten, was ganz sicher ist. 1. Paulus schrieb den Brief an die Epheser zweifellos aus dem Gefängnis. Er bezeichnete sich darin selbst als „Gefangenen Christi" (3, 1); der „Gefangene in dem Herrn" ermahnt sie (4, 1); er ist, wie er sich ausdrückt, „ein Bote in Ketten" (6, 20).

Paulus schrieb also den Brief an die Epheser aus dem Gefängnis, und zwar kurz vor seinem Ende. Der Epheserbrief hängt aufs engste mit dem Kolosserbrief zusammen. Es scheint, als ob Tychikus der Überbringer beider Briefe gewesen ist, denn im Kolosserbrief sagt Paulus, Tychikus werde ihnen kundtun, wie es um ihn stehe (Kol. 4. 7); und im Epheserbrief sagt er, Tychikus werde sie genau darüber informieren, wie es um seine Sache stünde und wie es ihm persönlich gehe (Eph. 6, 21). Tychikus steht also mit beiden Briefen im Zusammenhang. Außerdem sind die beiden Briefe sich auch der Substanz nach sehr ähnlich. Ja, die Ähnlichkeit geht soweit, daß mehr als 55 Verse der Briefe wörtlich übereinstimmen. Entweder handelt es sich bei dem Kolosserbrief also um eine Parallele zum Epheserbrief, oder aber beim Epheserbrief um die zweite, bedeutendere Fassung des Kolosserbriefes. Wir werden am Schluß des Briefes erkennen, daß gerade diese Ähnlichkeit erklärt, weshalb der Epheserbrief unter den Paulusbriefen eine so einzigartige Stellung einnimmt.

Die Problematik des Epheserbriefes

Sie ergibt sich aus der Untersuchung der Frage, *an wen der Brief gerichtet war*. Briefe wurden zu jener Zeit auf Papyrusrollen geschrieben, mit einem Faden verschnürt und, sofern es sich um vertrauliche oder besonders wichtige Mitteilungen handelte, die Verknotung sogar versiegelt. Nur sehr selten wurden die Rollen außen mit einer Anschrift versehen, und zwar aus dem einfachen Grunde, weil es in der Antike noch kein Postwesen gab, in das auch die Bevölkerung ganz allgemein mit einbezogen war. Wohl gab es ein der Regierung unterstehendes Nachrichtenwesen, doch konnten sich dieser Einrichtung nur Staatsbeamte in Staatsangelegenheiten bedienen, nicht aber Privatpersonen zum Zwecke der Beförderung ihrer Privatbiefe. Briefe dieser Art wurden damals durch Boten befördert; man übergab sie jemandem, der sie persönlich ablieferte; Anschriften waren daher nicht erforderlich. Infolgedessen sind auch die Überschriften der neutestamentlichen Briefe erst nachträglich eingesetzt worden, als man sie sammelte und veröffentlichte, um sie allen Gemeinden der Kirche zugänglich zu machen.

Bei genauer und sorgfältiger Prüfung des Briefes an die Epheser ergibt sich nun, daß es im höchsten Grade unwahrscheinlich ist, daß er an die Gemeinde in Ephesus gerichtet war. Für diese Schlußfolgerung sprechen *innere* Gründe. a) Der Brief ist eindeutig an Heidenchristen gerichtet. Die Empfänger des Briefes waren „vormals nach dem Fleisch Heiden" und wurden „die Unbeschnittenen genannt von denen, die genannt sind die Beschneidung am Fleisch . . . ohne Christus, ausgeschlossen vom Bürgerrecht in Israel und fremd den Testamenten der Verheißung" (2, 11. 12). Paulus ermahnt sie, nicht mehr zu wandeln wie die Heiden (4, 17). Aus der Tatsache, daß der Brief an Heidenchristen gerichtet war, geht allein noch nicht hervor, daß Paulus ihn nicht an die Epheser geschrieben hat, aber dieser Sachverhalt bezüglich der Briefempfänger steht jedenfalls fest. b) Fraglos ist der Epheserbrief von allen Briefen, die Paulus schrieb, am unpersönlichsten gehalten. Er ist von Anfang bis Ende frei von jedem persönlichen Zug. Wir finden darin weder

persönliche Grüße noch vertrauliche Mitteilungen, von denen alle anderen Briefe voll sind. Das ist umso erstaunlicher, wenn wir bedenken, daß Paulus sich in keiner Stadt solange aufgehalten hat wie in Ephesus. Er verbrachte dort nicht weniger als drei Jahre (Apg. 19, 8—10). Apostelgeschichte 20, 11—35 verabschiedet Paulus sich von den Ältesten in Ephesus, bevor er von Milet aus zu seiner letzten Reise aufbricht. Diese Stelle gehört zu den persönlichsten, herzlichsten Aussagen des Neuen Testaments. Umso schwerer fällt es angesichts dieses Sachverhalts zu glauben, daß Paulus einen so unpersönlichen Brief ohne jede Vertraulichkeit an die Epheser geschrieben haben könne.
c) Hinzu kommt, daß der Brief darauf hindeutet, Paulus habe die Briefempfänger nicht persönlich gekannt, sondern nur vom Hörensagen und aus verschiedenen Berichten über sie. Epheser 1, 15 sagt Paulus: „Nachdem ich g e h ö r t habe von dem Glauben bei euch an den Herrn Jesus." Er war von der Treue der Menschen, denen er schrieb, nur durch andere unterrichtet worden, hatte sie dagegen selbst nicht kennengelernt. Kapitel 3, 2 schreibt Paulus: „Ihr habt ja gehört von dem Ratschluß der Gnade Gottes, dir mir für euch gegeben ist." Das heißt: „Ihr habt gehört, daß Gott mir die besondere Aufgabe anvertraut hat, das Amt eines Apostels unter Heiden wie euch zu übernehmen." Die Mitglieder der Gemeinde wissen wohl, daß Paulus der Apostel der Heiden ist, weil sie davon gehört haben, doch es ist ihnen nicht durch eine persönliche Begegnung mit Paulus bestätigt worden. Der Brief deutet also in sich selbst darauf hin, daß er nicht im Einklang mit der engen persönlichen Beziehung steht, die Paulus mit der Gemeinde in Ephesus verband.
Selbst wenn sich für diesen Sachverhalt eine Erklärung fände, kommen wir nicht um einen äußeren Umstand herum, der eine ganz entschiedene Sprache spricht. Keine der bedeutenden ältesten Handschriften des griechischen Neuen Testaments enthält Kapitel 1, 1 die Worte i n E p h e s u s. In sämtlichen Handschriften heißt es: „Paulus . . den Heiligen und Gläubigen in Jesus Christus." Aus der Art, in der die griechischen Kirchenväter den Text kommentieren, ersehen wir, daß der erste Vers des Epheserbriefes ihnen nur in dieser Form bekannt war.

War Paulus der Verfasser?

Es gibt Theologen, die bezweifeln, daß Paulus überhaupt der Verfasser des Briefes ist. Worauf gründen sich diese Zweifel? Auf der Behauptung, daß der W o r t s c h a t z dieses Briefes sich von dem Wortschatz des Paulus erheblich unterscheide. Tatsächlich enthält der Epheserbrief etwa siebzig Worte, die in keinem anderen Paulusbrief vorkommen. Doch sprach Paulus hier ja auch bisher Unausgesprochenes aus; seine Gedanken gehen hier in einer Richtung, die er zuvor noch nicht eingeschlagen hatte. Es war daher ganz natürlich, daß er, um diese neuen Gedanken zu formulieren, sich auch neuer Begriffe bediente. Es erscheint uns geradezu lächerlich, von einem Mann solchen geistigen Formats wie Paulus zu verlangen, daß er sich stets desselben Wortschatzes bedient statt ihn ständig zu erweitern. Die Vertreter dieser Ansicht behaupten ferner, auch der Stil sei anders als sonst bei Paulus. Tatsächlich unterscheidet sich der Epheserbrief im Stil von den anderen Briefen des Paulus; das wird sogar in der Übersetzung deutlich und erst recht natürlich im griechischen Grundtext. Alle anderen Briefe wurden geschrieben, weil es galt, mit einer ganz bestimmten Situation fertigzuwerden. Der Epheserbrief stellt dagegen eine theologische Abhandlung, ja, mehr noch eine Meditation über den christlichen Glauben dar. Selbst in seiner Diktion unterscheidet sich der Brief von den übrigen Paulusbriefen. Moffat hat sich darüber folgendermaßen geäußert: „Während der Redefluß des Paulus im allgemeinen einer Kaskade, einem Sturzbach leidenschaftlicher Worte gleicht, begegnen wir im Epheserbrief einem langsam und stetig dahinfließenden Redestrom, der ein ganzes breites Flußbett ausfüllt." Erstaunlich ist die Länge der Sätze im Epheserbrief. Im griechischen Grundtext stellen Epheser 1, 3 – 14, 15–23; 2, 1–9; 3, 1–7 jeweils ein einziges, vielfach verschlungenes Satzgebilde dar. Jemand hat den Epheserbrief sehr schön und richtig als ein „Gedicht in Prosa" bezeichnet. Das alles steht im Widerspruch zu dem sonstigen Stil des Paulus.

Was bleibt dazu zu sagen? Zunächst einmal müssen wir festhalten, daß kein bedeutender Schriftsteller ständig im gleichen Stil schreibt. Shakespeare war zum Beispiel so verschiedener Ausdrucksweisen fähig, wie sie im Hamlet, im Sommernachtstraum, in Der Widerspenstigen Zähmung und in den Sonetten ihren Niederschlag gefunden haben. Wer ein Meister des Stils ist – und das war Paulus zweifellos –, paßt seinen Stil jeweils den Gegebenheiten an, die ihn zum Schreiben veranlassen. Man kann es daher nur als schlechte Kritik bezeichnen, wenn behauptet wird, Paulus könne den Epheserbrief schon deshalb nicht geschrieben haben, weil er darin einen neuen Wortschatz und einen anderen Stil entwickelt habe. Doch es kommt noch etwas anderes hinzu. Wenn wir bedenken, daß Paulus die meisten Briefe mitten aus der

Geschäftigkeit seiner geistlichen Tätigkeit heraus schreibt, meistens sogar, wenn er unterwegs war, weil er auf ein Problem eingehen mußte, das keinen Aufschub duldete, dann wird uns klar, daß die meisten Briefe unter schwierigen Umständen und in den meisten Fällen unter Zeitdruck entstanden. Erinnern wir uns weiter daran, daß Paulus den Epheserbrief aus dem Gefängnis schrieb. Das heißt, er hatte mehr als reichlich Zeit zum Schreiben. Er brauchte ihn nicht in aller Eile zu Papier bringen, weil Monate der Gefangenschaft vor ihm lagen, in denen er nichts anderes zu tun hatte, als nachzudenken und seine Gedanken niederzuschreiben. Sollte es uns also wundern, daß der Stil des Epheserbriefes nicht dem Stil früherer Briefe entspricht? Hinzu kommt, daß dieser Stilunterschied, die nachdenkliche, poetische Ausdrucksweise vor allem in den ersten drei Kapiteln sichtbar wird, bei denen es sich um ein einziges langes Gebet handelt, das am Schluß von Kapitel 3 in einem wunderbaren Lobgesang gipfelt. Etwas Derartiges findet sich in der Tat in keinem anderen Paulusbrief. Hier begegnen wir der Sprache des Gebets, nicht der Sprache verstandesmäßiger Argumentation und der Sprache der Zurechtweisung.

Obwohl es durchaus zutrifft, daß der Epheserbrief sich nach Wortschatz und Stil von den anderen Paulusbriefen unterscheidet, dürfen wir nicht vergessen, daß dieser Brief unter völlig anderen Gegebenheiten entstand, und daß er, wie wir noch sehen werden, mit seinen neuen Gedanken einem völlig anderen Zweck als die übrigen Briefe diente. Die Stilunterschiede beweisen daher keineswegs, daß der Epheserbrief nicht von Paulus stammt.

Die Gedanken der Epistel

Manche Theologen gehen sogar noch weiter und behaupten, auch die Gedanken des Epheserbriefes gingen über das hinaus, was Paulus in seinen anderen Briefen geäußert habe. Wir wollen zunächst einmal untersuchen, um welche Gedanken es sich im Epheserbrief handelt, der eng mit dem Brief an die Kolosser verknüpft ist. Im Mittelpunkt des Kolosserbriefes steht der Gedanke an die Fülle Jesu Christi, die allem Genüge tut. In Jesus Christus liegen alle Schätze der Weisheit und Erkenntnis verborgen (Kol. 2, 3); es hat Gott gefallen, daß in Jesus alle Fülle wohnte (Kol. 1, 19); dort findet sich auch die wunderbare Aussage, daß in Jesus die ganze Fülle der Gottheit leibhaftig wohne (Kol. 2, 9); in Jesus allein haben wir die Erlösung; nur seiner bedürfen wir dazu (Kol. 1, 14). Alle Gedanken des Kolosserbriefes beruhen auf der Fülle und Genüge, die wir in Jesus Christus haben. Diese Gedanken werden im Epheserbrief weiterentwickelt. Sie sind dort in zwei Versen des ersten Kapitels zusammengefaßt, in denen Paulus davon spricht, daß „Gott hat uns wissen lassen das Geheimnis seines Willens nach seinem Ratschluß, den er sich vorgesetzt hatte in Christus, damit er ausgeführt würde, wenn die Zeit erfüllt wäre: daß alle Dinge zusammengefaßt würden in Christus, beides, was im Himmel und auf Erden ist" (Eph. 1, 9. 10).

Den Schlüssel zum Epheserbrief bildet der Gedanke, daß in Christus alle Dinge zusammengefaßt werden. Christus ist die Mitte, in der sich alle Dinge vereinigen; er ist das Band, das alle Dinge umschließt. Ohne Christus herrscht überall Uneinigkeit und Mißklang. Der Kampf ist an der Tagesordnung; die Natur hat „rote Zähne und Klauen". Durch die Herrschaft des Menschen ist die Einheit, die zwischen Mensch und Tier bestehen sollte, zerstört worden. Die Menschen sind auch untereinander uneins; sie sind nach Klassen und Völkern voneinander getrennt. Eine Ideologie steht gegen die andere; Heiden gegen Juden. Die Welt ohne Christus ist eine geteilte, uneinige, bruchstückhafte Welt. Was für die Welt zutrifft, gilt auch für jeden einzelnen Menschen. Der Mensch ist voller Widersprüche; er befindet sich im Widerstreit mit sich selbst; zwischen den guten Kräften in ihm und den bösen Kräften in ihm herrscht ein ständiger Kampf; der Mensch wird zwischen dem Guten und Bösen hin- und hergerissen. Er haßt und liebt seine Sünden. Sowohl nach den griechischen als auch nach den jüdischen Denkvorstellungen jener Zeit erstreckte sich dieser Kampf, diese Disharmonie auch auf den Himmel. Der Kampf zwischen den Mächten des Guten und den Mächten des Bösen ist ein kosmischer Kampf, ein Kampf zwischen guten und bösen Geistern, zwischen Gott und den Dämonen. Am schlimmsten ist es um die fehlende Harmonie und die Entfremdung zwischen Gott und den Menschen bestellt. Statt in einer Gemeinschaft mit Gott zu leben, sind sie ihm entfremdet. In der Welt ohne Christus herrscht, wohin wir blicken, Uneinigkeit, obwohl nach dem Ratschluß Gottes in der Welt und im Universum Harmonie herrschen soll. Aus der Uneinigkeit kann nur Einigkeit werden, aus der Disharmonie Harmonie, wenn alle Dinge und alle Menschen und alle himmlichen und irdischen Mächte in Christus zusammengefaßt werden. Der englische Theologe E. F. Scott hat es einmal so formuliert: „Alle, die gescheitert waren, sollten in Christus zusammengeführt und wieder in eins zusammengeknotet werden, wie es im Anfang gewesen war." Im Mittelpunkt des Epheserbriefes steht der Gedanke an die Uneinigkeit in der Natur, an die Uneinigkeit unter den Menschen, an die zeitliche und ewige Uneinigkeit und an die Uneinigkeit, die zwischen Gott und den Menschen herrscht; und daneben die Überzeugung, daß alle Dinge in eins zusammengefaßt werden können, wenn alle Menschen und Mächte in Christus eins werden.

Die Wurzel des paulinischen Denkens

Wie kam es zu diesem Konzept von der Zusammenfassung aller Dinge in Jesus Christus bei Paulus? Ganz sicher handelt es sich dabei um einen Ausfluß jener Überzeugung, die er im Kolosserbrief so anschaulich dargestellt hat, daß nämlich Christus allem Genüge zu tun vermöge. Wenn Christus allem Genüge tun kann, dann können alle Menschen und Dinge und Mächte nur dann zu einer Einheit werden, wenn sie Christus annehmen und in Christus leben. Es ist jedoch durchaus möglich, daß die Gedanken des Paulus auch aus einem anderen Grunde in diese Richtung gelenkt wurden. Paulus war römischer Bürger und stolz darauf, es zu sein. Auf seinen Reisen hatte Paulus weite Teile des römischen Imperiums kennengelernt, und jetzt befand er sich in Rom, der Hauptstadt des Weltreiches. Rom hatte einen neuen Begriff der Einheit geprägt, der zudem eine wirkliche Realität darstellte: Den Begriff der *pax Romana*, des römischen Friedens. Länder und Staaten, die zuvor miteinander gewetteifert und einander bekriegt hatten, waren zu einer neuen Einheit zusammengefaßt worden: dem Imperium Romanum. Die Schranken zwischen ihnen waren gefallen, die Gegensätze überbrückt, die Feindseligkeiten eingestellt worden; die Spannungen hatten nachgelassen; alle waren unter römischer Herrschaft zu einer Einheit zusammengefaßt worden. Es ist durchaus möglich, daß Paulus diese in Rom gipfelnde und durch Rom zusammengefaßte Einheit während seiner Gefangenschaft mit neuen Augen zu betrachten lernte. Das römische Reich mit Rom als Mittelpunkt mag ihm dabei als Symbol dafür erschienen sein, daß Jesus Christus der Mittelpunkt sein müsse, in dem alle Dinge zusammengefaßt würden. Diese Vorstellung lag durchaus im Bereich dessen, was Paulus durchdacht und erfahren hatte, ja, alle seine Gedanken und Erfahrungen zielten direkt darauf hin.

Die Aufgabe der Kirche

Den Gedanken des Einsseins in Christus behandelt Paulus in

den ersten drei Kapiteln des Epheserbriefes. In den folgenden drei Kapiteln erfahren wir eine Menge über die Rolle, die die Kirche im Zusammenhang mit dem Plan Gottes spielt, dem zufolge die Einheit in Christus bewirkt werden soll. Welche Aufgabe fällt der Kirche nach diesem Plan Gottes zu? In welcher Weise hat sie teil daran, den Ratschluß Gottes, eine uneinige Welt zu einen, Wirklichkeit werden zu lassen? An diesem Punkt holt Paulus zu einer seiner bedeutendsten Aussagen aus. Die Kirche ist der Leib Christi. Die Gemeinden sollen die Hände sein, die das Werk Christi tun, die Füße, die seine Botengänge erledigen, den Mund, der für ihn spricht, das Werkzeug, der Leib, durch den er wirken kann. Im Epheserbrief begegnen wir einer zweifachen These: Dem Leitsatz, daß Christus das Werkzeug ist, durch das die Menschen mit Gott versöhnt werden, und dem Leitsatz, daß die Kirche das Werkzeug Christi ist, durch das die Menschen mit Christus versöhnt werden. Die Kirche soll die Botschaft von Christus in aller Welt verkündigen, und innerhalb der Kirche sollen die Trennungsmauern zwischen den Menschen niedergerissen werden. Die Kirche soll die Einheit aller uneinigen Elemente bewirken. Die Kirche soll Christus verkünden, in dem allein alle Menschen eins werden können; diese Einheit soll in der Kirche verwirklicht werden.

Das Ziel, das mit dem Epheserbrief verfolgt wird

Wir müssen jetzt auf ein Problem zurückkommen, das wir bisher unberücksichtigt gelassen haben. Wenn der Epheserbrief gar nicht an die Epheser gerichtet war – und wir haben bereits gesehen, daß es sich höchstwahrscheinlich so verhält –, an welche Gemeinde war er dann in Wirklichkeit gerichtet?

Die älteste Vermutung geht dahin, daß der Brief an die Laodiceer gerichtet war. Kolosser 4, 16 schreibt Paulus: „Und wenn der Brief bei euch gelesen ist, so sorget, daß er auch in der Gemeinde zu Laodicea gelesen werde und daß ihr den von Laodicea leset." Aus dieser Bemerkung geht eindeutig hervor, daß Paulus auch an die Gemeinde von Laodicea geschrieben hat, doch ist dieser Brief leider nicht erhalten geblieben. Der Häretiker Markion aus Sinope in Pontus hat in der Mitte des zweiten Jahrhunderts als einer der ersten die Briefe des Paulus gesammelt und bezeichnet bei seiner Aufstellung den Epheserbrief als an die Laodiceer. Schon sehr früh muß sich also in der Kirche die Meinung gebildet haben, daß der Epheserbrief in erster Instanz an die Gemeinde zu Laodicea gerichtet war.

Selbst wenn wir uns dieser interessanten und reizvollen Ansicht anschließen, bleibt immer noch zu klären, wieso der Brief seinen persönlichen Charakter verlieren und mit Ephesus in Verbindung gebracht werden konnte. Dafür gibt es zwei Erklärungen.

Vielleicht war in der Gemeinde zu Ephesus, als Paulus starb, bekannt, daß die Gemeinde zu Laodicea einen besonders wertvollen Brief von ihm besaß. Vielleicht schrieben Christen aus Ephesus an die Gemeinde zu Laodicea und baten um eine Abschrift des Briefes. Bei dieser Abschrift könnten dann womöglich die Worte des ersten Verses: zu Laodicea weggelassen und stattdessen Platz freigelassen worden sein, wie dies bei den ältesten erhalten gebliebenen Handschriften auch der Fall ist. Erst dreißig Jahre später wurden dann alle Briefe des Paulus gesammelt und gemeinsam veröffentlicht. Laodicea lag in einem Gebiet, das häufig von Erdbeben heimgesucht wurde. Es ist daher möglich, daß bei einer solchen Gelegenheit die Dokumentensammlung zerstört wurde und daß infolgedessen, als die Zusammenstellung der Paulusbriefe erfolgte, nur noch eine Abschrift des Briefes an die Laodiceer vorhanden war, die sich in Ephesus befand. Diese Abschrift wurde in die Briefsammlung aufgenommen und unter der Bezeichnung Epheserbrief bekannt, da sie aus Ephesus stammte. Es ist durchaus denkbar, daß es sich so verhalten hat.

Eine andere Erklärung stammt von Adolf von Harnack. Die Gemeinde zu Laodicea wich später beklagenswerterweise vom Weg der Gnade ab. Die Offenbarung des Johannes enthält einen Brief an die Laodiceer, der betrüblich zu lesen ist (Offb. 3, 14–22). In diesem Brief verurteilt der auferstandene Christus die Gemeinde zu Laodicea überaus schonungslos, indem er sagt: „Ich werde dich ausspeien aus meinem Munde" (Offb. 3, 16). In der Antike gab es eine Sitte, die als damnatio memoriae bezeichnet wurde, als Verurteilung dazu, daß jemand der Vergessenheit anheimfiel. Hatte jemand dem Staat besondere Dienste erwiesen, so wurde sein Name in den staatlichen Jahrbüchern, auf Inschriften und Denkmälern festgehalten. Beging er jedoch später Verrat oder sonst etwas Schändliches, Ehrloses, dann wurde sein Andenken verdammt. Sein Name wurde aus allen Büchern entfernt, auf allen Inschriften gelöscht und aus Denkmälern herausgemeißelt. Er wurde mit der damnatio memoriae bestraft. Harnack hält es für möglich, daß auch der Gemeinde zu Laodicea eine solche damnatio memoriae widerfuhr, so daß ihr Name aus den christlichen Berichten verschwand. Trifft diese Vermutung zu, dann hätten die Abschriften des Briefes an die Laodiceer überhaupt keine Anrede aufgewiesen; als dann in Ephesus die Briefe zusammengestellt wurden, fügte man einfach den Namen Ephesus hinzu, weil sich dort eine Abschrift befand und sonst kein Name vorhanden war.

Der Rundbrief

Beide hier genannten Vermutungen haben etwas für sich; doch gibt es noch eine dritte Vermutung, die sehr viel wahrscheinlicher ist und die wir für die richtigere halten. Wir sind der Ansicht, daß die frühen Handschriften des Epheserbriefes deshalb keine Angaben über die Gemeinde enthalten, an die der Brief gerichtet war, weil der Epheserbrief in Wirklichkeit gar nicht an eine bestimmte Gemeinde gerichtet, sondern als Rundbrief des Paulus allen Gemeinden Kleinasiens zugedacht war. Wir wollen uns nochmals daran erinnern, was Paulus Kolosser 4, 16 sagt. Dort schreibt er: „Und wenn der Brief bei euch gelesen ist, so sorget, daß er auch in der Gemeinde zu Laodicea gelesen werde und daß ihr den von Laodicea leset.“ Dabei müssen wir beachten, daß Paulus nicht etwa sagt, sie sollten den Brief an die Gemeinde zu Laodicea lesen, sondern er sagt, sie sollten den Brief von Laodicea lesen. Es ist, als ob Paulus sagt: „Es ist ein Rundbrief unterwegs, der sich im Augenblick in Laodicea befindet; wenn ihr ihn von dort, von Laodicea erhaltet, müßt ihr ihn unbedingt lesen.“ Der Satz klingt, als ob sich unter den kleinasiatischen Gemeinden ein Brief im Umlauf befunden habe. Wir glauben, daß es sich bei diesem Rundbrief um den Epheserbrief gehandelt hat.

Die Quintessenz des Paulus

Wenn es sich so verhält, wie wir annehmen, dann ist der Epheserbrief der wichtigste Brief des Paulus. Wir haben bereits festgestellt, daß der Kolosser- und Epheserbrief in einem engen Zusammenhang miteinander stehen. Wir sind der Ansicht, daß Paulus den Kolosserbrief schrieb, um auf einen ganz konkreten Fall von Häresie einzugehen und entsprechend Stellung zu beziehen. Beim Schreiben stieß Paulus auf den wichtigen Begriff von der Fülle Christi, die allem Genüge tut, und sagte sich: „Das müssen unbedingt alle erfahren.“ Er entfernte also aus dem Kollosserbrief alles, was nur von örtlich und zeitlich begrenzter Bedeutung war und ebenso alle strittigen Punkte und machte daraus einen neuen Brief, damit alle Menschen von der Fülle Christi erführen, die allem Genüge zu tun vermochte. Der Epheserbrief ist nach unserer Ansicht der einzige Brief, den Paulus an alle Gemeinden des Ostens schickte, in dem davon die Rede ist, daß Menschen und Dinge nur in Christus zusammengefaßt und eins werden könnten und daß die wichtigste Aufgabe der Kirche darin bestehe, das Werkzeug und der Leib Christi zu sein, durch den eine weltweite Versöhnung der Menschen untereinander und eine Versöhnung zwischen Gott und den Menschen stattfinden könne. Das ist der Grund dafür, daß der Epheserbrief der königlichste aller Briefe ist.

DER BRIEF DES PAULUS AN DIE EPHESER

Im Epheserbrief sind alle Argumente des Paulus aufs engste miteinander verwoben. Um zu begreifen, was Paulus sagen wollte, müssen wir bestimmte Abschnitte zunächst im Zusammenhang und danach in einzelnen kleinen Absätzen behandeln.

DER RATSCHLUSS GOTTES

Epheser 1, 1–14

Paulus, ein Apostel Jesu Christi durch den Willen Gottes, den Heiligen (zu Ephesus) und Gläubigen an Christus Jesus: Gnade sei mit euch und Friede von Gott, unserm Vater, und dem Herrn Jesus Christus!
Gelobt sei Gott, der Vater unsres Herrn Jesus Christus, der uns gesegnet hat mit allerlei geistlichem Segen in himmlischen Gütern durch Christus. Denn in ihm hat er uns erwählt, ehe der Welt Grund gelegt war, daß wir sollten heilig und unsträflich sein vor ihm; in seiner Liebe hat er uns dazu verordnet, daß wir seine Kinder seien durch Jesus Christus nach dem Wohlgefallen seines Willens, zum Lob seiner herrlichen Gnade, mit der er uns begnadet hat in dem Geliebten. In ihm haben wir die Erlösung durch sein Blut, die Vergebung der Sünden, nach dem Reichtum seiner Gnade, die er uns reichlich hat widerfahren lassen in allerlei Weisheit und Klugheit. Denn Gott hat uns wissen lassen das Geheimnis seines Willens nach seinem Ratschluß, den er sich vorgesetzt hatte in Christus, damit er ausgeführt würde, wenn die Zeit erfüllt wäre: daß alle Dinge zusammengefaßt würden in Christus, beides, was im Himmel und auf Erden ist. In ihm sind wir auch zum Erbteil gekommen, die wir zuvor verordnet sind nach dem Vorsatz des, der alle Dinge wirkt nach dem Rat seines Willens, auf daß wir etwas seien zum Lob seiner Herrlichkeit, die wir zuvor auf Christus gehofft haben. In ihm seid auch ihr, die ihr gehört habt das Wort der Wahrheit, nämlich das Evangelium von eurer Seligkeit – in ihm seid auch ihr, da ihr gläubig wurdet, versiegelt worden mit dem heiligen Geist, der verheißen ist, welcher ist das Unterpfand unsres Erbes zu unsrer Erlösung, daß wir sein Eigentum würden zum Lob seiner Herrlichkeit.

GRUSSWORTE AN DAS VOLK GOTTES

Epheser 1, 1. 2

Paulus beginnt den Brief mit den einzigen beiden Titeln, auf die er Anspruch hatte. 1. Er nennt sich einen Apostel Christi und denkt dabei an dreierlei. a) Er wollte damit sagen, daß er Christus gehöre. Sein Leben gehörte nicht ihm selbst, und er konnte nicht damit machen, was ihm gefiel; er war Eigentum Jesu Christi und mußte daher so leben, wie es Jesus Christus gefiel, keineswegs aber nach eigenem Belieben. b) Er wollte damit sagen, daß er von Jesus beauftragt und ausgesandt worden sei. Das Wort apostolos ist von dem Verb apostellein abgeleitet, das absenden, aussenden bedeutet. Wenn zum Beispiel ein Botschafter als Abgesandter seines Landes in ein anderes Land ging, bediente man sich dieses Verbs, das besagte, daß Menschen in besonderem Auftrag irgendwohin gingen. Christen sollten sich ihr ganzes Leben lang als Kämpfer für Christus betrachten. Als Christen haben wir den Auftrag, Christus in der Welt zu dienen. c) Er wollte damit sagen, daß alle Macht, die er besaß, ihm nur übertragen worden sei. Der Hohe Rat besaß als oberstes jüdisches Gericht in Fragen des Glaubens Vollmacht über alle Juden der Welt. Hatte der Hohe Rat einen Beschluß gefaßt, übergab man diesen Beschluß einem apostolos, der ihn allen davon betroffenen Personen übermitteln mußte und dafür verantwortlich war, daß der Beschluß auch ausgeführt wurde. Ein solcher apostolos ging also nicht auf Grund seiner persönlichen Autorität hinaus, sondern hinter ihm stand der Hohe Rat mit seiner Autorität, die er lediglich stellvertretend wahrnahm. So sind auch die Christen Stellvertreter Christi in der Welt. Doch sie sind bei ihrer Aufgabe nicht auf ihre eigene Kraft und Macht angewiesen, sondern die Stärke und Kraft Jesu Christi ist mit ihnen. 2. Weiter sagt Paulus, er sei ein Apostel durch den Willen Gottes. Das sagt er jedoch keineswegs voller Stolz, sondern voller Staunen. Paulus wundert sich bis an sein Lebensende darüber, daß Gott ausgerechnet einen Mann wie ihn dazu ausersehen hatte, sein Werk zu bewirken. Als Christen sollten wir niemals stolz auf die Aufgaben sein, die Gott uns überträgt, sondern immer wieder darüber staunen, daß Gott uns für würdig hält, an seinem Werk mitzuwirken.

Danach begrüßt Paulus die Menschen in Ephesus, die an Jesus Christus glauben. Alle Christen führen ein „Doppelleben". So auch die Freunde des Paulus in Ephesus und in Christus. Alle Christen leben an einem bestimmten Ort der Welt, zugleich aber auch in Christus. Darin besteht das Geheimnis des christlichen Lebens. Eine Dame, die trotz ihres schweren Lebens stets heiter war, erwiderte auf die Frage nach dem Grund ihrer unerschütterlichen Heiterkeit: „Das ganze Geheimnis besteht darin, daß ich das Meer des Lebens zwar mit vollen Segeln befahre, mit dem Herzen aber stets im Hafen bleibe." Das Geheimnis christlicher Fröhlichkeit besteht darin, daß Christen, wo sie auch sein mögen, überall in Christus sind.

Paulus beginnt mit denselben Grußworten wie in allen seinen Briefen. „Gnade sei mit euch und Friede", sagt er. Das sind zwei entscheidende Worte des christlichen Glaubens. Das Wort Gnade umfaßt zwei Hauptgedanken. Gnade ist immer etwas Schönes. Das entsprechende griechische Wort heißt charis, von dem auch das Wort Charme abgeleitet ist. Christen sollten stets auch Charme haben. Christentum, das abstoßend wirkt, ist in Wirklichkeit gar kein Christentum. Gnade meint stets ein Geschenk, das niemand von sich aus erlangen kann, ein Geschenk, dessen wir nicht durch eigene Bemühungen würdig werden können. Die Gaben, die Gott uns zuteil werden läßt, verdanken wir ausschließlich seiner unverdienten Großmut. Wenn wir das Wort Gnade hören, sollten wir stets an die einzigartige Schönheit wahren christlichen Lebens und an die unverdiente, einzigartige Großmut Gottes denken. Wenn wir im Zusammenhang mit dem christlichen Glauben über das Wort Frieden nachdenken, müssen wir sehr vorsichtig sein. Das entsprechende griechische Wort eirene ist eine Übersetzung des hebräischen Wortes shalom. Nach biblischem Verständnis bedeutet Friede keineswegs nur ein Leben ohne Kummer, Not und Mühsal. Vielmehr schließt das Wort shalom auch alles ein, was für den Menschen von höchstem Wert ist, alles, was ihn im besten Sinne des Wortes zu Menschen macht, alles, was das Leben wirklich lebenswert macht. Dieser Friede ist von den äußeren Lebensumständen unabhängig. Wer ein angenehmes, bequemes Leben führt, ein wunderschönes Haus bewohnt und über ein beachtliches Bankkonto verfügt, braucht deshalb noch lange nicht diesen Frieden zu kennen. Wer andererseits im Gefängnis schmachtete, wer sein Leben aufs Spiel setzt für andere oder auf jeden Komfort verzichten muß, kann dennoch diesen Frieden besitzen. Wie ist das zu erklären? Ganz einfach aus der Tatsache, daß es nur eine Quelle wahren Friedens gibt: daß wir den Willen Gottes tun. Wir wissen ganz genau, daß wir ein Gefühl des Unbehagens und der inneren Unruhe nicht loswerden, wenn wir etwas tun, was wir eigentlich nicht tun dürfen, oder wenn wir uns vor einer Aufgabe drücken, der wir uns eigentlich nicht entziehen dürften. Ebensogut wissen wir aber auch, daß wir eine gewisse Befriedigung empfinden, wenn wir etwas tun, was uns schwerfällt und was wir infolgedessen gegen besseres Wissen am liebsten unterlassen hätten. „In seinem Willen liegt unser Friede." Nur wenn wir nach dem Willen Gottes handeln, wird uns dieser Friede zuteil.

DIE ERWÄHLTEN GOTTES

Epheser 1, 3. 4

Im griechischen Urtext bilden die Verse 3 bis 14 einen einzigen langen Satz, der deswegen so schwierig ist, weil es sich dabei nicht um eine sachliche Aussage handelt, sondern um einen Lobgesang. Die Worte quellen nur so über die Lippen des Paulus; sie sind nicht der Ausfluß eines logischen Denkvorganges, sondern spontan vor seinem geistigen Auge auftauchende Gedanken über die Gaben und Wunder Gottes. Wenn wir den Satz wirklich verstehen wollen, müssen wir ihn in kurze Abschnitte auflösen.

In diesem Abschnitt denkt Paulus an die Christen als das erwählte Volk Gottes. Seine Gedanken nehmen dabei drei verschiedene Richtungen.

1. Paulus denkt daran, daß Gott die Menschen erwählt. Ihm wäre nie der Gedanke gekommen, daß er sich von sich aus dazu entschieden habe, Gott zu dienen und sein Werk zu tun. Für ihn war es ganz selbstverständlich, daß Gott ihn erwählt hatte. Jesus sagt zu den Jüngern: „Ihr habt mich nicht erwählt, sondern ich habe euch erwählt" (Joh. 15, 16). Alles kam von Gott, so sah Paulus es. Und eben darin besteht das Wunder. Daß die Menschen sich für Gott entscheiden, wäre nichts Besonderes; ein Wunder aber ist es, daß Gott die Menschen erwählt.

2. Paulus denkt an die Wohltat, die Gott den Menschen mit dieser Wahl erweist. Gott hat uns erwählt, um uns mit den himmlischen Gütern zu segnen. Es gibt Dinge, die die Menschen von sich aus entdecken und erschließen können; aber es gibt andere Dinge, die Menschen von sich aus nie erlangen können. Wir können es in unserem Beruf zu etwas bringen, zu einer guten Position oder auch zu Besitz. Niemand aber kann aus eigener Kraft Christ werden und in-

nerlich Frieden finden. Gott hat uns von sich aus für die Gaben erwählt, die nur er uns geben kann.

3. Paulus denkt daran, was Gott mit dieser Wahl bezweckt. Gott hat uns erwählt, damit wir heilig und unsträflich seien. Das sind zwei wichtige Begriffe. Dem Wort heilig entspricht im griechischen Text das Wort hagios, mit dem sich stets die Vorstellung von Trennung und Unterschied verbindet. Was hagios ist, unterscheidet sich vom Alltäglichen. Der Tempel ist heilig, weil er sich von anderen Gebäuden unterscheidet; der Priester ist heilig, weil er anders ist als andere Menschen; das Opfertier ist heilig, weil es sich von anderen Tieren unterscheidet; Gott ist im höchsten Maße heilig, weil er anders ist als die Menschen; der Sabbat ist heilig, weil er sich von den übrigen Wochentagen unterscheidet. So hat Gott auch die Christen erwählt, damit sie sich von anderen Menschen unterscheiden sollen. Diesen Sachverhalt berücksichtigt die Kirche der Gegenwart so gut wie gar nicht. Die Christen der Frühkirche zweifeln keinen Augenblick daran, daß sie sich von der Welt unterscheiden müßten; ja, sie wußten, sie mußten so anders sein als die Welt, daß sie diese Andersartigkeit wahrscheinlich sogar mit dem Leben bezahlen mußten, daß die Welt sie um dieser Andersartigkeit aber in jedem Fall hassen werde. Die heutige Kirche neigt dazu, die Gegensätze zwischen sich und der Welt herunterzuspielen. Wie oft sagen wir leider: „Wenn du nur ein anständiges Leben führst, darfst du dich ruhig Christ nennen und der Kirche angehören. Es ist nicht nötig, daß du dich besonders von anderen Menschen unterscheidest."

In Wirklichkeit aber sollte man Christen ganz eindeutig erkennen können. Wir sollten stets daran denken, daß es sich bei diesem Anderssein, das Christus betont, nicht um ein Anderssein in dem Sinne handelt, daß der Christ außerhalb dieser Welt stehen soll, sondern es handelt sich um ein Anderssein in dieser Welt. Man sollte Christen in der Schule, im Geschäft, in der Fabrik, im Amt oder in Krankenhäusern als solche durchaus erkennen können. Wahre Christen unterscheiden sich von anderen Menschen dadurch, daß sie nicht unter dem Zwang von Vorschriften und Gesetzen handeln, sondern ausschließlich unter dem Drang dessen, was das Liebesgebot Christi ihnen zu tun befiehlt. Wenn genug Christen den Mut besäßen, hagios, anders zu sein als ihre Mitmenschen, und sich ausschließlich Christus gegenüber verantwortlich fühlten, würde die ganze menschliche Gesellschaft aufmerksam werden. Das aber wäre ein Hinweis auf gelebten Glauben. Das dem Wort unsträflich entsprechende griechische Wort amomos ist insofern interessant, als es sich dabei um ein ausgesprochen religiöses Wort handelt, das im Zusammenhang mit Opfern benutzt wurde. Bei den Juden durften nach dem Gesetz nur Tiere zum Opfer dargebracht werden, die zuvor geprüft worden waren. Wurde dabei ein Makel an ihnen festgestellt, wurden sie als ungeeignet zurückgewiesen. Nur makellose Tiere durften Gott geopfert werden. Dem Wort amomos liegt die Bedeutung zugrunde, daß das ganze Leben und der ganze Mensch ein einziges Gott dargebrachtes Opfer sein sollen. Alle Bereiche des Lebens, unsere Arbeit, unser Vergnügen, unser Spiel, unser Familienleben und unsere Beziehungen zu den Mitmenschen sollen so sein, daß sie Gott als Opfer dargebracht werden könnten. Das Wort besagt nicht, daß Christen anständig und ehrbar sein sollen, sondern daß sie vollkommen sein sollen. Um es ganz schlicht auszudrücken: amomos sein bedeutet, daß Christen sich nicht selbstzufrieden mit dem zweitbesten begnügen, sondern sich aufgerufen wissen sollen, ihr Leben so vollkommen zu gestalten, daß es Gott als ein Opfer dargebracht werden kann. Das bedeutet das Ende jener Geisteshaltung, aus der heraus behauptet wird: „Ich weiß wohl, daß ich Fehler habe; aber ich kann es nun mal nicht ändern." Die Verwirklichung dieses Wortes bedeutet das Ende einer bestimmten Geisteshaltung von Menschen, denen sehr wohl bewußt ist, daß sie nicht das Äußerste von sich verlangen, die sich aber trotzdem mit dem Zweitbesten zufriedengeben. Das Wort besagt, daß der Maßstab aller Christen die Vollkommmenheit sein sollte und nicht menschliche Wertmaßstäbe. Das Wort besagt, daß wir daran denken sollen, dem prüfenden Blick Gottes Genüge zu tun.

DER PLAN GOTTES

Epheser 1, 5. 6

In diesem Abschnitt spricht Paulus von dem Plan Gottes. Zu den Bildern, die Paulus mehrfach benutzt, wenn er davon spricht, was Gott für die Menschen tut, gehört auch das Bild der Adoption (vgl. Röm. 8, 23; Gal. 4, 5). Gott nahm uns an Sohnes Statt in seiner Familie auf. Dieses Bild war zu jener Zeit, in der das römische Recht vorherrschte, noch wesentlich eindrucksvoller als heute. Im alten Rom beruhte die Ordnung der Familie auf der sogenannten patria potestas, der väterlichen Gewalt. Danach besaßen Väter bis an ihr Lebensende die absolute Gewalt über ihre Kinder. Sie konnten sie als Sklaven verkaufen, ja, sie durften sie sogar töten. Dem Vater stand nach römischem Recht, das auch zur Zeit des Paulus noch in Kraft war, die absolute Vollmacht über die Kinder zu. Er konnte seine Kinder einkerkern, auspeitschen, sie als gefesselte Sklaven für sich arbeiten und sie töten lassen. Auch wenn der Sohn längst eine aktive Rolle im politischen Leben spielte und zu öffentlichem Ansehen gelangt war, unterstand er weiter der patria potestas. Saß der Vater über einem Sohn zu Gericht, erwartete man zwar von ihm, daß er alle erwachsenen männlichen Familienmitglieder zu Rate zog, doch gesetzlich vorgeschrieben war dies keinesfalls. Es gibt Beispiele dafür, daß Väter ihre eigenen Söhne zum Tode verurteilten. So berichtet Sallust (Catilinarische Verschwörung 39) von einem Mann namens Aulus Fulvius, der sich dem Rebellen Catilina anschloß, unterwegs gefangengenommen und zu seinem Vater zurückgebracht wurde. Der Vater befahl, man solle die Todesstrafe an ihm vollstrecken. Er begründete sein Urteil damit, daß er seinen Sohn nicht gezeugt habe, damit er mit Catilina gegen sein Vaterland, sondern damit er für das Vaterland gegen Catilina kämpfe. Nach römischem Recht stand den Kindern überhaupt kein Besitz zu. Alles, was ihnen testamentarisch von irgendeiner Seite zufiel, oder Geschenke, die sie erhielten, gingen in den Besitz des Vaters über. Dabei spielte es keine Rolle, wie alt die Söhne waren und zu welchem Ansehen sie es bereits gebracht hatten, sie unterstanden trotzdem der väterlichen Gewalt. Unter diesen Umständen bedeutete die Adoption natürlich einen Schritt von weitreichender Bedeutung, war aber trotzdem nicht ungewöhnlich. Oft wurden Kinder adoptiert, damit eine Familie nicht ausstarb. Der Adoptionsritus war recht eindrucksvoll. Waagschalen und Kupfermünzen gehörten zu dem symbolischen Kaufakt dazu. Der leibliche Vater verkaufte dabei seinen Sohn zweimal und kaufte ihn symbolisch zweimal wieder zurück, bis er dies beim dritten Mal unterließ. Danach mußte der Adoptivvater beim Praetor, einem der höchsten römischen Beamten, den Adoptionsantrag stellen. Erst wenn diesem stattgegeben worden war, galt die Adoption als vollzogen. Dann aber war sie auch endgültig. Der Adoptivsohn genoß in der neuen Familie alle Rechte eines legitimen Sohnes, büßte aber gleichzeitig alle Rechte in der Familie ein, der er entstammte. Vor dem Gesetz war er ein völlig anderer, neuer Mensch geworden. Das ging soweit, daß sogar all seine Schulden und Verpflichtungen aus der Zeit vor der Adoption als getilgt galten und annulliert wurden, als hätten sie nie existiert.

Diesen Vorgang nun überträgt Paulus auf das Verhältnis zwischen Gott und den Menschen. Gott hat uns, die wir völlig der Gewalt der Sünde und der Welt ausgeliefert waren, durch Jesus aus dieser Gewalt in seine Gewalt genommen. Durch die Adoption wird unsere Vergangenheit ausgelöscht und wir werden zu neuen Menschen. Aus Kindern des Bösen und der Welt werden wir zu Kindern Gottes.

DIE GABEN GOTTES

Epheser 1, 7. 8

In diesem Abschnitt werden wir mit drei wichtigen christlichen Begriffen konfrontiert.

1. Da ist einmal der Begriff der Erlösung oder Befreiung. Das entsprechende Wort des griechischen Grundtextes ist apolythrosis, das von dem Verb lytroun abgeleitet ist und loskaufen bedeutet. Wurde ein Gefangener oder ein Sklave losgekauft, wurde einem zum Tode Verurteilten die Strafe erlassen, bediente man sich dieses Verbs. Auf dasselbe Wort stoßen wir an der Stelle, an der von der Befreiung der Kinder Israels aus der Knechtschaft in Ägypten die Rede ist. Das Wort wird stets dann benutzt, wenn Gott sein Volk in Zeiten der Not und Mühsal errettet. Dem Begriff liegt also die Vorstellung zugrunde, daß jemand aus einer Last befreit wird, aus der er sich selbst nicht befreien kann, ohne daß jemand einer Strafe entgeht, ohne daß er selbst etwas dazu beizutragen imstande ist. Paulus sagt also vor allem, Gott habe die Menschen aus einer Situation befreit, aus der sie sich selbst nie hätten freimachen können. Im christlichen Glauben aber wird es erlebt. Bevor das Christentum in die Welt kam, war den Menschen das Bewußtsein ihrer Ohnmacht zur drückenden Qual geworden. Sie waren sich ihrer Sünde und Unzulänglichkeit bewußt; sie wußten, daß ihr Leben falsch war, und sie wußten auch, daß sie dennoch machtlos dem allen gegenüberstanden. In den Schriften des römischen Schriftstellers Seneca läßt sich dieses Gefühl der Hilflosigkeit und Frustration ganz deutlich erkennen. Seneca sagt, die Menschen seien sich ihrer Unzulänglichkeit in geradezu überwältigender Weise bewußt. Er bezeichnet sich selbst als homo non tolerabilis, als

einen unerträglichen Menschen. Verzweiflung klingt aus den Worten, daß die Menschen ihre Laster ebensosehr liebten, wie sie sie haßten. Die Menschen bedürften einer Hand, die sie emporhöbe, verkündete Seneca. Die bedeutendsten Philosophen, die empfindsamsten Geister der heidnischen Antike wußten, daß sie ohnmächtig einem Zugriff ausgesetzt waren, aus dessen Umklammerung sie selbst sich nicht befreien konnten. Sie bedurften dieser Befreiung, sie bedurften einer dynamischen Kraft. Jesus Christus war diese Kraft. Auch heute noch besitzt Jesus Christus die Macht, alle Menschen zu befreien, die sich von allem, dem sie sich ausgeliefert sehen, ebenso angezogen wie abgestoßen fühlen. Um es auf eine schlichte Formel zu bringen: Jesus kann auch heute noch böse Menschen zu guten Menschen machen.

2. Da ist der Begriff der V e r g e b u n g. Die Welt wurde zu jener Zeit von dem Bewußtsein ihrer Sündigkeit heimgesucht. Es ist keineswegs falsch, wenn wir behaupten, das ganze Alte Testament verbreite sich über den Satz: „Jeder, der sündigt, soll sterben" (Hes. 18, 4). Die Menschen waren sich ihrer Schuld bewußt und fürchteten daher ihren Gott oder ihre Götter. Man hört zuweilen die Meinung, daß die Griechen das Bewußtsein des Sündigseins nicht gekannt hätten. Nichts entspricht weniger der Wirklichkeit als diese Behauptung. Schon bei Hesiod (um 700 v. Chr.) heißt es, die Menschen fänden ihr Entzücken an Dingen, die ihr Verderben seien. Die Tragödien des Äschylos stehen unter dem Motto: „Der Täter, der handelnde Mensch muß leiden." Wer etwas Böses tat, wurde von der Rachegöttin verfolgt, der er in keinem Fall entging. Früher oder später ereilte ihn die Nemesis; die Strafe folgte der Sünde mit der gleichen Sicherheit wie die Nacht dem Tag. Und Shakespeare läßt König Richard sprechen: „Hat mein Gewissen doch viel tausend Zungen, und jede Zunge bringt verschiednes Zeugnis, und jedes Zeugnis straft mich einen Schurken." Die Menschen waren sich ihrer Sünde wohl bewußt und fürchteten Gott. Das alles änderte sich mit dem Auftreten Jesu, der den Menschen den Weg zu Gott erschloß. Er lehrte die Menschen, daß Gott sie nicht haßt, sondern liebt. Weil Jesus in die Welt kam, entdeckten die Menschen in ihrer Sünde die Liebe Gottes.

3. Da sind W e i s h e i t und K l u g h e i t. Im griechischen Text lauten die entsprechenden Begriffe s o p h i a und p h r o n e s i s. Beide verdanken wir Christus. Auch die Griechen haben über diese beiden Begriffe viel nachgedacht und allerlei darüber geschrieben. Wer beides besaß, war nach ihrer Meinung wohlausgerüstet für das Leben. Aristoteles bezeichnete die

s o p h i a als das Wissen um das Kostbarste, Cicero als Erkenntnis des Menschlichen ebenso wie des Göttlichen. Der forschende Geist, der fragende Verstand bemühten sich um die s o p h i a, die Antwort erteilt auf die ewigen Fragen des Lebens und Todes, Gottes und der Menschen, auf die Fragen nach Zeit und Ewigkeit. Die p h r o n e s i s bezeichnete Aristoteles als Erkenntnis alles Menschlichen und aller Fragen, die der Planung bedürften, Plutarch als Erkenntnis alles dessen, was das praktische Leben betrifft. Cicero bezeichnete die p h r o n e s i s als Erkenntnis dessen, was der Mensch erstreben und was er vermeiden solle; Plato als die Fähigkeit des menschlichen Geistes, zu unterscheiden zwischen dem, was getan werden müsse, und dem, was nicht getan werden dürfe. Anders ausgedrückt: P h r o n e s i s betrifft das alltägliche Leben. Der gesunde Menschenverstand befähigt den Menschen, die praktischen Fragen des Alltags und des Lebens zu lösen. Paulus behauptet nun, Jesus habe den Menschen s o p h i a, Erkenntnis des Ewigen, und das intellektuelle Wissen, das den Geist befriedige, gebracht, ebenso aber auch p h r o n e s i s, die Fähigkeit, zu erkennen, auf welche Weise sich die Probleme des Alltags im praktischen Leben bewältigen und lösen lassen. Christen besitzen demnach eine gewisse Vollkommenheit. Es gibt Menschen, denen alle theologischen und philosophischen Probleme vertraut sind und die dennoch den praktischen Fragen des Alltagslebens hilflos gegenüberstehen. Und es gibt andere Menschen, die sich selbst als praktisch bezeichnen und in der Geschäftigkeit des Alltags so aufgehen, daß ihnen überhaupt keine Zeit bleibt, sich mit ewigen Fragen zu beschäftigen. Im Lichte der Gaben Gottes in Christus sind beide Typen unvollkommen und einseitig. Christus dagegen hilft uns sowohl die zeitlichen als auch die ewigen Fragen zu lösen. Christus macht die Menschen fähig, die unvergänglichen ewigen Wahrheiten zu erkennen und gleichzeitig mit den unumgänglichen Problemen des zeitlichen Lebens fertigzuwerden.

DAS ZIEL DER GESCHICHTE

Epheser 1, 9. 10

Jetzt bekommt Paulus sein Thema richtig in den Griff. Er sagt, daß Gott uns habe wissen lassen „das Geheimnis seines Willens". Im Neuen Testament wird das Wort G e h e i m n i s in einem ganz bestimmten Sinne verwendet. Danach müssen wir unter Geheimnis nicht etwas schwer Begreifliches verstehen, sondern vielmehr etwas, was bislang geheimgehalten worden, nun aber offenbart worden ist; etwas, was all denen, die mit seiner Bedeutung nicht vertraut gemacht worden sind, immer noch unbegreiflich ist. Angenommen, jemand, der vom christlichen Glauben nichts weiß, nähme an einer Abendmahlsfeier teil. Diese würde ein absolutes Geheimnis für ihn bleiben, und er würde nicht im geringsten verstehen, was dabei geschieht. Wer dagegen die Geschichte Christi kennt, wer vom letzten Abendmahl und der Bedeutung, die ihm im Christentum zukommt, etwas gehört hat, wer weiß, daß Jesus das Abendmahl als ein Erinnerungsmahl einsetzte, der wird den Sinn der Feier mit ihren einzelnen Handlungen erfassen. Im neutestamentlichen Sinne ist Geheimnis also etwas, was den Heiden verborgen, den Christen dagegen ganz klar ist. Das Geheimnis der Bedeutung ist ihnen offenbar geworden.

Worin bestand nach Paulus das Geheimnis des Willens Gottes? Darin, daß das Evangelium auch den Heiden zugänglich sei. Das war das große Geheimnis Gottes. Bevor Jesus in die Welt gekommen war, hatte es den Anschein gehabt, als sei Gott nur für das Volk der Juden da; jetzt aber hat Gott offenbar gemacht, daß seine Liebe und Fürsorge, seine Gnade und Barmherzigkeit, die frohe Botschaft von Gott nicht nur den Juden, sondern der ganzen Welt gilt.

Paulus formuliert diesen wunderbaren Gedanken in einem einzigen Satz. Bislang hatten die Menschen in einer geteilten und gespalteten Welt gelebt. Wohin man blickte, hatte das Prinzip der Trennung geherrscht. Die Menschen waren von den Tieren geschieden; die natürliche gesellschaftliche Einheit war der Herrschaft von Menschen gewichen; die Menschen waren gespalten in Juden und Heiden, in Griechen und Barbaren. In der ganzen Welt herrschten Kampf, Krieg, Haß und Spaltung. Was für die Welt im Großen galt, traf ebenso auf den einzelnen Menschen zu. In jedem Menschen spielt sich ein ständiger Kampf ab. Recht und Unrecht, Gut und Böse, Leidenschaft und Vernunft, Naturtrieb und Selbstzucht liegen miteinander im Kampf. Dann aber kam Jesus in die Welt, um alle Spannungen zu beseitigen, um die Abgründe zu überbrücken und alle Menschen eins werden zu lassen. Darin bestand für Paulus das Geheimnis Gottes, der das Ziel verfolgt, all die verschiedenen Stränge, alle losen Enden, alle sich bekämpfenden und einander hassenden Elemente zu einer Einheit in Jesus Christus zusammenzufassen. Jesus kam, um die Welt zu einer einigen Welt zu machen.

Hier nun stoßen wir auf einen anderen wichtigen Gedanken bei Paulus. Paulus sagt, die ganze Geschichte sei eine Auswirkung dieses Prozesses. Er sagt, alle Epochen hätten darauf hingewirkt, daß diese Zeit der Einheit komme. Das griechische Wort, das Paulus für diese Vorbereitung, diese Planung verwendet, ist sehr aufschlußreich. Es ist das Wort oikonomia, das wörtlich Haushaltsführung bedeutet. Der oikonomos, der Verwalter, sorgte dafür, daß alle Haus- und Familienangelegenheiten in Ordnung gehalten wurden. Paulus stellt sich nun vor, daß die ganze Geschichte in ihrem Denken, Planen und Handeln auf das Ziel der Einheit in Christus ausgerichtet ist.

Nach christlicher Überzeugung liegt der Geschichte ein Plan zugrunde; sie hat ein Ziel; in ihr kommt der Wille Gottes zum Ausdruck. Das bezieht sich keineswegs auf das, was jeder Historiker und Philosoph zu erkennen vermag. In einem Epigramm Oscar Wildes heißt es: „Ihr gebt die Liste der europäischen Verbrechen an eure Kinder weiter und nennt es dann Geschichte." Aus einer Antrittsvorlesung stammt der Satz: „In der Geschichte läßt sich weder ein Geheimnis noch ein Plan entdecken. Ich glaube nicht, daß die Menschen irgendwann in ferner Zukunft einmal einen Sinn in den Irrationalitäten der vorangegangenen Epochen erkennen werden. Und was sich nicht erklären läßt, läßt sich erst recht nicht rechtfertigen." Bei André Maurois heißt es: „Das Universum ist indifferent. Wer schuf es? Wozu sind wir auf diesem kümmerlichen Dreckhaufen, der sich endlos im Weltall dreht? Ich habe keine Ahnung davon und bin überzeugt, daß niemand auch nur die geringste Ahnung davon hat." Wir leben in einer Zeit, in der die Menschen den Glauben an den Sinn des Lebens verloren haben. Christen aber glauben, daß Gott mit dieser Welt einen Plan verfolgt. Auch Paulus ist davon überzeugt, daß nach diesem Plan eines Tages alle Dinge und Menschen in Christus zusammengefaßt werden sollen. Auf dieses Ziel zu bewegt sich nach Paulus die ganze Geschichte. Erst als Jesus in die Welt kam, begriffen die Menschen dieses Geheimnis – so sagt Paulus es jedenfalls. Somit besteht nun die Aufgabe der Kirche darin, auf dieses Ziel der Einheit hinzuwirken, weil es das in Jesus Christus offenbarte Ziel Gottes ist.

JUDEN UND HEIDEN

Epheser 1, 11—14

In diesem Abschnitt gibt Paulus ein erstes Beispiel für die neue Einheit in Christus. Wenn Paulus von uns spricht, meint er damit sein Volk, die Juden; wenn er von ihr spricht, meint er die Heidenchristen, an die er schreibt. Doch im letzten Satz, in dem wieder das Wort uns vorkommt, denkt Paulus dabei sowohl an die Juden als auch an die Christen aus den Heiden.

Zunächst spricht Paulus von den Juden. Auch ihnen kommt nach dem Plan Gottes ein bestimmter Anteil zu. Sie glaubten als erste an den Gesalbten Gottes und warteten auf sein Kommen. Zu allen Zeiten ihrer Geschichte hatten die Juden auf den Messias gehofft, von ihm geträumt, auf ihn gewartet. Nach Gottes Plan sollten sie das Volk sein, aus dem der Erwählte kommen sollte. Der englische Moralphilosoph und Volkswirtschaftler Adam Smith (1723—1790), der Begründer der klassischen Nationalökonomie, vertrat die Auffassung, daß die sogenannte Arbeitsteilung der entscheidende Faktor für den Volkswohlstand sei. Er war der Ansicht, daß die Ertragskraft nur gesteigert werden könne, wenn alle einer bestimmten Arbeit nachgingen, wenn die Erträge aus dieser Arbeit zur Grundlage des Allgemeinwohls gemacht würden. Der Schuhmacher macht Schuhe; der Bäcker backt Brot; der Schneider fertigt Anzüge an; jeder führt eine bestimmte Arbeit aus; jeder bleibt dieser Arbeit treu. Wenn aber jeder an seinem Platz die größtmögliche Leistung zu erzielen versucht, dann dient er damit dem Gesamtwohl. Was für den einzelnen gilt, gilt ebenso auch für die Völker. Jedes Volk hat seinen Platz und spielt seine Rolle in dem Plan Gottes. Die Griechen lehrten die Welt die Schönheit der Formgebung erkennen und die Bedeutung des Denkens und Philosophierens. Den Römern verdanken die Menschen ein bedeutendes Rechts- und Verwaltungssystem. Die Juden waren das Volk, aus dessen Mitte der Messias hervorgehen sollte. Das heißt nicht, daß Gott nicht auch andere Menschen darauf vorbereitet habe. Wären die anderen Völker innerlich nicht auf den Messias vorbereitet gewesen, dann wären die Menschen dieser Völker gar nicht imstande gewesen, das Christentum anzunehmen, als es zu ihnen kam. Weithin waren die Menschen innerlich darauf vorbereitet, die Botschaft anzunehmen, doch das große Vorrecht der Juden bestand darin, daß sie das erste Volk waren, das auf die Ankunft des Gesalbten Gottes hoffte und wartete.

Danach wendet Paulus sich den Heiden zu. Er erkennt bei ihnen zwei Entwicklungsstufen. 1. Sie empfingen das Wort. Die christlichen Prediger machten sie mit der christlichen Botschaft bekannt. Bei diesem Wort handelt es sich um zweierlei. Einmal um das Wort der Wahrheit über Gott und die Welt, in der sie lebten, und um die Wahrheit über sich selbst. Zum andern war es eine frohe Botschaft. Das Christentum ist seinem Wesen nach eine frohe Botschaft von Gott. Es bringt uns die Botschaft von der Liebe und Freundlichkeit und Gnade Gottes. 2. Sie wurden mit dem Heiligen Geist versiegelt. In der Antike herrschte die Sitte – es gibt sie auch heute noch –, daß Säcke, Kisten und Pakete vor der Absendung versiegelt wurden, damit man sicher war, daß die Sendung tatsächlich von dem Absender stammte und unbeschädigt ankam. Das Siegel zeigt an, von wem das Paket kam und wem es gehörte. Wer den Heiligen Geist besitzt, hat damit das Siegel und Zeichen der Menschen, die Gott gehören. Durch den Heiligen Geist erfahren die Menschen etwas über Gott; der Heilige Geist macht die Menschen fähig, mit dem Leben fertig zu werden, statt ihm zu erliegen; der Heilige Geist sagt den Menschen, was sie tun müssen und macht sie stark. Durch den Heiligen Geist erkennen wir den Willen Gottes und werden fähig, danach zu handeln.
Paulus macht hier eine sehr wichtige Aussage über den Heiligen Geist. Er nennt den Heiligen Geist das Unterpfand zu unsrer Erlösung. Das entsprechende griechische Wort des Grundtextes arrabon war ein im Geschäftsleben allgemein anerkannter Begriff. Der arrabon war jener Teil des Kaufpreises, der im voraus als Garantie dafür bezahlt wurde, daß auch der Rest in angemessener Zeit erledigt werden würde. In vielen Dokumenten aus dem griechischen Geschäftsleben kommt diese Bezeichnung für das im voraus zu entrichtende Handgeld vor. Verkaufte jemand eine Kuh, erhielt er als arrabon, als Gewähr und Sicherheit für die ordnungsgemäße Bezahlung des vollen Kaufpreises, eine angemessene Summe von Drachmen ausgehändigt. Tänzerinnen, die für öffentliche Veranstaltungen engagiert wurden, erhielten im voraus einen Betrag als Gewähr dafür, daß auch der Rest des Geldes bezahlt würde. Der Vertrag gilt erst dann als erfüllt, wenn keine Forderungen mehr bestehen. Paulus will hier also sagen, daß die Erfahrungen, die wir hier mit dem Heiligen Geist machen, nur einen Vorgeschmack auf die Freuden und die Seligkeit des Himmels darstellen. Der Heilige Geist bietet die Gewähr dafür, daß uns dereinst volle Erkenntnis beschieden sein wird, volle Kraft und

vollkommene Freude. Der Heilige Geist ist die Gewähr dafür, daß wir eines Tages die volle Glückseligkeit Gottes erlangen werden.

Wir stoßen hier auf die wichtige Erkenntnis, daß alle Erfahrungen christlichen Friedens und christlicher Freude in dieser Welt, auch wenn sie noch so groß und wunderbar und uns lieb und teuer sind, nur einen schwachen Vorgeschmack geben von der Freude, an der wir dereinst teilhaben werden. Gott scheint uns davon soviel zu gewähren, wie notwendig ist, damit wir einerseits den Wunsch nach mehr verspüren, andererseits aber auch sicher sind, daß er uns eines Tages alles schenken wird.

MERKMALE DER GEMEINDE. GEBET UM BEKENNTNIS DER HERRLICHKEIT CHRISTI

Epheser 1, 15–23

Darum auch ich, nachdem ich gehört habe von dem Glauben bei euch an den Herrn Jesus und von eurer Liebe zu allen Heiligen, höre ich nicht auf, zu danken für euch, und gedenke euer in meinem Gebet, daß der Gott unsres Herrn Jesus Christus, der Vater der Herrlichkeit, euch gebe den Geist der Weisheit und der Offenbarung, ihn zu erkennen. Er erleuchte die Augen eures Herzens, daß ihr erkennen möget, zu welcher Hoffnung ihr von ihm berufen seid, und welchen Reichtum an Herrlichkeit er den Heiligen beschieden hat, und was da sei die überschwengliche Größe seiner Kraft an uns, die wir glauben, weil die Macht seiner Stärke bei uns wirksam wurde, die er in Christus wirken ließ. Durch sie hat er ihn von den Toten auferweckt und gesetzt zu seiner Rechten im Himmel über alle Reiche, Gewalt, Macht, Herrschaft und was sonst genannt mag werden, nicht allein in dieser Welt, sondern auch in der zukünftigen; und hat alle Dinge unter seine Füße getan und hat ihn gesetzt zum Haupt der Gemeinde über alles, welche da ist sein Leib, nämlich die Fülle des, der alles in allen erfüllt.

Den wichtigsten Teil, den zweiten entscheidenden Schritt in der Beweisführung des Paulus, finden wir am Schluß dieses Abschnitts. Ehe wir dorthin gelangen, müssen wir jedoch verschiedene Punkte aus den vorhergehenden Versen beachten.

Hier wird uns eine ausführliche Übersicht über die Merkmale

der christlichen Gemeinde gegeben. Paulus hat von ihrem Glauben an Christus gehört und von ihrer Liebe zu allen, die sich Gott geweiht haben. Treue zu Christus und Liebe zu den Menschen sind die Merkmale jeder echten Gemeinde. Es gibt eine Treue zu Christus, die nicht in der Liebe zu den Menschen mündet. So führte zum Beispiel die Treue der Mönche und Einsiedler zu Christus dazu, daß sie sich von den Menschen absonderten. Sie gaben um dieser Treue willen ihre gewohnte Tätigkeit auf und zogen sich aus dem aktiven Leben in die Einsamkeit zurück. Bei den Spitzeln der spanischen Inquisition und auch zu anderen Zeiten bewirkte die Treue zu Christus, daß sie alle Menschen verfolgten, die anders dachten als sie selbst. Die Treue der Pharisäer zu Gott machte sie zu Menschen, die alle in ihren Augen Gott weniger treuen Menschen verachteten. Wahre Christen lieben dagegen Christus und ihre Mitmenschen. Mehr noch, wahre Christen wissen, daß sie ihre Liebe zu Christus nur dadurch beweisen können, daß sie ihren Mitmenschen mit Liebe begegnen. Keine Kirche und sei sie noch so rechtgläubig, sei ihre Theologie noch so lauter, sei ihre Gottesdienstordnung noch so wunderbar, ist eine Kirche im wahrsten Sinne des Wortes, wenn ihr entscheidendes Merkmal nicht die Liebe zu den Mitmenschen ist. Manche Kirchen treten fast nur mit kritischen Erklärungen an die Öffentlichkeit. Mag es sich dabei vielleicht auch um rechtgläubige Kirchen handeln, um Christen handelt es sich nicht. Die wirkliche Gemeinde, die wirkliche Kirche ist durch eine zweifache Liebe gekennzeichnet: Durch die Liebe zu Christus und durch die Liebe zu den Menschen. In einem Roman ist die Rede von einer „Kapelle des Hasses", zu der einst in Stunden der Qual und Leidenschaft die Menschen kamen, um ihre Feinde zu verfluchen — Mädchen ihre treulosen Liebhaber, Liebende ihre treulosen Geliebten, Ehemänner ihre betrügerischen Frauen. — Einer wie der andere betete darum, daß „Unsere liebe Frau des Hasses" auf sie hören und der verhaßte Mensch innerhalb eines Jahres sterben möge. Und dann fügt der Romanschreiber hinzu: „So hell und tief war das sanfte Licht des Christentums in ihr Herz gedrungen." So düster die Vorstellung von einer Kapelle des Hasses auch sein mag, können wir uns selbst ganz davon freisprechen? Entweder sind uns die Liberalen oder die Radikalen verhaßt, die Fundamentalisten oder die Obskuranten; Theologen, die eine andere Auffassung als wir selbst vertreten, sind uns verhaßt; Katholiken oder Protestanten — je nachdem. Wie häufig sagen wir etwas, was nicht vom Geist christlicher Nächstenliebe zeugt, sondern vom Geist bitterer Verachtung eingegeben ist. Wir täten gut daran, uns von Zeit zu Zeit daran zu erinnern, daß es ohne die Liebe zu den Mitmenschen keine Liebe zu Christus gibt. Es ist leider nur allzuwahr, was Swift einst gesagt hat: „Unser Glaube ist so schwach, daß wir einander wohl hassen können, aber nicht stark genug, daß wir einander lieben."

PAULUS BETET FÜR DIE GEMEINDE

Epheser 1, 15–23 (Fortsetzung)

Paulus betet in diesem Abschnitt für die Gemeinde, die er liebhat, und für die Gemeinde, die sich wohlverhält.

1. Er bittet für sie um den Geist der Weisheit. Das entsprechende griechische Wort lautet s o p h i a. Wir haben bereits gesehen, daß mit diesem Wort Weisheit im tieferen Sinne bezeichnet wird. Paulus bittet für die Gemeinde, Gott möge sie die ewigen Wahrheiten mehr und tiefer erkennen lassen. Dazu sind bestimmte Voraussetzungen erforderlich. a) Wir sind auf Menschen angewiesen, die über alles nachdenken. Ein bekannter Schriftsteller des 18. Jahrhunderts hat einmal gesagt: „Wie ich meine Schuhe beim Schuhmacher kaufe und meinen Mantel beim Schneider, so beziehe ich meine Religion vom Geistlichen." Viele Menschen denken so oder ähnlich. Doch der Glaube bedeutet uns erst dann wirklich etwas, wenn wir ihn ganz persönlich für uns selbst entdecken. Plato hat vor langer Zeit einmal gesagt: „Nur ein Leben, das wir selbst ausprobiert haben, ist lebenswert." Auch ein Glaube, der nicht selbst erfahren ist, ist wertlos. Jeder denkende Mensch ist verpflichtet, selbst über Gott nachzudenken. b) Wir sind dabei auf die Unterweisung durch Geistliche angewiesen. Jemand hat einmal gesagt: „Protestanten glauben nur an das, was in der Bibel steht." Das ist richtig, doch wie oft weichen wir davon ab. Die Auslegung der Heiligen Schrift durch den Pfarrer ist oft eine der Voraussetzungen, die uns zum Glauben verhilft. Dabei ist nicht das interessant, was der Geistliche denkt, sondern das, was Gott uns durch die Heilige Schrift sagen will. c) Wir müssen wieder ein Gefühl für Proportionen bekommen. Es ist eine merkwürdige Erscheinung des kirchlichen Lebens, daß in allen kirchlichen Gremien, ja, sogar bei Synodalversammlungen im Verhältnis zu den Stunden, die organisatorischen und verwaltungstechnischen Fragen gewidmet werden, viel zu wenig Stunden dem Gespräch über die ewigen Wahrheiten Gottes vorbehalten bleiben. Inner-

halb kirchlicher Ausschüsse sind theologische Diskussionen heute zu einer Seltenheit geworden. Paulus bittet, daß die Menschen, an die er schrieb, immer tiefer in die ewigen Wahrheiten eindringen möchten. Diese Bitte kann nur dann erfüllt werden, wenn wir genug über diese Wahrheiten nachdenken.

2. Paulus bittet darum, daß die Christen Gott immer besser erkennen und daß ihnen immer mehr offenbart werden möchte. Für Christen ist unerläßlich, daß sie ständig wachsen und zunehmen an Erkenntnis und Freundlichkeit. Wer einen Beruf ausübt, weiß, daß er niemals aufhören darf, Neues hinzuzulernen. Kein Arzt käme je auf den Gedanken, daß er mit dem Staatsexamen ausgelernt habe. Er weiß genau, daß täglich neue Techniken, neue Medikamente und Behandlungsmethoden entwickelt werden. Wenn er ein guter Arzt bleiben will, der den Kranken helfen kann, muß er sich stets auf dem Laufenden halten. Ebenso verhält es sich auch bei den Christen. Auch vom christlichen Leben sollte man sagen können, es bestehe darin, daß wir Gott von Tag zu Tag besser kennen und erkennen lernen. Freundschaften, die sich mit den Jahren nicht verfestigen und inniger werden, neigen dazu, allmählich ganz aufzuhören. Das gilt auch für unser Verhältnis zu Gott.

3. Paulus bittet darum, daß die christliche Hoffnung sich neu verwirklichen möchte. Wir leben in einer Zeit, in der viele verzweifeln. H. G. Wells schrieb einmal voller Ingrimm: „Die Menschen, die ihr Dasein als Höhlenbewohner begannen, werden dereinst in den verseuchten Trümmern der Slums enden." Von allen Seiten sind pessimistische Äußerungen zu vernehmen; es ist daher nie dringlicher gewesen als heute, daß der Trompetenruf der christlichen Hoffnung erschallt. Wenn die christliche Botschaft wahr ist, wenn Gott so ist, wie Jesus es uns gelehrt hat, dann befindet sich die Welt nicht auf dem Wege zu ihrer Auflösung, sondern auf dem Wege der Vollendung.

4. Paulus bittet um eine neue Verwirklichung der Macht Gottes. Er sah in der Auferstehung den entscheidenden Beweis für die Macht Gottes. Als die Menschen bis an die Grenze des Menschenmöglichen gegangen waren, um Christus auszuschalten, wurde durch die Auferstehung Jesu der Beweis erbracht, daß Gottes Macht größer ist als die Sünde der Menschen; daß Gott sich durch nichts von seinem Ziel abbringen läßt; daß menschliches Handeln ihm keinen Einhalt zu gebieten vermag. Wir täten gut daran, uns in einer chaotisch wirkenden Welt daran zu erinnern, daß der unbekannte Steuermann, den die Menschen Gott nennen, immer noch am Ruder sitzt.

5. Paulus schließt damit, daß er von einem Sieg Christi in einem Bereich spricht, der uns heute nicht allzuviel bedeutet. Es heißt in unserem Text, Gott habe Jesus Christus auferweckt und „über alle Reiche, Gewalt, Macht, Herrschaft und was sonst genannt werden mag", gesetzt. Zur Zeit des Paulus glaubten die Menschen ebenso fest an Dämonen wie an Engel, und die Worte, die Paulus hier gebraucht, sind Bezeichnungen der verschiedenen Engelsstufen. Paulus sagt, es gebe weder im Himmel noch auf Erden Wesen, denen Jesus Christus nicht überlegen sei. Er sei größer als alle. Es ist, als ob Paulus sagt: „In Jesus habt ihr den größten und mächtigsten Freund und Retter im Himmel und auf Erden." Der Kern des Paulusgebetes besteht darin, daß die Menschen sich der Größe des Herrn und Heilandes bewußt werden möchten, den Gott ihnen geschenkt hat.

DER LEIB CHRISTI

Epheser 1, 15—23 (Fortsetzung)

Wir kommen jetzt zu den letzten beiden Versen dieses Abschnitts, in denen Paulus einen der kühnsten und erhabensten Gedanken äußert, die Menschen je gehabt haben. Paulus nennt die Kirche in diesen Versen den Leib Christi. Das ist der höchste Ehrentitel, der ihr je zuteil wurde. Christus ist das Haupt der Gemeinde; die Gemeinde ist der Leib Christi.
Wir müssen nochmals auf den Grundgedanken dieses Briefes zurückkommen, um zu verstehen, was Paulus damit meint. So wie die Dinge nun einmal liegen, ist die Welt völlig uneins. Es herrscht Uneinigkeit zwischen Juden und Heiden, zwischen Griechen und Barbaren; es herrscht Uneinigkeit zwischen den Menschen der einzelnen Völker; es herrscht Uneinigkeit in jedem Menschen, denn in jedem von uns liegt das Gute mit dem Bösen im Kampf. Uneinigkeit herrscht auch zwischen Menschen und Tieren; statt Freunde zu sein, sind sie miteinander verfeindet. Vor allem aber herrscht Uneinigkeit zwischen den Menschen und Gott. Paulus stellt nun die These auf, daß Jesus gestorben sei, um die einander widersprechenden Elemente dieser Welt zusammenzufassen, um alle Risse und Spaltungen auszulöschen, um die Menschen untereinander und mit Gott zu versöhnen. Jesus Christus war das wichtigste Werkzeug Gottes, das dieser Versöhnung diente.
Der Tod Jesu Christi soll dazu dienen, daß alle Menschen zu

einer Einheit zusammengefaßt werden. Diese Einheit besteht natürlich noch keineswegs. Um zu begreifen, was dazu erforderlich ist, wollen wir uns einmal ein Beispiel aus dem menschlichen Bereich vergegenwärtigen. Angenommen, ein Arzt, der in einem Labor oder in einem Krankenhaus arbeitet, entdeckt ein Mittel gegen den Krebs. Dieses Mittel kann jedoch erst wirksam und allen Menschen zugänglich gemacht werden, wenn es nicht auf diesen engen Wirkungsbereich beschränkt bleibt. Den Krebskranken in aller Welt kann erst geholfen werden, wenn sämtliche Ärzte informiert und in der Anwendung des fraglichen Heilmittels geschult werden. Das Heilmittel ist zwar vorhanden, doch der eine Arzt, der es entdeckt hat, genügt nicht, um es allen Menschen zugänglich zu machen. Ein Korps von Ärzten muß davon erfahren und damit umzugehen lernen. Es muß Vermittler geben, durch die das Heilmittel zu allen Kranken auf der Welt gelangt. Diesen Mittlerdienst muß auch die Gemeinde Jesus Christus erweisen. In Jesus Christus können alle Menschen eins werden. Das ist jedoch erst möglich, wenn alle Menschen und Völker etwas von Jesus Christus erfahren. Zu diesem Zweck muß seine Wahrheit, seine Gnade, seine Vergebung und Liebe allen Menschen verkündet werden. Das ist Aufgabe der Kirche. Jesus Christus ist das Werkzeug Gottes, durch das die einander widersprechenden Elemente der Welt miteinander und mit Gott eins werden können; und die Kirche ist das Werkzeug Jesu Christi, durch das diese Einheit erzielt werden kann.

Christus ist das Haupt, die Kirche der Leib. Der Kopf allein nützt nichts; das Gehirn, Geist und Verstand allein sind nutzlos. Der Kopf ist auf einen Körper angewiesen, dem er seine Weisungen geben kann. Das Gehirn, der Geist braucht den Körper, um wirken zu können. Die Kirche verkörpert buchstäblich die Hände, die das Werk Christi tun sollen, die Füße, die seinen Auftrag ausführen, die Stimme, die sein Wort ausspricht.

Die allerletzte Wendung dieses Abschnitts enthält zwei großartige Gedanken. Die Kirche, sagt Paulus, ist die Fülle Christi. Ebenso wie durch den Körper sichtbar zum Ausdruck kommt, was im Gehirn vor sich geht, so soll die Kirche der sichtbare Ausdruck Christi sein. Wie die Vorstellungen, Gedanken und Erkenntnisse des menschlichen Geistes nicht ohne die Tätigkeit und Mitwirkung des Körpers wirksam werden können, so kann auch das wunderbare Geheimnis und die Herrlichkeit, die Christus der Welt gebracht hat, ohne die Gemeinde, ohne die Kirche nicht wirksam werden. Weiter sagt Paulus, Jesus werde nach und nach alles in allem erfüllen. Aufgabe der Kirche ist es, dies zu verwirklichen. Die Kirche soll allen Menschen in allen Ländern das Geheimnis Jesu Christi bringen. Das ist einer der großartigsten Gedanken des Christentums. Ist damit doch nichts Geringeres gemeint, als daß der Plan Gottes, die Welt zu einer Einheit zu machen, der Kirche anvertraut worden ist. Nach Gottes Ratschluß soll aus einer sich bekämpfenden Welt eine in sich und mit Gott einige Welt werden. Gott hat Jesus in die Welt gesandt, damit eine Möglichkeit geschaffen würde, diesen Plan auszuführen. In Jesus haben wir das Geheimnis der Einheit. Die Botschaft und die Kraft Jesu soll allen Menschen vermittelt werden. Die Kirche ist der Leib Christi, das Werkzeug, durch das Christus in der ganzen Welt wirksam wird. Die Verwirklichung des göttlichen Plans stellt die Kirche vor große Aufgaben.

Es gibt ein altes, vielzitiertes Beispiel, das diese Wahrheit auf vollkommene Weise illustriert. Einer Legende zufolge soll Jesus, als er nach Ablauf seines irdischen Lebens in den Himmel zurückkehrte, selbst dort noch die Wundmale seines Leidens und Kreuzestodes getragen haben. Die Engel sprachen mit ihm, und Gabriel sagte: „Herr, wie mußt du dort unten für die Menschen gelitten haben!" „Ja", sagte Jesus. „Wissen auch alle Menschen", fragte Gabriel, „wie sehr du sie geliebt hast und was du für sie getan hast?" „O nein", erwiderte Jesus, „noch nicht. Jetzt wissen erst ein paar Menschen in Palästina davon." „Was hast du getan", fragte Gabriel, „damit es alle erfahren?" Jesus erwiderte: „Ich habe Petrus und Jakobus und Johannes und noch einige Männer gebeten, ihr ganzes Leben darauf zu verwenden, anderen Menschen von mir zu erzählen, und diese wiederum zu veranlassen, noch anderen davon zu erzählen, bis auch die Menschen im fernsten Umkreis erfahren, was ich für sie getan habe." Gabriel sah Christus zweifelnd an, denn er wußte wohl, wie armselig die Menschen sind. „Ja", sagte er, „aber was geschieht, wenn Petrus, Jakobus und Johannes müde werden? Was geschieht, wenn die Menschen, die nach ihnen kommen, alles vergessen. Was geschieht, wenn im zwanzigsten Jahrhundert die Menschen dort unten anderen nichts mehr von dir erzählen? Willst du deinen Plan nicht ändern?" Darauf erwiderte Jesus: „Ich werde meinen Plan nicht ändern. *Ich verlasse mich auf sie.*" In den Worten, daß die Kirche der Leib Christi ist, daß in ihr Christus sichtbar werden soll, liegt beschlossen, daß Jesus uns in die Welt sendet.

LEBEN OHNE CHRISTUS UND DIE GNADE GOTTES. GOTT HAT AUCH UNS ZUM LEBEN ERWECKT

Epheser 2, 1—10

Auch ihr waret tot in euren Übertretungen und Sünden, in welchen ihr vormals gewandelt seid nach dem Lauf dieser Welt, nach dem Mächtigen, der in der Luft herrscht, nämlich nach dem Geist, der zu dieser Zeit sein Werk hat in den Kindern des Unglaubens. Unter ihnen haben auch wir alle vormals unsren Wandel gehabt in den Lüsten unsres Fleisches und taten den Willen des Fleisches und der Sinne und waren Kinder des Zornes von Natur, gleichwie auch die andern. Aber Gott, der da reich ist an Barmherzigkeit, hat um seiner großen Liebe willen, mit der er uns geliebt hat, auch uns, die wir tot waren in den Sünden, samt Christus lebendig gemacht, denn aus Gnade seid ihr gerettet worden. Und hat uns samt ihm auferweckt und samt ihm in das himmlische Wesen gesetzt in Christus Jesus, auf daß er erzeigte in den kommenden Zeiten den überschwenglichen Reichtum seiner Gnade durch seine Güte gegen uns in Christus Jesus. Denn aus Gnade seid ihr gerettet worden durch den Glauben, und das nicht aus euch: Gottes Gabe ist es, nicht aus den Werken, auf daß sich nicht jemand rühme. Denn wir sind sein Werk, geschaffen, in Christus Jesus zu guten Werken, welche Gott zuvor bereitet hat, daß wir darin wandeln sollen.

Ohne Rücksicht auf grammatische Regeln fließen die Gedanken des Paulus in diesem Abschnitt dahin. Er beginnt einen Satz, ohne ihn zu Ende zu führen; er beginnt eine Konstruktion, um mittendrin in eine andere hinüberzugleiten und die erste fallenzulassen. Das liegt daran, daß es sich hier weit mehr um einen lyrischen Erguß über die Liebe Gottes als um gewissenhafte theologische Ausführungen handelt. Das Lied der Nachtigall läßt sich nicht nach kontrapunktischen Gesetzen einer musikalischen Komposition analysieren. Die Lerche singt aus Freude am Singen. Genauso ergeht es Paulus hier. Er schüttet sein Herz aus; sein Herz fließt ihm über, und da müssen grammatische Regeln dem Wunder der Gnade weichen.

LEBEN OHNE CHRISTUS

Epheser 2, 1–3

Wenn Paulus ihr sagt, meint er die Heidenchristen; wenn er uns sagt, spricht er von den Juden, seinen eigenen Landsleuten. In diesem Abschnitt legt Paulus dar, wie schrecklich das Leben ohne Christus für Heiden und Juden war.

1. Leben ohne Gott heißt nach Paulus in erster Linie ein Leben in Sünden und Übertretungen. Die beiden griechischen Wörter, die Paulus an dieser Stelle benutzt, sind sehr interessant. Für Sünde steht das Wort hamartia, das etwas mit der Jagd zu tun hat. Wörtlich übersetzt heißt es Fehlschuß. Wenn jemand nach der Scheibe schießt und dabei das Ziel verfehlt, handelt es sich um eine hamartia. Sünde bedeutet mithin, daß das Ziel des Lebens verfehlt wird; Sünde heißt, daß wir versagen, indem wir nicht werden, was wir sein könnten und sollten. Das ist auch der Grund für die Universalität der Sünde. Wir haben im allgemeinen eine ganz falsche Vorstellung von der Sünde. Wir sind ohne weiteres bereit, Räuber, Mörder, Messerstecher, Trunkenbolde und Gangster als Sünder zu bezeichnen; da aber die meisten von uns anständige Bürger sind, sind wir im Grunde davon überzeugt, daß wir mit der Sünde nicht allzuviel zu tun haben. Wir würden es vermutlich ziemlich übelnehmen, wenn uns jemand als verdammenswerte Sünder bezeichnete. Doch das Wort hamartia konfrontiert uns ganz unmittelbar mit dem Sachverhalt der Sünde. Wir wollen es hier nochmals wiederholen: Wir sündigen, wenn wir nicht sind, wie wir sein sollten und könnten. Sind Männer ihren Ehefrauen so gute Ehemänner, wie sie sein könnten? Sind die Frauen wirklich gute Ehefrauen? Nehmen sie wirklich Anteil an der Arbeit ihrer Männer? Versuchen sie wirklich, die Probleme ihrer Männer zu verstehen, auf deren Arbeitskraft doch die ganze Familie angewiesen ist? Sind wir wirklich gute Eltern? Haben wir unseren Kindern tatsächlich die notwendige Erziehung angedeihen lassen, oder sind wir dieser Forderung nicht vielmehr häufig ausgewichen? Sind wir unseren heranwachsenden Kindern näher gekommen, oder haben sie sich innerlich so weit von uns entfernt, daß ein Gespräch mit ihnen kaum noch möglich ist, weil wir uns im Grunde wie Fremde gegenüberstehen? Sind wir wirklich gute Söhne und Töchter, so wie wir es sein könnten? Haben wir je versucht, unsere Dankbarkeit zum Ausdruck zu bringen für alles, was uns zuteil wurde, oder zurückzuzahlen, was wir Gutes empfangen haben? Haben wir

jemals den Schmerz in den Augen unserer Eltern wahrgenommen und gespürt, daß wir daran schuld sind? Sind wir wirklich gute Arbeiter? Arbeiten wir stets gleichmäßig gewissenhaft und versuchen wir, jede uns übertragene Aufgabe so gut wie möglich auszuführen? Wenn wir uns so vergegenwärtigen, was Sünde ist, erkennen wir unschwer, daß die Sünde keineswegs eine Erfindung der Theologen ist, sondern daß das ganze menschliche Leben von ihr durchtränkt und durchdrungen ist. Sünde ist das Versagen der Menschen in allen Bereichen des Lebens. Das zweite von Paulus benutzte Wort, das mit Übertretungen übersetzt ist, lautet im griechischen paraptoma und bedeutet wörtlich ein Ausgleiten oder ein Fallen. Man benutzte es, wenn jemand vom rechten Wege abgekommen war und umherirrte, und ebenso für jemanden, der etwas nicht richtig verstanden hatte und auf diese Weise von der Wahrheit abwich. Sünde, Übertretung bedeuten nichts anderes, als daß wir den falschen Weg wählen, obwohl wir den richtigen hätten einschlagen können und sollen; daß wir die Wahrheit verkennen, obwohl wir sie hätten erkennen sollen und können. Sünde heißt mithin, daß wir das Ziel unseres Weges verfehlen, obwohl wir es eigentlich erreichen müßten. Stehen wir im Leben tatsächlich dort, wo wir stehen sollten? Haben wir das Ziel erreicht, zu dem wir nach Anlage, Begabung und Ausbildung befähigt waren? Haben wir im Hinblick auf den Dienst am andern das uns gemäße Ziel erreicht? Sind wir am Ziel wirklicher Güte und Frömmigkeit angelangt, so wie wir es eigentlich sollten? Befinden wir uns auf dem richtigen Wege, oder haben wir den Weg verloren und treiben irgendwo abseits des rechten Weges dahin?

Die entscheidende Vorstellung, die sich mit dem Begriff der Sünde verbindet, kreist um den Gedanken, daß wir unser Ziel verfehlen, daß wir den rechten Weg verfehlen, daß wir versagen, wenn es gilt, das Leben zu dem zu machen, was es sein könnte. Sünde in dieser Definition betrifft uns alle. Wer begreift, was Sünde heißt, kann nicht an ihrer Universalität zweifeln und ebensowenig an seiner eigenen Sünde.

LEBENDIG TOT

Epheser 2, 1—3 (Fortsetzung)

Paulus spricht davon, daß die Menschen tot in ihren Sünden sind. Manche haben den Satz so verstanden, als habe Paulus damit sagen wollen, ohne Christus lebten die Menschen in einem Zustand der Sünde, der im künftigen Leben den Tod der Seele bewirken werde. Doch Paulus spricht hier nicht über das künftige Leben, sondern über das Leben in dieser Welt. Die Sünde besitzt eine tödliche Macht. Die Folgen der Sünde sind in dreierlei Hinsicht verhängnisvoll und tödlich.

1. Die Sünde zerstört die Unschuld der Menschen. Sobald jemand sündigt, ist er nicht mehr derselbe wie zuvor. Aus der Psychologie wissen wir, daß der Mensch buchstäblich nichts vergißt. Auch wenn wir uns bewußt nicht an alles erinnern können, bewahrt unser Unterbewußtsein dennoch alles auf, was wir gesehen, gehört oder getan haben. Ohne daß wir uns dessen bewußt sind, sind alle diese Dinge in uns vorhanden. Daraus folgt, daß die Sünde einen nachhaltigen, bleibenden Einfluß auf die Menschen ausübt. In Du Mauriers Roman Trillby findet sich ein anschauliches Beispiel dafür. Little Billee hat zum ersten Mal in seinem Leben an einem Saufgelage teilgenommen und war selbst betrunken. Als er seinen Rausch ausgeschlafen hat, stellt er fest, daß etwas Trauriges und Merkwürdiges mit ihm geschehen ist. Es kommt ihm vor, als wenn ein trüber Schleier den Spiegel seiner Erinnerung überzogen habe, so daß die Vergangenheit, die er darin zu erkennen hofft, sich nicht mehr mit der gleichen Klarheit spiegelt. Es kommt ihm vor, als ob jene besondere Freude, jene Gabe, die es ihm bislang ermöglicht hat, sich frühere Empfindungen, Eindrücke und Erlebnisse nach Belieben zu vergegenwärtigen, wie ausgelöscht sei. „Nie wieder gewann er jene beglückende Fähigkeit, die Gabe seiner glücklichen Kindheit und Jugend, in so einzigartiger und vollkommener Weise zurück, wie er sie einst besessen hatte, ohne es zu wissen." Das Erlebnis der Sünde hatte seinen Geist und sein Erinnerungsvermögen wie mit einem matten Film überzogen, und nichts war mehr wie zuvor. Wenn wir ein schmutziges Kleidungsstück oder einen Teppich in die Reinigung geben, werden sie zwar sauber, aber in ihrer Ausrüstung sind sie trotzdem nicht mehr wie vorher, als sie neu waren. Auch die Sünde bewirkt etwas in den Menschen; sie tötet ihre Unschuld. Die Unschuld aber kann, einmal verloren, niemals wiedergewonnen werden.

2. Die Sünde zerstört unsere Ideale. Im Leben vieler Menschen läßt sich ein trauriger Prozeß beobachten. Zunächst betrachten die Menschen das Böse mit Entsetzen; dann kommt die Stufe der Versuchung. Doch selbst wenn die Menschen dieser Versuchung erliegen, sind sie unglücklich darüber und befangen und sich ihres Unrechts durchaus bewußt. Die dritte Stufe ist erreicht, wenn die Menschen so oft etwas Böses getan haben, daß sie überhaupt keine Gewissensbisse mehr verspüren. Die verhängnisvolle Macht der Sünde besteht darin, daß jede Sünde, die wir begehen, es uns leichter macht, weiter zu sündigen; wer der Sünde gegenüber einmal nachsichtig ist, ist es beim nächsten Mal noch mehr. Jede Sünde, jedes Versagen, jede Nachsicht mit uns selbst bildet einen Schritt auf dem Wege dahin, daß wir aufhören, nach Idealen zu streben. Sünde ist eine Art Selbstmord; sie ertötet unseren Idealismus, der das Leben lebenswert macht.

3. Die Sünde ertötet schließlich auch den Willen des Menschen. Anfangs entscheidet der Mensch sich für ein verbotenes Vergnügen, weil es ihm Spaß macht; zum Schluß jedoch ist er diesen Dingen so verfallen, daß er gar nicht mehr anders kann. Wenn wir uns erst einmal an etwas gewöhnt haben, wird eine Sache bald zu einem Zwang, dem wir uns nicht mehr entziehen können. Wer sich von einer bestimmten Gewohnheit, von der Nachsicht gegen sich selbst, von geheimen oder verbotenen Handlungen beherrschen läßt, wird damit zu ihrem Sklaven. Er ist ohnmächtig und ohne eigenen Willen; er besitzt keine Gewalt mehr über sie. So wie es in einem alten Sprichwort heißt: „Wer eine Tat sät, wird eine Gewohnheit ernten; wer eine Gewohnheit sät, wird einen Charakter ernten; wer einen Charakter sät, wird ein Schicksal ernten."

Der Sünde haftet eine geradezu mörderische Gewalt an. Die Sünde tötet die Unschuld. Auch wenn die Sünde verziehen wird, ihr Einfluß auf den Menschen läßt sich nicht rückgängig machen. Origenes hat einmal gesagt: „Die Narben bleiben zurück." Die Sünde ertötet alle unsere Ideale; ohne Gewissensbisse beginnen die Menschen zu tun, wovor sie sich einst entsetzt haben. Die Sünde tötet den Willen; sie hat den Menschen so sehr in der Gewalt, daß er sich ihrem Zugriff nicht mehr entziehen kann.

Alles hier Gesagte ist zumindest ein Teil dessen, was Paulus meinte, als er davon sprach, daß die Menschen tot in ihren Sünden seien.

MERKMALE DES LEBENS OHNE CHRISTUS

Epheser 2, 1—3 (Fortsetzung)

In diesem Abschnitt stellt Paulus gewissermaßen eine Liste der Merkmale eines Lebens ohne Christus auf.

1. Leben ohne Christus ist das Leben, das die Menschen dieser Welt führen. Das heißt, es ist ein an den Maßstäben dieser Welt orientiertes Leben. Als Christen sollen wir einander verzeihen. Die Schriftsteller der Antike behaupteten dagegen, es sei ein Zeichen der Schwäche, auf Rache für ein Unrecht, das einem widerfahren war, zu verzichten, wenn man die Macht dazu besitze. Nach christlicher Auffasung sollen wir sogar unsere Feinde lieben. Plutarch dagegen behauptete, ein guter Mensch soll seinen Freunden nützen und der Schrecken seiner Feinde sein. Der christliche Glaube verlangt von uns, daß wir dienen. Die meisten Menschen jedoch verstehen zum Beispiel nicht, wie ein Missionar in ein fremdes Land gehen kann, um die Menschen dort zu unterrichten oder als Arzt in einem Krankenhaus für ein Viertel des Gehalts zu arbeiten, das er für die gleiche Tätigkeit in der Heimat im nichtkirchlichen Einsatz bekäme. Entscheidend an dem Maßstab der Welt ist, daß immer das Ich im Mittelpunkt steht, während nach christlichen Maßstäben Christus und die Mitmenschen im Mittelpunkt stehen. Jemand hat einmal gesagt, der weltlich orientierte Mensch kenne zwar den Preis, den man für alles bezahlen müsse, aber er wisse nicht, was die Dinge in Wirklichkeit wert seien. Die Welt ist auf Profit bedacht; die christliche Antriebskraft ist der Wunsch, zu helfen und zu dienen.

2. Leben ohne Christus ist ein Leben unter dem Befehl des Fürsten der Lüfte. Damit sind wir wieder an einem Punkt angelangt, der damals im Gegensatz zu heute eine Realität darstellte. In der Antike war der Glaube an Dämonen allgemein verbreitet. Man glaubte, die Luft sei derartig erfüllt davon, daß nicht einmal ein Stecknadelkopf dazwischen Platz habe. Pythagoras hat gesagt: „Die ganze Luft ist voller Geister." Bei Philo heißt es: „Geister fliegen überall durch die Lüfte. In der Luft hausen die körperlosen Geister." Nicht alle Dämonen waren böse, aber doch die meisten von ihnen. Sie waren darauf bedacht, Böses zu bewirken, den Plan Gottes zu durchkreuzen und die Menschen zum Bösen zu verlocken. Sie waren darauf bedacht, die Seele der Menschen zugrundezurichten. Wer unter ihrer Herrschaft steht, stellt sich gegen Gott.

3. Leben ohne Christus ist ein durch Ungehorsam gekennzeich-

netes Leben. Der Wille Gottes offenbart sich den Menschen auf vielfältige Weise. Es geschieht mit Hilfe des Gewissens, der Stimme des Heiligen Geistes in uns; es geschieht mit Hilfe der in der Heiligen Schrift enthaltenen Weisheit und Gebote; es geschieht mit Hilfe guter und gottesfürchtiger Menschen, die uns raten, ermahnen und tadeln. Doch wer ohne Christus lebt, geht seinen eigenen Weg auch dann, wenn er den Weg Gottes kennt.

4. Leben ohne Christus ist ein den Begierden ausgeliefertes Leben. Im griechischen Grundtext steht für Begierde das Wort epithymia, mit dem insbesondere die Gier nach Schlechtem und Verbotenem gekennzeichnet wurde. Wer dieser Begierde erliegt, geht unausweichlich einer Katastrophe entgegen. Das Leben des englischen Dichters Oscar Wilde ist ein erschütterndes Beispiel dafür. Wilde war hochbegabt und erhielt die höchsten akademischen Auszeichnungen; er war ein glänzender, geistreicher Schriftsteller, dem die bedeutendsten Literaturpreise zugesprochen wurden; er besaß außerordentlich viel Charme und war seiner Anlage nach ein liebenswürdiger, freundlicher Mensch. Doch er erlag der Versuchung widernatürlicher Unzucht, kam ins Zuchthaus und geriet in Schande. Unter dem Eindruck des Zuchthauserlebnisses schrieb Wilde das Buch De profundis, in dem es heißt: „Die Götter hatten mir nahezu alles geschenkt. Doch ich ließ mich lange zu sinnlosen sinnlichen Ausschweifungen hinreißen . . . Müde der Höhen, auf denen ich mich bewegte, stürzte ich mich auf der Suche nach neuen Sensationen absichtlich in die Tiefe. Was mir im Reich der Gedanken widersprüchlich erschien, wurde mir im Reich der Leidenschaften zur Perversion. Das Leben anderer Menschen kümmerte mich nicht . . . Ich amüsierte mich, und dann ging ich weiter. Ich vergaß, daß jede noch so kleine Alltagshandlung den Charakter entweder bildet oder verbildet und daß jemand das, was er heimlich in seiner Kammer tut, eines Tages laut vom Dache seines Hauses hinausschreien muß. Ich war nicht länger Herr meiner selbst; ich war nicht länger Herr meiner Seele, ohne es selbst zu ahnen. Ich ließ mich von meiner Lust beherrschen und endete in entsetzlicher Schande." Die Begierde ist ein schlechter Lehrmeister. Wer sich ihr ausliefert, macht sich zu ihrem Sklaven. Begierde zielt nicht nur nach allem Fleischlichen, sondern überhaupt nach allem, was verboten ist.

5. Leben ohne Christus ist ein Leben in den Lüsten unsres Fleisches, wie es in unserem Text heißt. Wir müssen sorgfältig darauf bedacht sein, genau zu verstehen, was Paulus unter dem Begriff Fleisch und unter der Sünde des Fleisches verstand. Er meint damit auf jeden Fall weit mehr als nur fleischliche, leib-

liche Sünde. Galater 5, 19—21 nennt Paulus die Sünden des Fleisches. Er beginnt die Aufzählung zwar mit Ehebruch und Unzucht, doch dann fährt er fort mit Haß, Zorn, Hader, Neid, Zwietracht und Spaltungen. Das Fleisch ist der Teil unserer Natur, der einen Brückenkopf für die Sünde bildet; es ist der Punkt, von dem aus sie uns angreifen kann. Die Bedeutung des Begriffs Fleisch wechselt infolgedessen von Mensch zu Mensch. Während der eine sich vielleicht im Bereich des Körperlichen als schwach erweist, so daß er der Gefahr der geschlechtlichen Sünde ausgesetzt ist, sündigt ein anderer vielleicht im geistigen Bereich und ist vielleicht der Gefahr des Hochmuts ausgesetzt. Wieder andere sind vielleicht auf irdische Vorteile bedacht und von unwürdigem Geltungsstreben bedroht, oder ihr Temperament reißt sie zu Zank und Streit hin. In allen Fällen handelt es sich um Sünden des Fleisches. Es soll nur keiner denken, er habe sich der Sünde des Fleisches nicht schuldig gemacht, weil er den groben körperlichen Sünden nicht erlegen ist. Und es braucht auch keiner zu meinen, er sei der einzige, der mit den Sünden des Fleisches zu kämpfen habe, weil er seinen Leib nur schlecht beherrschen kann. Alles in uns, was der Sünde eine Chance bietet, gehört zum Fleisch. Fleisch ist die menschliche Natur ohne Gott. Nach den Lüsten des Fleisches leben heißt ganz einfach, daß wir uns von den niedrigsten Trieben, von dem Bösen in uns, beherrschen lassen.

6. Leben ohne Christus verdient nichts anderes als den Zorn Gottes. Viele Menschen sind verbittert, weil sie glauben, ihnen sei im Leben nie zuteil geworden, was sie nach Anlage, Begabung und Leistung verdient hätten. Das mag sein; doch aus göttlicher Sicht verdient kein Mensch etwas anderes als Verdammnis. Wenn Gott uns unserem Verdienst entsprechend behandelte, würde das Urteil selbst für die Besten unter uns auf Verdammnis und Strafe lauten. Nur der Liebe Gottes verdanken wir, daß uns vergeben wird, obwohl wir nichts als Strafe verdient, seine Liebe gekränkt und sein Gesetz übertreten haben.

DAS WERK CHRISTI

Epheser 2, 4—10

Paulus hat eingangs gesagt, daß wir tot seien in unseren Sünden und Übertretungen; jetzt sagt er, Gott habe uns in seiner Liebe und Barmherzigkeit in Jesus Christus lebendig gemacht

Was meint er damit? Durch Jesus ist etwas bewirkt worden, was unser Leben gewandelt hat. Wir haben bereits gehört, daß tot sein in Sünden und Übertretungen drei Dinge in sich einschließt. Jesus hat mit allen drei Dingen etwas zu tun.

1. Wir haben gesehen, daß die Sünde die Unschuld tötet. Nun kann zwar nicht einmal Jesus den Menschen die verlorene Unschuld zurückgeben, weil auch er die Uhr nicht zurückdrehen kann; doch Jesus kann das Bewußtsein unserer Sünde von uns nehmen, das sich mit der verlorenen Unschuld zwangsläufig einstellt. Die Sünde bewirkt eine Entfremdung zwischen uns und Gott. Wer sich seiner Sünde bewußt wird, den bedrückt stets auch das Gefühl, er dürfe sich Gott von jetzt an nicht mehr nähern. Als Jesaja die Vision Gottes zuteil wurde, waren seine ersten Worte: „Weh mir, ich vergehe! Denn ich bin unreiner Lippen und wohne unter einem Volk von unreinen Lippen" (Jes. 6, 5). Als Petrus zum Bewußtsein kam, wer Jesus war, reagierte er zunächst mit den Worten: „Herr, gehe von mir hinaus. Ich bin ein sündiger Mensch" (Luk. 5, 8). Jesus befreit uns zunächst von diesem Gefühl der Entfremdung. Er kam, um uns zu sagen, daß die Tür zu dem lebendigen Gott uns immer offensteht, einerlei, wie wir sind. Angenommen, ein Kind hätte etwas Schändliches begangen und sei danach von zu Hause fortgelaufen, weil es glaubte, es sei zwecklos, wieder umzukehren, da die Tür des Elternhauses ihm doch verschlossen sei. Nehmen wir weiter an, daß jemand dem Kind mitteilt, die Tür des Elternhauses sei keineswegs verschlossen, sondern stünde ihm auch fernerhin offen und es sei willkommen daheim. Wie anders sähe dann alles aus! Genauso verhielt es sich auch mit der Nachricht, die Jesus den Menschen übermittelte. Er kam, um das Gefühl der Entfremdung und die Schuld von uns zu nehmen, indem er uns sagte, daß Gott uns so annimmt, wie wir nun einmal sind.

2. Wir haben gesehen, daß die Sünde unsere Ideale tötet. Jesus erweckt die Herzen der Menschen zu neuen Idealen. Von einem Negermaschinisten auf einem amerikanischen Fährschiff, der den christlichen Glauben angenommen hatte, wird folgende Geschichte berichtet. Daß sein Boot alt und die Maschinen verschmutzt und ungepflegt waren, machte ihm nichts aus, seit er selbst ein Gewandelter war. Er putzte alle Teile der Maschine blitzeblank. Als einer der regelmäßigen Fahrgäste den Maschinisten fragte: „Was hast du vor? Wozu reinigst und polierst du diese alten Maschinen?" erwiderte der Maschinist: „Sir, ich habe etwas Wunderbares erlebt." Eben das bewirkt Gott in den Menschen. Er schenkt ihnen Herrlichkeit. In einer Groß-

stadtgemeinde lebte eine alte Frau in einem schmutzigen Keller. Als einige Monate nach dem Antritt eines neuen Pastors einer der Kirchenvorsteher die Frau aufsuchen wollte, um sie zum Abendmahl einzuladen, stellte er fest, daß sie verschwunden war. Er spürte ihr nach und machte sie schließlich in einer Dachstube ausfindig. Die Frau war sehr arm, und es sah recht bescheiden bei ihr aus; doch die Dachkammer war ebenso hell, luftig und sauber, wie der Keller dunkel, schmutzig und erbärmlich gewesen war. „Du bist also umgezogen", sagte der Mann. „Je nun", erwiderte die Frau, „das bin ich. Wie könnte ich einen so wunderbaren Mann predigen hören und weiter in einem Keller leben!" Durch die christliche Botschaft waren auch hier alte Ideale zu neuem Leben erweckt worden. Die Gnade Jesu Christi belebt alte Vorbilder neu, die der wiederholte Rückfall in die Sünde ausgelöscht zu haben schien. Und so kann das Leben, neu entzündet, von neuem beginnen.

3. Wunderbarer als alles andere ist jedoch, daß Jesus Christus die Menschen mit einem neuen Willen beleben kann. Wir haben gesehen, daß die verhängnisvolle, tödliche Wirkung der Sünde darin besteht, daß sie die Menschen langsam aber sicher ihres Willens beraubt. Aus der anfänglichen Nachsicht, die das Leben erleichterte, wurde ein Zwang, so daß die Sünden allmählich den eigenen Willen untergruben und so zu Ketten wurden, an die der Mensch hilflos gekettet blieb. Jesus belebt den Willen der Menschen neu durch die Kraft seiner Liebe. Echte Liebe wirkt stets reinigend. Wer einen anderen Menschen wirklich von Herzen liebt, kann kraft dieser größeren Liebe seinen Hang zur Sünde überwinden. Diese seine neue Liebe zwingt ihn, gut zu sein. Er liebt den anderen Menschen so sehr, daß die Macht der Sünde dadurch gebrochen ist und überwunden werden kann. Genau das bewirkt Christus mit uns. Wenn wir ihn lieben, schafft diese Liebe in uns den Willen zum Guten neu.

WIRKEN UND WERKE DER GNADE

Epheser 2, 4—10 (Fortsetzung)

Paulus beschließt diesen Absatz mit einer jener widersprüchlichen Feststellungen, die ein Kennzeichen aller seiner bedeutenden Aussagen über das Evangelium sind. Wir wollen uns eingehend mit seinem Standpunkt beschäftigen und die beiden Aussagen, die er hier macht, genau untersuchen.

1. Paulus betont, daß wir aus Gnade gerettet werden. Wir selbst haben mit unserer Rettung nichts zu tun. Wir haben sie nicht verdient und werden sie auch nie verdienen. Es handelt sich dabei um ein Geschenk Gottes, das wir nur im Vertrauen darauf annehmen können, daß Gott es uns freiwillig gewährt. In dieser Hinsicht hat Paulus unbestreitbar und unleugbar recht. Was er sagt, ist aus zwei Gründen wahr. a) Gott ist vollkommen, und nichts, was wir zu tun imstande sind, kann sich mit der Vollkommenheit Gottes messen. Der Mensch in seiner Sünde und irdischen Beschränktheit kann den Zugang zu Gott und das Wohlwollen in keinem Fall aus eigener Kraft erlangen oder gar verdienen. Gott entspricht nur das Vollkommene, und eben das kann der Mensch seiner Natur nach Gott nicht darbringen. Selbst wenn die Menschen keine Sünder wären, könnten sie nur dadurch zu Gott gelangen, daß Gott der Gebende und der Mensch der Nehmende ist. b) Aber noch etwas kommt hinzu. Nach christlicher Auffassung ist Gott die Liebe. Wer sündigt, frevelt; er vergeht sich nicht nur gegen das Gesetz, sondern gegen das Gebot der Liebe. Vergehen gegen das Gesetz lassen sich sühnen, gebrochene Herzen dagegen kann niemand heilen. Wenn wir ein Gesetz übertreten, können wir durch eine Geld- oder Gefängnisstrafe dafür büßen, je nachdem, wie das Gesetz es vorschreibt. Nach Verbüßung der Strafe bestehen keine gesetzlichen Ansprüche mehr gegen uns; wir sind frei von der Verfolgung durch das Gesetz. Wenn wir dagegen das Herz eines Mannes brechen, können wir dies nie wieder gutmachen. Wir wollen uns das einmal an einem unvollkommenen Beispiel klarzumachen versuchen. Einem Kraftfahrer, der durch sein leichtsinniges Fahren den Tod eines Kindes verschuldet hat, wird der Prozeß gemacht. Er wird für schuldig befunden und zu einer bestimmten Gefängnis- oder Geldstrafe verurteilt. Vielleicht wird ihm für eine gewisse Zeit auch der Führerschein entzogen. Wenn er jedoch seine Strafe in der einen oder anderen Form verbüßt hat, können keine gesetzlichen Forderungen mehr an ihn gestellt werden. Vom juristischen Standpunkt aus ist der Fall erledigt. Völlig anders verhält es sich dagegen im Hinblick auf die Mutter des getöteten Kindes. An ihr kann er durch keine Gefängnis- oder Geldstrafe wieder gutmachen, was er ihr zugefügt hat. Er hat sich an ihrer Mutterliebe vergangen; die Beziehung zwischen ihr und ihm kann nur dadurch wieder in Ordnung kommen, daß sie ihm aus freien Stücken verzeiht. So verhält es sich auch mit Gott und uns. Wir haben uns nicht an den Gesetzen Gottes versündigt, sondern an seinem Herzen. Darum kann auch nur durch den Akt der freiwilligen Verge-

bung dank der Gnade Gottes die richtige Beziehung zwischen Gott und uns wiederhergestellt werden. Wir können diese Vergebung nur im vollen Vertrauen unseres Glaubens annehmen.

2. Das heißt also, daß Werke nichts mit unserer Rettung zu tun haben. Doch es ist weder richtig noch möglich, es bei dieser Lehre des Paulus bewenden zu lassen, wie es so oft geschieht. Denn Paulus fährt fort, indem er sagt, wir seien von Gott neu geschaffen worden zu guten Werken. Darin besteht das paulinische Paradoxon. Keine noch so guten Werke können uns mit Gott versöhnen; doch sobald wir mit Gott versöhnt sind, wäre es um unseren christlichen Glauben schlecht bestellt, wenn er sich nicht in guten Werken äußern würde. Daran ist nichts Geheimnisvolles, es ergibt sich ganz einfach aus dem Gebot der Liebe. Wir wissen genau, daß es weder unser Verdienst noch selbstverständlich ist, wenn ein guter, wunderbarer Mensch uns seine Liebe schenkt. Niemand kann eine solche Liebe je verdienen. Sie bleibt stets ein unverdientes Geschenk. Trotzdem wissen wir und sind fest davon überzeugt, daß wir unser ganzes Leben lang *versuchen* müssen, uns dieser Liebe würdig zu erweisen. Nicht anders sollte auch unser Verhältnis zu Gott sein. Es gibt nichts, gar nichts, womit wir das Wohlwollen und die Liebe Gottes erringen und verdienen könnten. Sie ist das freiwillige Geschenk seiner Liebe und Gnade an uns, das wir nur in Demut und Dankbarkeit annehmen können. Doch ist damit keineswegs gesagt, daß wir uns selbst nicht im geringsten zu bemühen brauchen. Vielmehr sollen wir uns unser ganzes Leben hindurch bemühen, uns dankbar und dieser Liebe würdig zu erweisen. Durch gute Werke kann niemand gerettet werden; aber ebenso falsch ist es, wenn die Rettungstat Gottes keine guten Werke der Menschen bewirkt. Wir können Gott durch gute Werke zwar nicht zu unserem Schuldner machen, aber seine Liebe verpflichtet uns zu der ständigen Anstrengung, uns dieser Liebe würdig zu erweisen.

Wir wissen auch, was wir nach Gottes Willen tun sollen. Gott hat längst bestimmt, wie unser Leben aussehen soll. Wir erfahren davon in der Heiligen Schrift und durch seinen Sohn. Wir können die Liebe Gottes zwar niemals aus eigener Kraft erlangen, aber wir können und sollen zeigen, wie dankbar wir für diese Liebe sind, indem wir alle Kraft daran setzen, ein Leben zu führen, das Gott gefällt.

VOR CHRISTUS UND NACH CHRISTUS. HEIDEN UND JUDEN BERUFEN ZU EINER GEMEINDE

Epheser 2, 11–22

Darum gedenket daran, daß ihr, die ihr vormals nach dem Fleisch Heiden gewesen seid und die Unbeschnittenen genannt wurdet von denen, die genannt sind die Beschneidung am Fleisch, die mit der Hand geschieht, – daß ihr zu jener Zeit waret ohne Christus, ausgeschlossen vom Bürgerrecht in Israel und fremd den Testamenten der Verheißung; daher ihr keine Hoffnung hattet und waret ohne Gott in der Welt. In Christus Jesus aber seid ihr jetzt, die ihr vormals ferne gewesen seid, nahe geworden durch das Blut Christi. Denn er ist unser Friede, der aus beiden eines hat gemacht und hat abgebrochen den Zaun, der dazwischen war, nämlich die Feindschaft, indem er in seinem Fleische hat abgetan das Gesetz mit seinen Geboten und Satzungen, auf daß er in sich selber aus den zweien einen neuen Menschen schüfe und Frieden machte und beide versöhnte mit Gott in einem Leibe durch das Kreuz, an dem er die Feindschaft getötet hat. Er ist gekommen und hat verkündigt im Evangelium den Frieden euch, die ihr ferne waret, und Frieden denen, die nahe waren. Denn durch ihn haben wir den Zugang alle beide in einem Geist zum Vater. So seid ihr nun nicht mehr Gäste und Fremdlinge, sondern Mitbürger der Heiligen und Gottes Hausgenossen, erbaut auf den Grund der Apostel und Propheten, da Jesus Christus der Eckstein ist, auf welchem der ganze Bau ineinandergefügt wächst zu einem heiligen Tempel in dem Herrn; auf welchem auch ihr miterbaut werdet zu einer Behausung Gottes im Geist.

In diesem Abschnitt spricht Paulus von der Situation, in der sich die Heiden befanden, bevor Christus kam. Obwohl Paulus Apostel der Heiden war, vergaß er doch nie, welche besondere und einzigartige Stellung den Juden nach dem Ratschluß Gottes zukam und wie Gott sich ihnen offenbart hatte. Paulus schildert hier den Gegensatz, der zwischen dem heidnischen Leben und dem Leben der Juden bestand.

1. Die Heiden wurden von denen, die die körperliche Beschneidung – von Menschenhand vorgenommen – für sich allein in Anspruch nahmen, die Unbeschnittenen genannt. Das war einer

der entscheidenden Unterschiede zwischen den beiden Gruppen. Die Juden verachteten die Heiden aufs Tiefste. Sie behaupteten, die Heiden seien von Gott dazu geschaffen worden, um Brennstoff für die Hölle zu liefern. Gott liebe von allen Völkern, die er geschaffen habe, nur Israel. Es verstieß gegen das Gesetz, einer heidnischen Frau bei der Geburt eines Kindes zu helfen, weil das ja dazu beitrage, daß ein Heide mehr zur Welt käme. Bevor Christus kam, brachten die Juden den Heiden nichts als Verachtung entgegen. Die zwischen ihnen aufgerichteten Schranken waren unüberwindlich. Heiratete ein jüdischer Jüngling ein heidnisches Mädchen oder ein jüdisches Mädchen einen Heiden, wurde bei den Juden ihr Leichenbegräbnis gefeiert, da der Betreffende in ihren Augen tot war. Wer ein heidnisches Haus betrat, galt vor dem Gesetz als unrein. Bevor Christus kam, waren feste Schranken zwischen den Menschen errichtet worden; nachdem Christus in die Welt gekommen war, wurden sie eingerissen. Ehe Christus in die Welt kam, bestand keine Hoffnung auf Einigkeit in der Welt; mit Christus hat sie angefangen.

2. Die Heiden kannten keine Messiaserwartung. In unserer Übersetzung heißt es, daß sie o h n e C h r i s t u s waren. Diese Übersetzung ist zulässig und korrekt. Doch ist das Wort C h r i s t o s nicht in erster Linie ein Eigenname, sondern ein Partizip Perfekt und bedeutet j e m a n d, d e r g e s a l b t i s t. Könige wurden und werden noch heute bei der Krönung gesalbt. Das Wort Christos, die wörtliche Übersetzung des hebräischen Wortes Messias ins Griechische, bedeutet der Gesalbte Gottes, der lange ersehnte und erwartete König, den Gott eines Tages in die Welt senden würde, damit er das gegenwärtige Zeitalter überwinde und die Zeit des Heils bringe. Selbst in Zeiten schlimmster Not zweifelten die Juden niemals am Kommen des Messias. Die Heiden dagegen hatten keine solche Hoffnung. Sie wußten nichts von dem verheißenen Messias und warteten daher auch nicht auf ihn. Dieser Unterschied bewirkte, daß die Juden an ein Ziel glaubten, auf das die Geschichte sich zubewegte. Wie schlecht es ihnen auch gehen mochte, die Juden sahen eine herrliche Zukunft vor sich. Die unzulängliche Gegenwart war für sie ein Hinweis auf eine herrlichere Zukunft. Das heißt, die jüdische Geschichtsbetrachtung war ihrem Wesen nach optimistisch. Die Heiden kannten ein solches Ziel der Geschichte nicht. Nach der von den Stoikern erarbeiteten Geschichtsauffassung vollzog sich die Geschichte in Zyklen. Die Stoiker glaubten, daß die Entwicklung jeweils dreitausend Jahre währe. Dann komme es zu einer vollständigen Umwälzung

alles Bestehenden, bei der die Welt in einer ungeheuren Feuersbrunst vergehe. Danach begänne dann der ganze Prozeß von neuem, und alle Ereignisse und alle Menschen wiederholten sich. Das ist in der Tat ein wesentlicher Unterschied. Nach heidnischer Auffassung endete die Geschichte nirgends und nie; nach jüdischer Auffassung war die Geschichte eine Wanderung zu Gott hin. Während das Leben den Heiden wertlos erschien, sahen die Juden darin den Weg zu einem besseren Leben. Mit dem Kommen Christi gewannen auch die Heiden einen neuen Zugang zur Geschichte, zu einer Geschichte, die einen ununterbrochenen Weg zu Gott darstellt.

HILFLOS UND OHNE HOFFNUNG

Epheser 2, 11. 12

3. Hinzu kommt, daß die Heiden von der Gemeinschaft der Juden ausgeschlossen waren. Was besagt das? Das Volk Israel wurde h o h a g i o s l a o s, das h e i l i g e Volk, genannt. Wir haben bereits festgestellt, daß das Wort h a g i o s ursprünglich a n d e r s, g e t r e n n t von den übrigen bedeutete. In welcher Hinsicht unterschied sich nun das Volk Israel von anderen Völkern? Sie unterschieden sich von den anderen dadurch, daß sie in des Wortes wahrster Bedeutung keinen anderen König als Gott hatten. Bei den Juden gab es weder eine Demokratie noch eine Adelsherrschaft, sondern eine Theokratie, eine Gottesherrschaft, in der religiöse und staatliche Ordnung eine Einheit bildeten. Gott war ihr Herrscher. Nachdem Gideon über die Midianiter gesiegt hatte, kamen die Juden zu ihm und boten ihm den Thron Israels an; sie waren bereit, ihn um deswillen, was er für sie getan hatte, zu ihrem König zu machen. Doch Gideon antwortete ihnen: „Ich will nicht Herrscher über euch sein, und mein Sohn soll auch nicht Herrscher über euch sein, sondern der Herr soll Herrscher über euch sein" (Richter 8, 23). Als der Psalmist sagte: „Ich will dich erheben, mein Gott, du König" (Ps. 145, 1), meinte er dies wortwörtlich so. Mochten die Heiden von Königen, Tyrannen, von Senatoren und Konsuln regiert werden, in Israel gab es nur einen Herrscher: Gott. Wer Israelit war, gehörte zur Gemeinschaft Gottes und genoß göttliche Bürgerrechte. Das Leben eines Volkes, dem dieses Schicksal zuteil geworden war, unterschied sich selbstverständlich in jeder Weise von dem Leben anderer Völker. Der athenische Staatsmann Perikles pflegte jedesmal, bevor er zu den

Athenern sprach, zu sich selbst zu sagen: „Bedenke, daß du Athener bist und zu Athenern sprechen wirst." Die Juden aber konnten sogar sagen: „Bedenke, daß du ein Bürger Gottes bist und zu dem Volk Gottes sprichst." Niemand konnte sich eines größeren Sachverhalts bewußt sein.

4. Die Heiden waren fremd den Testamenten der Verheißung. Was besagt dieser Satz? Israel war vor allem das Volk des Bundes. Was bedeutet das? Die Juden hatten folgende Vorstellung von diesem Bund. Sie glaubten, Gott habe ihrem Volk etwas ganz besonderes verheißen. „Ich will euch annehmen zu meinem Volk und will euer Gott sein" (2. Mose 6, 7). Diese Beziehung bedeutete jedoch nicht nur ein Vorrecht, sondern ebenso auch eine Verpflichtung, nämlich die Verpflichtung, das Gesetz zu halten. Der Bund hing davon ab, daß die Menschen das Gesetz, das Gott ihnen gegeben hatte, einhielten und ihm gehorsam waren. 2. Mose 24, 1–8 finden wir die dramatische Schilderung, wie die Juden den Bund mit den daran geknüpften Bedingungen eingingen: „Alle Worte, die der Herr gesagt hat, wollen wir tun" (2. Mose 24, 3. 7). Wenn die Absicht Gottes verwirklicht werden sollte, mußte sie durch ein Volk verwirklicht werden. Daß die Wahl Gottes auf Israel fiel, war keine Begünstigung dieses Volkes, denn es geschah nicht, weil dem Volk besondere Ehre zugedacht war, sondern vielmehr eine besondere Verantwortung auferlegt wurde. Die Juden fühlten sich durch diesen Bund auf besondere und einmalige Weise als das Volk Gottes. Die Tatsache, daß jemand Jude war, genügte bereits, daß er sich seiner besonderen Würde bewußt war. Auch Paulus vergaß nie, daß die Juden in einzigartiger Weise das Volk Gottes waren, ein Werkzeug in der Hand Gottes.

5. Die Heiden waren ohne Hoffnung und ohne Gott in der Welt. Viele halten die Griechen für das heiterste Volk, das es je gegeben hat; doch waren sie mindestens ebensosehr für ihre Melancholie bekannt. Hinter allem verbarg sich eine gewisse Existenzangst. Das läßt sich schon bei Homer feststellen. Als Glaukos und Diomedes einander zum Zweikampf begegneten, fragt Diomedes Glaukos nach seiner Herkunft, und dieser erwidert: „Was forschst du nach meinem Geschlecht! Ganz wie der Blätter Geschlecht so sind die Geschlechter der Menschen. Streut doch der Wind auf den Boden die einen Blätter, die andern treibt der grünende Wald zur Zeit des knospenden Frühlings. So von der Menschen Geschlechtern wächst eins, das andere schwindet" (Ilias, 6. Gesang, 145–149). Die Griechen konnten sich wohl mit den grünenden und verwelkenden Blättern der Bäume vergleichen, aber sie konnten nicht triumphierend hin-

zufügen: „Aber nichts kann Dich zunichtemachen." Und bei dem griechischen Elegiendichter Theognis heißt es: „Ich freue mich meiner Jugend und ergötze mich an ihr; lange genug werde ich unter der Erde liegen, des Lebens beraubt, stumm wie ein Stein, und ohne das Licht der Sonne, das ich liebe; obwohl ich ein frommer Mann bin, werde ich dann nichts mehr erblicken." „Freue dich, o Seele, deiner Jugend; bald werden andere Menschen kommen, und ich werde nichts als tote schwarze Erde sein." „Kein Sterblicher, auf den die Sonne blickt, kann sich glücklich nennen." In den Homerischen Hymnen sind die Götter des Olymps entzückt über die Gesänge der Musen, die singen „von den unsterblichen Gaben der Götter und den Schmerzen der Menschen, die alles nach dem Willen der Götter erdulden, sorglos dahinlebend, hilflos, ohne vor Alter und Tod geschützt zu sein". Die Heiden waren tatsächlich ohne Hoffnung, weil sie ohne Gott waren. Israel war zu allen Zeiten von der Hoffnung auf Gott erfüllt gewesen. Diese Hoffnung war selbst in den dunkelsten, schrecklichsten Tagen ihrer Geschichte nicht erloschen. Den Heiden aber war nichts als Verzweiflung geblieben, ehe Christus kam, um den Hoffnungslosen neue Hoffnung zu geben.

NIEDER MIT DEN SCHRANKEN

Epheser 2, 13–18

Wir haben bereits festgestellt, wie sehr die Juden die Heiden haßten und verachteten. Hier nun bedient Paulus sich zweier Bilder, die den Juden besonders vertraut waren, um deutlich zu machen, wie es zu einer neuen Einheit kam.

Er spricht davon, daß die, die einst ferne gewesen sind, jetzt nahe geworden sind. Jesaja hatte Gott sagen hören: „Friede, Friede, denen in der Ferne und denen in der Nähe" (Jes. 57, 19). Wenn die Rabbinen von einem Proselyten sprachen, sagten sie, wer den jüdischen Glauben angenommen habe, sei *nahe geworden*. So heißt es in den Schriften der jüdischen Rabbinen von einer heidnischen Frau, die zu Rabbi Elieser kam, bekannte, daß sie eine Sünderin sei, und ihn bat, zum Judentum übertreten zu dürfen, sie habe gesagt: „Bring mich nahe, Rabbi." Doch der Rabbi weigerte sich, dies zu tun. Die Tür wurde vor ihr zugeschlagen. Doch jetzt stand die Tür offen. Die Gott fern gewesen waren, waren jetzt nahe, und die Tür blieb niemandem verschlossen.

Paulus bedient sich noch eines anderen Bildes. Er spricht davon, daß der Zaun, der dazwischen war, abgebrochen sei. Dieses Bild ist dem Bereich des Tempels entnommen, der aus einer Reihe von Vorhöfen bestand, von denen jeder ein wenig höher als der vorhergehende lag, mit dem Tempel im Innersten der Höfe. Zuerst gelangt man in den Vorhof der Heiden; von dort aus in den Vorhof der Frauen; dann in den Vorhof der Israeliten; danach in den Vorhof der Priester und schließlich in das Heiligtum selbst. Die Heiden durften nur den ersten der Vorhöfe betreten. Zwischen diesem und dem Vorhof der Frauen befand sich eine wunderbar gearbeitete Zwischenwand aus Marmor, mit eingelassenen Täfelchen, auf denen zu lesen war, daß Heiden, die weiter als bis hierher gingen, der Todesstrafe verfielen. In einer Tempelbeschreibung des jüdischen Geschichtsschreibers Josephus heißt es: „Wenn man durch die ersten Kreuzgänge in den zweiten Vorhof des Tempels ging, gelangte man an eine steinerne Mauer von Brusthöhe. Sie war außerordentlich elegant konstruiert; in gleichmäßigen Abständen befanden sich Pfeiler, an denen die Reinheitsvorschriften erläutert wurden, teils in griechischer, teils in lateinischer Sprache, damit kein Fremder aus Versehen das Heiligtum betrat" (The Wars of the Jews, 5, 5, 2). An einer anderen Stelle heißt es von dem zweiten Tempelvorhof: „Er war von einer Mauer umgeben, an der Warnungstafeln angebracht waren, auf denen zu lesen stand, daß Fremden das Betreten bei Todesstrafe verboten sei" (Jüdische Altertümer, 15, 11, 5). Im Jahre 1871 wurde eine solche Verbotstafel gefunden, deren Inschrift lautete: „Niemand, der einem fremden Volk angehört, darf sich innerhalb der Mauern und Schranken aufhalten, von denen das Heiligtum umgeben ist. Wer dabei ergriffen wird, ist selbst schuld, daß er dem Tode verfällt." Paulus kannte diese Schranken nur zu gut, denn er verdankte seine Gefangennahme in Jerusalem, die zu seiner letzten Gefangenschaft und zu seinem Tode führte, lediglich dem Umstand, daß er fälschlicherweise angeklagt wurde, er habe Trophimus, einen Heidenchristen aus Ephesus, mit in den Tempel genommen, ohne die Schranken zu beachten (Apg. 21, 28. 29). Die Heiden waren also durch die Mauer mit ihrer unpassierbaren Schranke von Gott ausgeschlossen gewesen.

DIE EXKLUSIVITÄT DER MENSCHLICHEN NATUR OHNE CHRISTUS

Epheser 2, 13—18 (Fortsetzung)

Wir dürfen nun keinesfalls glauben, daß die Juden das einzige Volk waren, das Schranken errichtet hatte und dadurch die anderen Menschen ausschloß. Die ganze Antike war voller Schranken. Mehr als vierhundert Jahre zuvor war Griechenland von der Invasion der Perser bedroht gewesen. Diese Epoche war das goldene Zeitalter der Stadtstaaten in Griechenland — Athen, Theben, Sparta, Korinth und andere. Damals war Griechenland vom Untergang bedroht, weil es das Unheil dadurch geradezu herausforderte, daß einzelne Stadtstaaten sich einem Zusammenschluß zur gemeinsamen Abwehr des Feindes widersetzten. In jeder Generation bestand die Gefahr, daß einzelne Stadtstaaten sich auf Kosten der anderen ihre Unabhängigkeit zu erhalten suchten. Die Griechen bezeichneten alle, die nicht Griechisch sprachen, verächtlich als Barbaren, von denen man sich absonderte. In einem Gespräch über die Bestialität der Menschen lesen wir bei Aristoteles: „Sie ist am häufigsten bei den Barbaren anzutreffen." Mit Barbaren meinte er dabei ganz einfach alle Nichtgriechen. Er spricht von den „in entlegenen Gebieten lebenden Stämmen der Barbaren, die zur Gattung der Tiere gehören". Die Mysterienkulte spielten im religiösen Leben Griechenlands eine wichtige Rolle. Viele von ihnen waren nur Griechen zugänglich; alle Nichtgriechen blieben ausgeschlossen. Der römische Geschichtsschreiber Livius schreibt darüber: „Die Griechen führen einen endlosen Kampf gegen die Menschen anderer Rassen, gegen die Barbaren." Und bei Plato heißt es, daß die Barbaren, die Nichtgriechen, „von Haus aus unsere Feinde sind".

In der Antike galten Menschen fremder Herkunft stets als mögliche Feinde, häufig sogar als wirkliche Feinde. Das Problem der zwischen den Völkern errichteten Schranken ist jedoch keineswegs auf die Antike beschränkt. Jemand hat einmal gesagt: „Platz genug ist für alle Menschen da; aber Platz für trennende Zäune zwischen den Menschen sollte es nicht geben." In dem Buch „The Cross of Peace" von Sir Philipp Gibbs heißt es über die gegenwärtige Situation: „Die Frage der Mauern, die die Menschen zwischen sich errichten, gehört zu den brennendsten Problemen, mit denen es fertigzuwerden gilt. Durch die Entwicklung der Technik sind wir alle zu Nachbarn geworden. Gott stellt uns vor die Aufgabe, aus allen Menschen Brü-

der zu machen. In einer Zeit der Trennmauer zwischen Völkern, Rassen und Religionsgemeinschaften sollten wir die Welt aufs neue erschüttern mit der allen geltenden Botschaft Jesu Christi, die weder Freie noch Unfreie, weder Juden noch Skythen und Barbaren kennt; in Jesus Christus sind alle eins."
Die Antike war voller Schranken und Mauern. Die Juden verachteten alle anderen Völker, weil sie glaubten, Gott verachte alle Völker außer Israel. Die Griechen stellten die Barbaren, die Fremden, auf eine Stufe mit den Tieren und betrachteten den fortwährenden Kampf gegen sie als naturgegeben. Heute gibt es eiserne Vorhänge, Bambusvorhänge und Spaltungen zwischen den Völkern, Rassen und Kirchen. Gemeinschaften ohne Christus müssen zwangsläufig durch Schranken und Mauern voneinander getrennt sein.

EINHEIT IN CHRISTUS

Epheser 2, 13–18 (Fortsetzung)

So fährt Paulus denn auch fort, in Christus seien diese Schranken gefallen. Wie konnte Christus das bewirken?
1. Paulus sagt: „Christus ist unser Friede." Was meint er damit? Wir wollen uns das an einem Beispiel klarzumachen versuchen. Angenommen, zwei Menschen haben Differenzen miteinander und streiten sich. Sie prozessieren miteinander. Angenommen weiter, die juristischen Sachverständigen weisen ihnen die Rechtslage auf Grund vorhandener Unterlagen im einzelnen nach und schlagen ihnen vor, sich auf dieser Rechtsgrundlage zu einigen. In solch einem Fall ist die Wahrscheinlichkeit groß, daß der Rechtsstreit weiter geht, daß die Kluft nicht überbrückt wird, weil nur selten auf Grund juristischer Argumente Frieden geschlossen wird. Angenommen jedoch, jemand, den beide Parteien schätzen und lieben, spricht mit ihnen und bringt ihre Herzen und Hände zusammen, dann besteht die berechtigte Aussicht, daß sie wirklich Frieden miteinander schließen. Wenn zwei Parteien sich nicht einigen können, ist der sicherste Weg zu einem Ausgleich der Weg über einen Mittelsmann, den beide lieben. Und eben das bewirkt Christus. Er *ist* unser Friede. Die gemeinsame Liebe zu Christus bewirkt, daß die Menschen sich auch untereinander lieben. Jesu Blut ist der Preis dieses Friedens, denn das Kreuz ist der große Erwecker der Liebe. Durch seinen Kreuzestod zieht Jesus Christus alle Menschen zu sich (Joh. 12, 32). Der Anblick des Kreuzes erweckt in

den Herzen der Menschen aller Völker die Liebe zu Christus; und nur, wenn alle Christus lieben, werden sie sich auch untereinander lieben. Friede kommt nicht durch Verhandlungen, Verträge, Bündnisse und Gemeinschaften zustande. Friede kann nur durch Jesus Christus bewirkt werden.

2. Paulus sagt, Jesus habe das Gesetz mit seinen Geboten und Satzungen abgetan. Was bedeutet das? Die Juden glaubten, nur wer das jüdische Gesetz beachte, sei ein guter, frommer Mensch und nur durch die Einhaltung des Gesetzes könnten die Menschen die Freundschaft Gottes und Verbundenheit mit Gott erlangen. Dieses Gesetz war in Tausenden von Vorschriften, Satzungen, Geboten und Bestimmungen ausgearbeitet worden. Die Hände mußten nach Vorschrift gewaschen werden; es gab seitenlange Bestimmungen über das, was am Sabbat zu tun erlaubt oder verboten war und welche Opfer bei welcher Gelegenheit dargebracht werden mußten. Selbstverständlich konnten diese Satzungen nicht von allen Menschen eingehalten werden. Die einzigen, die es hielten, waren die Pharisäer, von denen es jedoch nur sechstausend gab. Eine Religion, die im Hinblick auf das Ritual, auf Sitten, Gewohnheiten und bestimmte Tage auf der Einhaltung aller möglichen Vorschriften und Satzungen beruht, kann nie zu einer allgemein verbindlichen Religion werden. Paulus sagt: „Christus ist des Gesetzes Ende" (Röm. 10, 4), oder wie hier: „Jesus hat abgetan das Gesetz mit seinen Geboten und Satzungen." Das Gesetz als Grundlage und Prinzip des Glaubens hört mit Jesus auf.

Was aber setzte Jesus an die Stelle des Gesetzes? Die Liebe zu Gott und den Menschen. Jesus kam, um den Menschen zu sagen, daß sie das Wohlwollen Gottes nicht durch Einhaltung des Zeremonialrechts erringen könnten. Er sagte ihnen, daß sie die Liebe, die Vergebung und Gemeinschaft, die Gott ihnen in seiner Barmherzigkeit aus freien Stücken gewähre, annehmen müßten. Nur ein Glaube, der auf der Liebe basiert, kann zu einem alle Menschen umschließenden, universalen Glauben werden. Während des Krieges brachten Soldaten mit ihrem Unteroffizier den Leichnam eines gefallenen Kameraden auf einen französischen Friedhof, um ihn dort zu begraben. Der Priester sagte ihnen sehr freundlich, es handele sich um einen katholischen Friedhof, auf dem nur Katholiken beerdigt werden dürfen. Auf die Frage, ob ihr Kamerad katholisch sei, erwiderten die Soldaten, sie wüßten es nicht. Darauf sagte der Priester, in diesem Fall könne er ihnen die Erlaubnis zur Bestattung auf dem Friedhof leider nicht geben. Betrübt über diese Auskunft begruben die Soldaten ihn außerhalb des Friedhofs. Als sie am nächsten Tag zurückkehrten, um nach dem Grab zu sehen, waren sie höchst erstaunt, als sie trotz eifrigen Suchens die Spuren des frisch ausgehobenen Grabes nicht entdecken konnten, obwohl sie genau wußten, daß es sich nur wenige Schritte außerhalb der Einfriedigung befunden hatte. Als sie gerade wieder weggehen wollten, tauchte der Priester auf und sagte, es habe ihn sehr bedrückt und ihm keine Ruhe gelassen, daß er sich geweigert habe, ihrem Kamerad einen Ruheplatz auf dem Friedhof zu gewähren. Er sei daher zeitig aufgestanden und habe mit eigenen Händen den Zaun versetzt, damit der Leichnam des Soldaten auf den Friedhof zu liegen kam. Das ist ein Beispiel dafür, was Liebe zu bewirken vermag. Jesus hat die Schranken zwischen den Menschen eingerissen; er hat der Gesetzesreligion ein Ende bereitet und den Menschen stattdessen einen Glauben gebracht, der auf Liebe gegründet ist.

DIE GABEN DES EINSSEINS IN CHRISTUS

Epheser 2, 13—18 (Fortsetzung)

Paulus fährt fort, von den unschätzbaren Gaben zu sprechen, die Christus den Menschen gebracht hat; Gaben, die sich aus dem Einssein in Christus ergeben.

1. Christus hat Juden und Heiden zu neuen Menschen gemacht. Im Griechischen gibt es zwei Wörter für neu. Das ist einmal das Wort neos, das zeitlich neu bedeutet. Ein Gegenstand, der neos ist, ist ein neu angefertigter Gegenstand, den es jedoch schon längst zu Hunderten und Tausenden gibt. Ein fabrikneuer Bleistift ist zum Beispiel neu im Sinne von neos, obwohl es bereits Millionen von Bleistiften gibt, die genauso aussehen wie dieser. Das zweite Wort für neu, kainos, bedeutet dagegen weniger neu im Hinblick auf die Zeit, sondern vielmehr neu im Sinne der Beschaffenheit. Kainos ist etwas, was es bisher noch nicht gab, etwas, was die Welt bis dahin noch nicht gekannt hatte. Paulus gebraucht an dieser Stelle das Wort kainos. Er sagt, Jesus bringe Juden und Heiden zusammen und bewirke, daß aus beiden Menschen neuer Art hervorgehen. Dieser Satz ist sehr aufschlußreich und bezeichnend. Jesus macht nicht etwa alle Juden zu Heiden und alle Heiden zu Juden, sondern er macht aus beiden Menschen neuer Art, obwohl sie Heiden oder Juden bleiben. Chrysostomos, der berühmte Prediger der Frühkirche (gest. 407), hat einmal gesagt, es sei, wie wenn man ein Standbild aus Silber und

eins aus Blei zusammenschmelze und dabei Gold herauskomme. Das Einssein, das Christus bewirkt, bedeutet keineswegs, daß alle rassischen und völkischen Merkmale verschwinden; dieses Einssein bedeutet, daß die Menschen aller Völker zu Christen werden. Vielleicht müssen wir in dieser Hinsicht noch etwas lernen. Wir Europäer haben bei unserer missionarischen Tätigkeit stets dazu geneigt, den Menschen mit dem Christentum zugleich auch europäische Gewohnheiten, europäische Sprachen und eine europäische Erziehung zu vermitteln. Auch heute noch gibt es Missionsgesellschaften, die in den neuen Gemeinden dieselbe Liturgie pflegen wie in der Heimatkirche. Doch es ist keineswegs im Sinne der Lehre Jesu, daß alle Menschen in dieser Weise gleich werden. Es soll vielmehr christliche Inder und christliche Afrikaner geben, deren Einssein allein auf ihrem christlichen Glauben beruht. Das Einssein in Christus bezieht sich also auf Christus, nicht aber auf äußerliche Dinge.

2. Jesus hat beide, Juden und Heiden, mit Gott versöhnt. Das von Paulus an dieser Stelle des Textes verwendete Wort apokatallassein wurde benutzt, wenn zwei Freunde, die sich fremd geworden waren, einander wieder nähergebracht wurden. Jesus hat den Menschen klar gemacht, daß Gott ihr Freund ist, und daß sie, weil Gott ihr Freund ist, auch untereinander Freunde sein sollen. Versöhnung mit Gott schließt unabdingbar auch die Versöhnung mit dem Menschen ein.

3. Durch Jesus erlangen sowohl die Juden als auch die Heiden das Recht des Zugangs zu Gott. Das von Paulus für Zugang verwendete Wort prosagoge weckt vielerlei Vorstellungen. Man benutzte es, wenn man Gott ein Opfer brachte, oder wenn man Menschen zum Tempel führte, die seinem Dienst geweiht werden sollten; man benutzte es bei der Einführung eines Sprechers oder Gesandten in die Volksvertretung und vor allem, wenn jemand zur Audienz beim König vorgelassen wurde. Am persischen Hof gab es sogar einen Beamten mit dem Titel prosagogeus, der dem König alle, die um eine Audienz bei ihm nachsuchten, vorstellen mußte. Es ist eine Gnade von unschätzbarem Wert, jederzeit zu einem guten, weisen und frommen Menschen kommen zu dürfen; es ist etwas Wunderbares, einen Menschen zu wissen, zu dem wir jederzeit mit unseren Sorgen und Problemen, mit unserer Einsamkeit und unserem Schmerz kommen dürfen, ohne ihn zu stören. Jesus verdanken wir, daß der Zugang zu Gott Juden und Heiden gleichermaßen offensteht.

Durch das Einssein in Christus werden die Menschen zu Christen, deren Glaube über alle Unterschiede der Herkunft und der

Rasse den Sieg davonträgt. Die so geschaffenen Menschen sind untereinander Freunde, weil sie Freunde Gottes sind; die so geschaffenen Menschen sind eins, weil sie einander in dem lebendigen Gott begegnen, zu dem alle Zugang haben.

DIE HAUSGENOSSEN UND DIE BEHAUSUNG GOTTES

Epheser 2, 19–22

Im letzten Abschnitt dieses Kapitels bedient Paulus sich zweier erhellender Bilder. Er sagt, die Heiden seien nicht länger Gäste und Fremdlinge, sondern Mitbürger der Heiligen und Gottes Hausgenossen.

Für Fremdlinge steht im griechischen Text das Wort xenos. In allen griechischen Städten gab es xenoi, deren Leben nicht einfach war. Jemand, der als Fremder in einer Stadt lebte, schrieb einmal nach Hause: „Besser, man bleibt zu Hause, einerlei, wie es dort sein mag, als in einem fremden Land zu leben." Man begegnete Fremden voller Mißtrauen und Abneigung. Das mit Gast übersetzte Wort heißt im paulinischen Grundtext paroikos. Der paroikos war ein ansässig gewordener Fremder. Er war an einen fremden Ort gekommen, um dort seinen ständigen Wohnsitz aufzuschlagen, genoß dort jedoch keine Bürgerrechte. Für das Privileg, daß er in einem fremden Lande wohnen durfte, mußte er eine Steuer entrichten. Es war ihm erlaubt, sich an dem betreffenden Ort aufzuhalten und zu arbeiten, aber er blieb ein Außenseiter und Fremdling, dessen Heimat sich in einem anderen Land befand. Sowohl der xenos als auch der paroikos waren dort, wo sie lebten, nur geduldet; sie bildeten eine Gruppe am Rande der eigentlichen Bevölkerung des Landes.

Paulus sagt hier also zu den Heiden: „Ihr seid in der Kirche und unter dem Volk Gottes nicht bloß geduldet, sondern ihr seid vollwertige, vollberechtigte Bürger der Gemeinschaft Gottes; ihr seid Gottes Hausgenossen." Wir dürfen diese Aussage ganz schlicht so auslegen, daß wir durch Jesus bei Gott daheim sind. Mehr als ein Dichter hat Menschen beschrieben, die in einer fremden Stadt durch die abendlichen Straßen irren, weil sie sich einsam fühlen. Wenn sie durch die unverhängten Fenster in die hell erleuchteten Wohnzimmer blicken, in denen die Familien gemütlich beisammen sitzen, verstärkt sich das Gefühl des Ausgeschlossenseins, sobald die Vorhänge zugezogen werden. Ganz anders verhält es sich mit der Familie Gottes; und auch in der Gemeinde sollte niemand abseits stehen. Jesus hat bewirkt, daß für alle Menschen Platz bei Gott ist. Mögen die Menschen Schranken errichten, mögen die Kirchen nur ihre eigenen Angehörigen zum Tisch des Herrn zulassen, Gott ist anders. Die Tragik der Kirche besteht darin, daß sie häufig mehr auf Exklusivität bedacht ist als Gott.

Das zweite Bild, dessen sich Paulus hier bedient, ist das Bild eines Gebäudes. Er sieht in den einzelnen Gemeinden Teile eines großen Gebäudes und in den einzelnen Christen Bausteine der Gemeinden. Der Eckstein des Ganzen ist Christus. Wer den Eckstein fortnimmt, muß zusehen, wie das ganze Gebäude einstürzt. Der Eckstein hält das ganze Gefüge zusammen. Paulus denkt daran, wie dieses Gebäude immer weiter wächst, und daß dabei jedes Teilstück in Christus eingefügt wird. Viele gotische Dome und Kathedralen sind auf den Fundamenten altsächsischer Krypten errichtet. Ihre Türen und Fenster weisen teils romanische Rundbögen, teils gotische Spitzbögen und anderes Zierwerk auf. Manches ist vielleicht sogar erst in neuerer Zeit hinzugekommen. Alle Epochen haben ihre Spuren hinterlassen; die verschiedensten Menschen haben an den Kirchen gebaut; dennoch bildet jedes Gebäude eine Einheit, weil es stets dem Gottesdienst und der Begegnung mit Jesus Christus gedient hat.

So sollte es auch mit den Gemeinden, mit der Kirche sein, deren Einheit nicht in einer gemeinsamen Organisation, nicht in einem für alle verbindlichen Ritus zum Ausdruck kommt, sondern ausschließlich durch Jesus Christus bewirkt wird. Das wird besonders deutlich an dem Wort: *Ubi Christus, ibi ecclesia* – wo Christus ist, da ist die Kirche. Die Einheit der Kirche wird nur dann Wirklichkeit werden, wenn ihr bewußt wird, daß sie nicht dazu da ist, um den Standpunkt einer bestimmten Körperschaft zu propagieren, sondern dazu, dem Geist Jesu Christi eine Heimat und Behausung zu verschaffen, in der alle Menschen, die Christus lieben, einander in diesem Geist begegnen können.

GEFANGENSCHAFT UND VORRECHT. DES PAULUS APOSTELAMT UNTER DEN HEIDEN

Epheser 3, 1–13

Um die Gedankenverbindungen dieses Abschnitts zu verstehen, müssen wir beachten, daß es sich bei Vers 2–13 um eine einzige lange Paranthese, um einen Einschub in Klammern handelt. Mit der Wendung derhalben in Vers 14 wird das derhalben aus Vers 1 wieder aufgenommen und fortgeführt. Jemand hat davon gesprochen, daß bei Paulus ein einziges Wort genüge, um eine lange Abschweifung auszulösen. Paulus nennt sich einen „Gefangenen Christi" und dabei kommt ihm der Gedanke, wie umfassend die Liebe Gottes ist. Er muß daran denken, wie er diese Liebe den Heiden gepredigt hat. Vers 2—13 schweifen seine Gedanken in dieser Richtung ab; Vers 14 kommt er dann auf das zurück, was er eigentlich hatte sagen wollen.

Derhalben bin ich, Paulus, der Gefangene Christi Jesu für euch Heiden — ihr habt ja gehört von dem Ratschluß der Gnade Gottes, die mir für euch gegeben ist, daß mir ist kundgeworden dieses Geheimnis durch Offenbarung, wie ich eben aufs kürzeste geschrieben habe. Daran könnt ihr, wenn ihr's leset, merken mein Verständnis des Geheimnisses Christi, welches in den vorigen Zeiten nicht kundgetan ward den Menschenkindern, wie es jetzt offenbart ist seinen heiligen Aposteln und Propheten durch den Geist; nämlich daß die Heiden Miterben sind und mit zu seinem Leibe gehören und Mitgenossen der Verheißung in Christus Jesus sind durch das Evangelium, dessen Diener ich geworden bin nach der Gabe der Gnade Gottes, die mir nach seiner mächtigen Kraft gegeben ist. Mir, dem allergeringsten unter allen Heiligen, ist gegeben diese Gnade, den Heiden zu verkündigen den unausforschlichen Reichtum Christi und ans Licht zu bringen, wie Gott seinen geheimen Ratschluß ausführt, der von Weltzeiten her verborgen war in ihm, der alle Dinge geschaffen hat; auf daß jetzt kund würde an der Gemeinde den Mächten und Gewalten im Himmel die mannigfaltige Weisheit Gottes. Diesen ewigen Vorsatz hat Gott ausgeführt in Christus Jesus, unsrem Herrn, durch welchen wir haben Freimut und Zugang in aller Zuversicht durch den Glauben an ihn. Darum bitte ich, daß ihr nicht verzagt um meiner Trübsale willen, die ich für euch leide, welche euch eine Ehre sind.

EINE WICHTIGE ENTDECKUNG

Epheser 3, 1–7

Als Paulus diesen Brief schrieb, befand er sich als Gefangener in Rom und wartete darauf, daß ihm von Nero der Prozeß gemacht würde. Er wartete auf die böswilligen Anklagen seiner jüdischen Verfolger, aus denen der Haß sprach. Wohl genoß Paulus während seiner Gefangenschaft gewisse Vorrechte – er durfte sich in einem selbstgemieteten Haus aufhalten, zu dem auch seine Freunde Zugang hatten –, dennoch aber war er ein Gefangener; tagaus, tagein und selbst nachtsüber war er mit einer Kette am Handgelenk an einen römischen Soldaten gefesselt, der ihn bewachen und dafür sorgen mußte, daß er nicht entkam. Derart waren die Umstände, unter denen Paulus sich „der Gefangene Christi" nannte. Wir haben hier wieder einmal ein anschauliches Beispiel dafür, daß Christen ein Doppelleben führen. Die meisten hätten sicher behauptet, daß Paulus Gefangener der römischen Regierung sei, was in gewisser Hinsicht ja auch zutraf; Paulus selbst aber empfand sich keineswegs als Gefangener Roms, sondern stets als einen Gefangenen Christi. Er litt um Christi willen. Es kommt stets auf den Standpunkt an, von dem aus wir eine Sache betrachten. Aus der Zeit, in der die St. Pauls Kathedrale in London erbaut wurde, ist folgende Begebenheit überliefert worden. Als der Baumeister eines Tages erschien, um sich über den Stand der Arbeiten zu informieren, fragte er einen Arbeiter: „Was machst du da?" Der Mann erwiderte: „Ich bin dabei, diesen Stein auf eine bestimmte Größe zurechtzuhauen." Als der Baumeister einem anderen Mann die gleiche Frage stellte, erhielt er die Antwort: „Ich arbeite, um Geld damit zu verdienen." Der dritte Mann, an den er die Frage richtete, hielt einen Augenblick in seiner Arbeit inne, richtete sich auf und antwortete: „Ich helfe beim Bau der St. Pauls Kathedrale." Alle drei Männer betrachteten die Arbeit unter verschiedenen Gesichtspunkten, die erheblich voneinander abwichen. Wer um einer guten Sache willen leiden muß, kann sich entweder als unglückliches, mißbrauchtes Opfer selbst bemitleiden oder aber sich als Vorkämpfer einer guten Sache betrachten. Während der eine seine Haft um einer guten Sache willen als Strafe empfindet, wird der andere darin ein Vorrecht sehen. Wenn wir um unserer christlichen Überzeugung willen Bedrängnis, Unbeliebtheit und materiellen Schaden in Kauf nehmen müssen, können wir uns entweder als Opfer der Menschen oder aber als Kämpfer für Christus betrachten.

Paulus sollte unser Vorbild sein. Er betrachtete sich nicht als Gefangenen Neros, sondern als Gefangenen Christi.
In diesem Abschnitt greift Paulus den eigentlichen Kern des Briefes an die Epheser wieder auf. Ihm ist die Offenbarung des großen Geheimnisses Gottes zuteil geworden. Dieses Geheimnis bestand darin, daß die Liebe, Barmherzigkeit und Gnade Gottes nicht nur den Juden, sondern der ganzen Menschheit gelten. Als Paulus auf dem Wege nach Damaskus Christus begegnet war, hatte ihn diese Offenbarung wie ein Blitz getroffen. Gott hatte ihn zu den Heiden gesandt, „aufzutun ihre Augen, daß sie sich bekehren von der Finsternis zu dem Licht und von der Gewalt des Satans zu Gott, um zu empfangen Vergebung der Sünden und das Erbteil samt denen, die geheiligt sind durch den Glauben an Gott" (Apg. 26, 18). Das war eine völlig neue Erkenntnis. Die größte Sünde der alten Welt hatte in der Verachtung bestanden, die die Menschen einander entgegenbrachten. Die Juden verachteten die Heiden, die, wie sie meinten, in den Augen Gottes völlig nutz- und wertlos waren. Die schlimmste Äußerung über die Heiden besagt, sie seien nur da, um gänzlich ausgerottet zu werden. „Denn welche Völker oder Königreiche dir nicht dienen wollen, die sollen umkommen und die Völker verwüstet werden" (Jes. 60, 12). Bestenfalls dienten die Heiden dazu, Israel als Sklaven zu dienen. „Der Ägypter Erwerb und der Kuschiter Gewinn und die hochgewachsenen Leute von Seba werden zu dir kommen und dein eigen sein. Sie werden dir folgen, in Fesseln werden sie gehen und werden zu dir kommen und niederfallen" (Jes. 45, 14). Wer so dachte, konnte sich schwerlich vorstellen, daß die Gnade und die Herrlichkeit Gottes auch den Heiden galt. Die Griechen verachteten alle anderen Völker, die für sie Barbaren waren. Bei Celsus, einem Philosophen des zweiten nachchristlichen Jahrhunderts, heißt es in einer Schrift gegen das Christentum: „Vielleicht sind auch die Barbaren nicht unbegabt, die Wahrheit zu erkennen, aber es bedarf der Griechen, um sie zu verstehen." Seit der Antike hat sich an der gegenseitigen Verachtung der Völker und Rassen nicht allzuviel geändert. In einer schottischen Beschwerde an die englische Regierung, die aus dem 16. Jahrhundert stammt, heißt es: „Eure Nation hält die anderen Nationen für Barbaren, weil sie sich nach Wesen und Vorstellung von der Euren unterscheiden." Die Chinesen bezeichnen noch heute alle Fremden verächtlich als Barbaren. In der Antike waren die Schranken absolut unüberwindlich. Niemand hätte sich träumen lassen, daß die Gnade Gottes, seine Vorrechte und seine Liebe für alle Menschen da waren. Diese Er-

kenntnis blieb Paulus vorbehalten. Darauf geht auch die Bedeutung zurück, die ihm zukommt, denn ohne Paulus gäbe es womöglich kein weltweites Christentum; ohne Paulus wären wir heute vielleicht keine Christen.

DAS SELBSTVERSTÄNDNIS DES PAULUS

Epheser 3, 1–7 (Fortsetzung)

Paulus war bei dem Gedanken an das Geheimnis, das Gott ihm offenbart hatte, von folgendem überzeugt.

1. Er glaubte, ihm sei eine neue Offenbarung zuteil geworden. Er glaubte nicht etwa, daß er die allen Menschen geltende Liebe Gottes selbst entdeckt habe; er glaubte aber, daß Gott sie ihm offenbart habe. Die Erkenntnis der Wahrheit und ihrer Größe sind stets ein Geschenk Gottes. Beide sind eher eine Gabe Gottes als die Folgen unserer eigenen Erkenntnis. Als der englische Komponist Sullivan einst der Aufführung seiner Oper „H. M. S. Pinafore" beiwohnte und das wunderbare Duett „Laß mich nicht in meinem Schmerz allein" gesungen wurde, wandte er sich an einen neben ihm sitzenden Freund und sagte: „Hab ich das wirklich selbst komponiert?" Ein bekanntes Beispiel für die Wirkung, die von einem Kunstwerk ausgehen kann, ist auch das Traumfragment „Kubla Khan" von Coleridge. Coleridge war über einem Buch eingeschlafen, in dem der Satz vorkam: „An dieser Stelle befahl Kubla Khan einen Wohnsitz für sich zu errichten und außerdem einen Garten anzulegen." Dabei träumte er ein Gedicht, das er am nächsten Morgen nach dem Erwachen nur noch aufzuschreiben brauchte. Bei naturwissenschaftlichen Entdeckungen kommt es immer wieder vor, daß die Wissenschaftler beim Experimentieren schließlich an einen toten Punkt gelangen. Alles Nachdenken, aller Scharfsinn sind vergebens. Und dann überkommt die Lösung des Problems sie plötzlich wie ein niederfahrender Blitz. Sie sind nicht durch Nachdenken darauf gekommen; die Lösung fällt ihnen als Geschenk in den Schoß – von Gott. Niemals hätte Paulus zu behaupten gewagt, er habe die alle Menschen umfassende Liebe Gottes von sich aus erkannt; er sagte, Gott habe ihm das Geheimnis kundgetan, das den Menschen bisher noch nicht offenbart worden sei.

2. Paulus betrachtete sich selbst als Überbringer dieser Offenbarung von der Gnade Gottes. Als er mit den Führern der Gemeinde zusammentraf, um mit ihnen seine Aussendung zu den

Heiden zu besprechen, sprach er von dem Evangelium der Unbeschnittenen, das ihm anvertraut worden sei; und weiter spricht er von „der Gnade, die mir gegeben war" (Gal. 2, 7. 9). In seinem Brief an die Römer spricht Paulus von der „Gnade, die mir von Gott gegeben ist" (Röm. 15, 15). Paulus sah die Aufgabe seines Lebens darin, das Evangelium von der Gnade Gottes in Jesus Christus unter den Heiden bekannt zu machen. Eine der großen christlichen Wahrheiten besteht darin, daß wir den Reichtum des christlichen Glaubens mit anderen teilen sollen. Und ebenso wahr ist es, daß wir diese Gaben des Glaubens einbüßen, wenn wir sie für uns behalten. Nur indem wir sie weitergeben, verlieren wir sie nicht.

Nur indem wir sie weitergeben, verlieren wir sie nicht.

3. Paulus glaubte, daß er auf der Rangstufe eines Dieners stehe. Er sagt, er sei Christi Diener nach der freiwilligen Gabe der Gnade Gottes geworden. Paulus kannte keine größere Ehre, als die Aufgabe auszuführen, die ihm von Gott übertragen worden war. Er betrachtete seinen Dienst nicht als eine lästige Pflicht, sondern als ein wunderbares Vorrecht. Wie schwer fällt es oft, Menschen für den Dienst in der Gemeinde zu gewinnen! Gott zu dienen, indem wir unterweisen, singen, Gemeindeaufgaben unterstützen, für Gott sprechen, um seineswillen Kranke und Unglückliche besuchen, alle unsere Kraft und Zeit und alles, was wir sind, für ihn einzusetzen, sollte keine Pflicht für uns sein, die wir nur gezwungenermaßen erfüllen; wir sollten darin vielmehr ein Vorrecht und eine Gabe der Gnade Gottes sehen.

4. Paulus hielt sich für einen Menschen, der um Christi willen litt. Er gab sich nicht etwa der Hoffnung hin, daß der Weg des Dienens leicht sei; daß der Weg der Treue zu Jesus ein Weg ohne Mühsal sei. Der spanische Philosoph Unamuno (1864 bis 1936) pflegte zu sagen: „Möge Gott dir den Frieden versagen, aber dir seine Herrlichkeit zuteil werden lassen." Als zur Zeit König Arthurs die Ritter an der Artusrunde teilnahmen, baten sie, man möge sie aussenden, damit sie Gefahren bestehen und Drachen besiegen könnten. Um Christi willen zu leiden, ist keine Strafe; es ist eine Ehre, denn es heißt, daß wir teilhaben an den Leiden Christi und ihm unsere Treue beweisen können.

EIN VORRECHT, DAS DIE MENSCHEN DEMÜTIG MACHT

Epheser 3, 8—13

Paulus betrachtete sich selbst als einen Menschen, der ein doppeltes Vorrecht genoß. Einmal das Vorrecht der Erkenntnis, daß nach Gottes Ratschluß alle Menschen an dem Geheimnis seiner Gnade und Liebe teilhaben sollen. Und zum andern das Vorrecht, dieses Geheimnis der Gemeinde kundzutun und das Werkzeug zu sein, mit dessen Hilfe die Gnadenbotschaft auch zu den Heiden hinausging. Doch das Bewußtsein dieses zwiefachen Vorrechtes machte Paulus nicht stolz, sondern erfüllte ihn im Gegenteil mit tiefer Demut. Er wunderte sich selbst, daß dieses Vorrecht gerade ihm, dem allergeringsten unter den Kindern Gottes zuteil geworden war. Wer von uns das Vorrecht genießt, die Botschaft von der Liebe Gottes zu verkündigen oder etwas für Christus in der Kirche tun zu dürfen, sollte stets daran denken, daß unsere Bedeutung nicht in uns selbst liegt, sondern in der Aufgabe und in der Botschaft, in deren Dienst wir uns gestellt haben. Toscanini, einer der bedeutendsten Dirigenten und Musikinterpreten, sagte einst, als er die Aufführung einer Beethovensymphonie vorbereitete, zu seinem Orchester: „Meine Herren, ich bin nichts; Sie sind nichts; Beethoven ist alles." Er wußte genau, daß seine Aufgabe nicht war, die Aufmerksamkeit des Publikums auf sich und sein Orchester zu lenken; seine Aufgabe war, sich selbst und das Orchester über dem Werk Beethovens vergessen zu machen. Ein Schüler, der sich zum Dienst in der Kirche entschlossen hatte, erwiderte auf die Frage, wie er zu diesem Entschluß gekommen sei, er habe sich nach einem Gottesdienst in der Schulkapelle dazu entschlossen. Als er weiter gefragt wurde, wer denn an jenem Tage gepredigt habe, konnte er keinen Namen nennen. Er wußte nur, daß Jesus Christus an jenem Vormittag zu ihm gesprochen hatte. So sollte jede Verkündigung aussehen. Wer Christus dient, denkt nicht daran, daß die Menschen auf ihn blicken und ihn loben sollen; ihm geht es vielmehr darum, daß alle Menschen auf Christus blicken. Es ist eine traurige Tatsache, daß es in der Kirche viele Menschen gibt, die mehr auf ihre eigene Ehre und auf ihr persönliches Ansehen bedacht sind als auf die Ehre und das Ansehen Jesu Christi. Es geht ihnen mehr darum, daß sie selbst beachtet werden, als darum, daß die Menschen Jesus Christus erkennen.

Epheser 3, 8–13 (Fortsetzung)

Wir müssen in diesem Abschnitt aber noch etwas anderes beachten.

1. Paulus erinnert uns daran, daß das Einsammeln aller Menschen aller Völker Teil des göttlichen Planes und Ratschlusses ist. Das sollten wir nie vergessen. Zuweilen wird die Geschichte des Christentums so dargestellt, als ob das Evangelium nur deshalb zu den Heiden hinausgetragen worden sei, weil die Juden nicht bereit waren, es anzunehmen. Hier nun erinnert Paulus uns daran, daß es sich bei der Rettung der Heiden, bei unserer eigenen Errettung, nicht um einen nachträglichen Einfall Gottes handelt, nicht um eine Notlösung, weil die Juden seiner Aufforderung nicht nachkamen und das Evangelium ablehnten, sondern daß es von allem Anfang an zu Gottes ewigem Plan gehört habe, allen Menschen seine Liebe zu schenken.

2. Paulus bezeichnet die Gnade Gottes als polypoikilos, als sehr bunt und mannigfaltig. Dem Wort liegt die Vorstellung zugrunde, daß die Weisheit und Gnade Gottes jeder Situation unseres Lebens gerecht zu werden vermag. Die Gnade Gottes ist Hellem und Dunklem, dem Sonnenschein wie dem Schatten gleichermaßen angemessen.

3. Wieder einmal greift Paulus einen seiner Lieblingsgedanken auf. In Jesus haben wir freien Zugang zu Gott. Es kommt zuweilen vor, daß wir Freunde haben, die mit einer berühmten Persönlichkeit bekannt sind, an die wir von uns aus keineswegs herantreten könnten. Unser Freund jedoch hat dieses Recht, und in seiner Begleitung haben auch wir Zutritt zu dieser Persönlichkeit. Dasselbe tut Jesus im Hinblick auf Gott für uns. Wenn er unser Begleiter ist, steht uns auch die Tür zu Gott offen; niemand kann sie vor uns verschließen.

4. Paulus beschließt diesen Abschnitt mit der Bitte, seine Freunde möchten sich durch seine Gefangenschaft nicht entmutigen lassen. Vielleicht dächten sie, die Verkündigung des Evangeliums bei den Heiden sei dadurch entscheidend behindert, daß der Vorkämpfer der Heiden sich in Haft befände. Vielleicht fürchteten sie, das gleiche Schicksal könne auch sie ereilen. Paulus erinnerte sie daran, daß die Trübsale, durch die er jetzt gehen muß, eine Ehre für sie sind und ihnen zum Besten dienen. Sie brauchen nicht zu befürchten, daß die Sache Gottes beeinträchtigt wird, weil Paulus sich in Haft befindet. Die Sache Gottes ist allen Menschen überlegen.

DRINGENDE FÜRBITTE DES PAULUS.
DES APOSTELS FÜRBITTE FÜR DIE GEMEINDE

Epheser 3, 14–21

Derhalben beuge ich meine Knie vor dem Vater, der der rechte Vater ist über alles, was da Kinder heißt im Himmel und auf Erden, daß er euch Kraft gebe nach dem Reichtum seiner Herrlichkeit, stark zu werden durch seinen Geist an dem inwendigen Menschen, daß Christus wohne durch den Glauben in euren Herzen und ihr in der Liebe eingewurzelt und gegründet werdet, auf daß ihr begreifen möget mit allen Heiligen, welches da sei die Breite und die Länge und die Höhe und die Tiefe; auch erkennen die Liebe Christi, die doch alle Erkenntnis übertrifft, damit ihr erfüllt werdet mit aller Gottesfülle. Dem aber, der überschwenglich tun kann über alles, was wir bitten oder verstehen, nach der Kraft, die da in uns wirkt, dem sei Ehre in der Gemeinde und in Christus Jesus zu aller Zeit, von Ewigkeit zu Ewigkeit! Amen.

DER GOTT, DER UNSER VATER IST

Epheser 3, 14–17

Hier knüpft Paulus wieder an Vers 1 an; er hatte darin mit einer Aussage begonnen, von der er dann abgeschweift war, ohne wieder auf sie zurückzukommen: D e r h a l b e n b e u g e i c h, oder anders ausgedrückt: A u s d i e s e m G r u n d e beginnt Paulus. Von welchem Grund spricht er, weshalb betet er für sie? Diese Frage führt uns wieder zu dem Grundgedanken des Briefes. Paulus legt darin seine Gedanken über die Gemeinde dar. Die Welt ist eine chaotische Welt voller Trennmauern und Spaltungen zwischen den Völkern, zwischen den Menschen und auch innerhalb jedes einzelnen Menschen. Nach Gottes Ratschluß sollen alle diese sich bekämpfenden und uneinigen Elemente in Jesus Christus zusammengefaßt werden. Jesus ist das Werkzeug Gottes, durch das alle Menschen in eins zusammengefaßt werden sollen. Das kann jedoch nur geschehen, wenn die Gemeinde die Botschaft Christi von der Liebe Gottes allen Menschen verkündigt. Die Kirche soll Christus ergänzen, sie soll der Leib sein, durch den der Geist Christi handelt und wirksam wird. Das ist der Grund, weshalb Paulus betet. Wenn die Gemeinde dieser Aufgabe gerecht werden will, müssen die Menschen, die ihr angehören, ganz bestimmte Eigenschaften aufweisen. Darum bitte Paulus, sie möchten so beschaffen sein, daß die ganze Gemeinde wirklich zum Leib Christi werde, durch den der Geist Christi sich erfülle.

Wir müssen auf den Ausdruck achten, mit dem das Verhalten des Paulus während seines Gebets bezeichnet wird. „Ich beuge meine Knie", sagt Paulus, „vor dem Vater." Damit ist nicht nur gemeint, daß Paulus beim Beten niederkniet, sondern es bedeutet, daß er sich auch innerlich vor Gott niederwirft. Die Juden beteten gewöhnlich im Stehen, mit ausgestreckten Armen und aufwärts gerichteten Handflächen. Paulus bittet jedoch so eindringlich für die Gemeinde, daß er sich in seiner Seelenqual vor Gott niederwirft.

Paulus bittet vor Gott, dem Vater. Die verschiedenen Aussagen, die Paulus in diesem Brief über Gott, den Vater, macht, sind sehr aufschlußreich. Sie vermitteln uns eine Vorstellung davon, was Paulus meinte, wenn er von Gott als dem Vater sprach.

1. Gott ist der Vater Jesu (1, 3; 1, 17; 6, 23). Jesus war keineswegs der erste, der Gott Vater nannte. Auch die Griechen nannten Zeus den Vater der Götter und Menschen; die Römer nannten ihren höchsten Gott Jupiter, das heißt Deus pater = Gott Vater. Es gibt zwei engverwandte Wörter, die einander äußerlich sehr ähneln, sich aber in ihrer Bedeutung ganz erheblich voneinander unterscheiden. Da ist einmal der Begriff Vaterschaft im Sinne der rein biologischen Zusammenhänge. Der Begriff Vaterschaft spielt sogar dann eine Rolle, wenn jemand seinen Vater niemals zu Gesicht bekommt, zum Beispiel, wenn ein Kind unehelich geboren und sofort nach der Geburt von jemand anderem adoptiert wird. Auch wenn der Vater sein Kind niemals zu Gesicht bekommt, ist er für die Vaterschaft dieses Kindes verantwortlich, weil er der Erzeuger ist. Ganz anders verhält es sich mit dem Begriff in geistiger Beziehung. Vaterschaft in diesem Sinne bedeutet Liebe, Gemeinschaft und Fürsorge. Ehe Christus in die Welt kam, benutzten die Menschen das Wort Vater weit mehr im Sinne des Schöpfergottes, dem sie ihre Existenz verdankten. Sie meinten damit Gott, den Urgrund, den Schöpfer alles Lebens. Die Liebe und Vertrautheit, mit der Jesus diesen Begriff erfüllte, war zuvor nicht darin enthalten gewesen. Im Mittelpunkt der christlichen Gottesvorstellung steht der Gedanke, daß Gott wie Jesus ist, daß Gott ebenso freundlich, liebevoll und barmherzig ist, wie Jesus war. Paulus sah in Gott nicht nur Gott schlechthin; er sah in Gott

den Vater Jesu Christi. Paulus sprach von Gott stets in der Weise, wie auch Jesus von Gott gesprochen hatte.

2. Gott ist der Vater, zu dem wir Zugang haben (2, 18; 3, 12). Dagegen ist Gott im Alten Testament stets jemand, zu dem der Zugang verboten ist. Als Manoah, dem Vater des Samson, zum Bewußtsein kam, wer zu ihm gekommen war, sagte er: „Wir müssen des Todes sterben, weil wir Gott gesehen haben" (Richter 13, 22). Nach jüdischer Auffassung wohnte Gott im Allerheiligsten des Tempels, das nur der Hohepriester betreten durfte. Und selbst dieser hatte nur einmal im Jahr, am Tage des Versöhnungsfestes, Zugang zum Allerheiligsten. Der Weg zu Gott war den Menschen versperrt. Daß die Menschen freien Zugang zu Gott haben, bildet erst im Neuen Testament die Mitte des Glaubens. Ein kleiner Junge, dessen Vater zum Brigadegeneral befördert worden war, schwieg einen Augenblick als er es erfuhr. Dann fragte er seine Mutter: „Glaubst du, daß er etwas dagegen hat, wenn ich weiter Pappi zu ihm sage?" Es gehört zum Wesen des christlichen Glaubens, daß wir uneingeschränkt Zugang zu Gott haben.

3. Gott ist der Vater über alles, der Vater aller Herrlichkeit (3, 14). Das ist die andere Seite. Wenn wir bloß davon sprächen, daß wir Zugang zu Gott haben, und wenn wir bloß betonen wollten, daß Gott in seiner Liebe, in seiner Güte und Barmherzigkeit Jesus gleicht, bestünde die Gefahr, diese Liebe Gottes für eine sentimentale Liebe zu halten, wie es tatsächlich vielfach auch geschieht. Bewußt oder unbewußt sagen sich viele Menschen: „Gott ist unser Vater; warum sollten wir uns also irgendwelche Gedanken machen? Es wird schon alles in Ordnung kommen." Doch über der Freude an dem uneingeschränkten Zugang zu Gott darf die Heiligkeit und Herrlichkeit Gottes keineswegs übersehen werden. Der Vater, zu dem wir Zugang haben, ist kein sanfter, bequemer und sentimentaler Vater. Er ist der Gott der Herrlichkeit. Wohl heißt Gott die Sünder willkommen, aber nicht die Sünder, die nur deshalb auf die Liebe Gottes spekulieren, weil sie auch weiter in der Sünde leben wollen. Gott ist heilig, und wer nach seiner Freundschaft trachtet, muß ebenfalls heilig sein. Das Recht des freien Zugangs zu Gott gibt uns nicht das Recht, zu sein und zu tun, was uns gefällt. Wir sind dazu verpflichtet, zu versuchen, uns dieses Vorrechtes würdig zu erweisen.

4. Gott ist der Vater aller (4, 6). Gott ist nicht Alleinbesitz irgendeines Menschen, irgendeiner Kirche und irgendeines Volkes. Diesen Irrtum begingen die Juden. Gott ist der Vater aller Menschen. Es ist daher falsch, Stolz und Verachtung gegenüber

anderen an den Tag zu legen und in Fragen des Glaubens Ausschließlichkeitsansprüche zu stellen. Aus der Tatsache, daß Gott der Vater aller Menschen ist, folgt zwangsläufig, daß wir uns untereinander achten und lieben sollen.

5. Gott ist der Vater, dem wir danken sollen (6, 20). Die Menschen schulden Gott als ihrem Vater Dankbarkeit. Es ist falsch, an Gott nur als an den Helfer in schwierigen und entscheidenden Augenblicken unseres Lebens zu denken. Wir sollten uns schämen, daß wir so oft vergessen: Was Gott uns ständig zuteil werden läßt, sind Geschenke, die er uns aus freien Stücken gewährt. Als Christen sollten wir nie vergessen, daß wir Gottes Schuldner sind, daß wir Gott nicht nur das Heil unserer Seelen, sondern auch unser Leben, unser tägliches Brot und alles andere verdanken.

6. Gott ist das Vorbild echter Vaterliebe. Paulus sagt, Gott sei der rechte Vater über alles, was da Kinder heißt im Himmel und auf Erden. Alle himmlische und irdische Vaterschaft sei ihm nachgebildet. Das bedeutet, daß echte Vaterschaft stets mit einer ungeheuren Verantwortung verknüpft ist. Der englische Schriftsteller G. K. Chesterton (1874–1939) konnte sich nur undeutlich an seinen frühverstorbenen Vater erinnern; umso kostbarer waren die wenigen Erinnerungen für ihn, die er noch besaß. In seiner Kindheit hatte er ein Puppentheater mit Ausschneidepuppen besessen. Darunter befand sich auch ein Mann mit einem goldenen Schlüssel. Er vermochte sich später nicht mehr daran zu erinnern, welche Rolle der Mann mit dem goldenen Schlüssel verkörpert hatte, wohl aber daran, daß sich für ihn mit dieser Figur stets der Gedanke an seinen Vater verbunden hatte. In seiner Erinnerung war sein Vater der Mann mit dem goldenen Schlüssel, der ihm den Zugang zu allem Wunderbaren und Erregenden erschloß. Wir sollten nicht versäumen, unsere Kinder zu lehren, Gott ihren Vater zu nennen. Wir sind die einzigen, die ihnen eine Vorstellung davon vermitteln können, was Vatersein heißt. Unser menschliches Vaterbild sollte sich an Gott, dem Vater, orientieren und ihm nachgestaltet werden. Alle Väter auf dieser Welt haben die Pflicht, ihren Kindern ebenso gute Väter zu sein, wie Gott unser aller Vater ist.

DIE STÄRKUNG, DIE CHRISTUS BEWIRKT

Epheser 3, 14–17 (Fortsetzung)

Paulus bittet darum, daß ihr inwendiger Mensch gestärkt werde. Was wollte Paulus damit sagen? Es handelt sich dabei um einen den Griechen wohlbekannten Ausdruck. Die Griechen verstanden unter dem inwendigen Menschen dreierlei. a) Sie verstanden darunter die Einsicht des Menschen. Paulus bittet darum, daß Jesus Christus die Einsicht seiner Freunde stärken möge. Es lag ihm daran, daß sie zwischen dem, was falsch und dem, was richtig war, besser zu unterscheiden lernten. Es lag ihm daran, daß sie ihren Leidenschaften, Trieben und Lüsten weniger preisgegeben sein möchten. Es lag ihm daran, daß Christus ihnen die Weisheit schenke, ein reines, behütetes Leben zu führen. b) Sie verstanden darunter das Gewissen. Paulus bat darum, daß das Gewissen seiner Freunde mehr und mehr geschärft werden möge. Wenn wir die Stimme unseres Gewissens ständig unbeachtet lassen, stumpft es allmählich ganz und gar ab. Paulus bat daher darum, Jesus möge den Menschen ein waches, empfindsames Gewissen erhalten. c) Sie verstanden darunter den Willen des Menschen. Eine entscheidende Schwäche unseres Lebens besteht darin, daß wir zwar erkennen, was recht ist, und auch die Absicht haben, das Rechte zu tun, daß aber unser Wille so schwach ist, daß wir unsere Erkenntnisse nicht in die Tat umsetzen. Unsere Einsicht, unser Gewissen und unser Wille bilden den inwendigen Menschen in uns.

Wie sieht nun die Fürbitte des Paulus aus, damit dieser inwendige Mensch in uns gestärkt werde? Er wird dadurch gestärkt, daß Christus ständig in uns wohnt. Das griechische Wort katoikein, das Paulus für das Wohnen Christi in unseren Herzen verwendet, besagt, daß jemand dauernd und nicht nur vorübergehend irgendwo seinen Wohnsitz hat. Der lebendig gegenwärtige Christus ist das Geheimnis unserer Stärke. Christus ist bereit, für alle Menschen ein lebendiger Christus zu sein, aber er erzwingt sich den Zugang in unser Leben niemals mit Gewalt. Er kommt nur, wenn wir ihn darum bitten. Christus wartet darauf, daß wir ihn um seine Stärke bitten.

DIE LIEBE CHRISTI IST GRENZENLOS

Epheser 3, 18–21

Paulus bittet darum, daß alle Christen begreifen möchten, was da sei die Breite, die Länge, die Höhe und die Tiefe der Liebe Christi. Es ist, als ob Paulus uns auffordere, unseren Blick auf das Universum zu lenken – auf den unendlichen Himmel über uns, zu den endlosen Horizonten ringsum, zu den Tiefen der Erde und des Meeres unter uns, um dann zu sagen: „So weit, so umfassend ist die Liebe Christi."
Höchstwahrscheinlich hat Paulus bei diesen Worten ausschließlich an die schier unermeßliche Liebe Christi gedacht. Dennoch glauben viele Menschen in diesem Bild des Paulus noch Anderes, teilweise sogar Wunderschönes zu erblicken. Ein alter Kommentar spricht von dem Kreuzestod Jesu als dem Symbol dieser Liebe: Das obere Stück des Kreuzes zeigte aufwärts; das untere Stück nach unten; die Querbalken seien auf den Horizont gerichtet, der sich dem Blick der Augen entziehe. Der heilige Hieronymus meinte, die Liebe Jesu reiche so hoch, daß selbst die heiligen Engel darin einbezogen seien; sie reiche so tief, daß sie sogar die bösen Dämonen und Teufel der Hölle mit einschlösse; sie erstrecke sich so weit, daß sie alle Menschen umfasse, die sich den Weg nach oben zu erkämpfen suchten; und ihre Breitenwirkung sei so groß, daß selbst jene Menschen davon erfaßt würden, die abseits auf bösen Pfaden wandelten. Wenn wir diesen Gedanken weiterspinnen, könnte man vielleicht sagen: Die Liebe Christi wirkt so sehr in die Breite, daß sie alle Menschen aller Zeiten und in aller Welt umfaßt; die Liebe Christi reicht so weit, daß Jesus gehorsam bis in den Tod, ja, bis ans Kreuz war; die Liebe Christi reicht so tief, daß sie bis in den Tod hinabreicht; die Liebe Christi ist so hoch, daß Christus uns auch im Himmel noch liebt. Uns, die wir durch ihn zu Gott kommen (Hebr. 7, 25). Niemand ist von der Liebe Gottes ausgeschlossen; kein Ort befindet sich außer seiner Reichweite; die Liebe Christi kann durch nichts daran gehindert werden, die Menschen für sich zu gewinnen. Die Liebe übersteigt alle menschliche Erkenntnis und das menschliche Fassungsvermögen. Wer diese Liebe annimmt, wird von Gott selbst erfüllt.
Und dann kommt Paulus wieder auf den Gedanken zurück, von dem dieser Brief beherrscht ist. Wie erfahren wir diese Liebe? Wie können wir sie begreifen, wie sie erlangen? Wir erfahren sie *mit allen Heiligen*, das heißt, wir erleben

sie in der Gemeinschaft der Kirche. Was John Wesley, der Begründer des Methodismus, einmal gesagt hat, trifft tatsächlich zu: „Gott weiß nichts von einer Religion der Einsamen." „Niemand", sagte er, „ist jemals allein in den Himmel gelangt." Und so beschließt Paulus diesen Abschnitt mit einem Lobgesang zu Ehren Gottes. Gott vermag viel mehr für uns zu tun, als wir uns ausdenken oder träumen lassen können; und er tut es für uns in der Gemeinde und in Christus Jesus.

Bevor wir uns dem nächsten Kapitel zuwenden, wollen wir uns nochmals auf das herrliche Bild der Gemeinde besinnen, das Paulus vorschwebt. Die Welt ist nicht, was sie ihrer Bestimmung nach sein sollte. Gegensätzliche Kräfte, Haß, Bitterkeit und Streit bestimmen ihr Gesicht. Die Völker stehen einander feindlich gegenüber und ebenso auch die Menschen. Auch in jedem Menschen liegen die Kräfte des Guten und des Bösen in wütendem Kampf miteinander. Nach Gottes Ratschluß sollen jedoch alle Menschen und Völker in Christus eins werden. Um diesen Ratschluß zu verwirklichen, bedarf Christus der Gemeinde und der Menschen, die hinausgehen und die Botschaft von seiner Liebe und Barmherzigkeit verkünden. Die Kirche stellt den Leib Christi dar, seine Hände und Füße und die Stimme, die sein Werk bewirken soll. Dieser Aufgabe kann die Kirche nur gerecht werden, wenn ihre Glieder, in Gemeinschaft miteinander verbunden, die unendliche Liebe Christi erkennen und an sich selbst erfahren. Niemand kann jemandem etwas geben, was er zuvor nicht selbst erkannt hat, was ihm nicht selbst gehört. Wer andere teilhaben lassen möchte an der Liebe Christi, muß diese Liebe zuvor in der Gemeinde Christi selbst erfahren haben.

EPHESER 4

Mit diesem Kapitel beginnt der zweite Teil des Briefes. Während Paulus sich in den ersten drei Kapiteln mit den wichtigen, entscheidenden ewigen Wahrheiten des christlichen Glaubens und mit der Aufgabe beschäftigt hat, die der Kirche nach dem Ratschluß Gottes zukommt, beginnt er jetzt zu umreißen, wie jedes einzelne Glied der Kirche beschaffen sein muß, wenn die Kirche die von Gott gestellte Aufgabe erfüllen soll. Bevor wir weiterlesen, wollen wir uns nochmals an den Kerngedanken des Briefes erinnern. In der Welt herrscht lauter Zwietracht, Disharmonie und Uneinigkeit. Wie die Völker, so sind auch die Menschen untereinander entzweit. Wie die Welt in zahlreichen Gruppen zerfallen ist, so findet auch in jedem Menschen ein unaufhörlicher Kampf des besseren Teils seines Wesens gegen den schlechteren Teil statt. Nach Gottes Plan und Ratschluß soll alle Uneinigkeit und Disharmonie in Jesus Christus aufgelöst werden; alle Menschen und Völker sollen eins werden in Christus; in Christus sollen alle Unterschiede aufgehoben und alle Trennmauern niedergerissen werden. Gottes Ziel besteht darin, daß in Christus die Welt „zu einer heiligen Einheit" wird, wie es einmal jemand formuliert hat. Modern ausgedrückt würden wir von einem neuen Zusammengehörigkeitsgefühl sprechen. Jesus Christus bildet die Mitte, um die alles kreist, in der alle Menschen in eins zusammengefaßt werden sollen. Voraussetzung dafür, daß es zu dieser Einheit kommt, ist jedoch, daß die Botschaft Christi, die Wirklichkeit Christi, die Liebe, Barmherzigkeit des uns suchenden Gottes in Christus in die ganze Welt hinausgetragen wird. Die Aufgabe der Kirche besteht darin, die Botschaft dieser Liebe allen Menschen zu verkünden. Die Kirche soll der Leib sein, durch den Christus wirkt, und die Stimme, durch die er zu den Menschen spricht. Die Kirche soll das Werkzeug sein, durch das die Welt zu dieser göttlichen Einheit gelangt. Wenn die Kirche dieser Aufgabe gerecht werden will, müssen ihre Mitglieder Menschen besonderer Art sein. Und so wendet Paulus sich jetzt jenen Merkmalen der Christen zu, ohne die die Kirche ihre große Aufgabe, das Werkzeug Christi zu sein, durch das die Menschen untereinander und mit Gott ausgesöhnt werden, nicht erfüllen kann.

WÜRDIG UNSERER BERUFUNG

Epheser 4, 1—10

So ermahne ich euch nun, ich Gefangener in dem Herrn, daß ihr wandelt, wie sich's gebührt eurer Berufung, mit der ihr berufen seid, in aller Demut und Sanftmut, in Geduld; und vertraget einer den andern in der Liebe und seid fleißig, zu halten die Einigkeit im Geist durch das Band des Friedens: ein Leib und ein Geist, wie ihr auch berufen seid zu einerlei Hoffnung eurer Berufung; ein Herr, ein Glaube, eine Taufe; ein Gott und Vater aller, der da ist über allen und durch alle und in allen. Einem jeglichen aber unter uns ist gegeben die Gnade nach dem Maß der Gabe Christi. Darum heißt es (Ps

68,19): „Er ist aufgefahren in die Höhe und hat das Gefängnis gefangengeführt und hat den Menschen Gaben gegeben." Daß er aber aufgefahren ist, was ist das andres, als daß er auch hinuntergefahren ist in die untersten Örter der Erde. Der hinuntergefahren ist, das ist derselbe, der aufgefahren ist über alle Himmel, auf daß er alles erfülle.

DIE CHRISTLICHEN TUGENDEN

Epheser 4, 1—3

Wer einer Gemeinschaft beitritt, verpflichtet sich damit zu einer bestimmten Lebensweise. Wer sich nicht an die Regeln dieser Gemeinschaft hält, behindert sie an der Durchführung ihrer Ziele und bringt sie in Verruf. Paulus umreißt daher hier das Leben, das die Menschen führen sollen, die der Gemeinschaft der christlichen Kirche beitreten.

Die ersten drei Verse enthalten Worte, die wie Edelsteine leuchten. Wir stoßen hier auf fünf entscheidende Begriffe des christlichen Glaubens, die wir nacheinander untersuchen wollen.

1. Da ist zunächst und vor allem einmal das Wort Demut. Der entsprechende griechische Begriff tapeinophrosyne ist erst durch das Christentum geprägt worden. Im Griechischen gab es nämlich bis dahin keinen Ausdruck für Demut, dem nicht ein Hauch von Gemeinschaft anhaftete. Der Kirchenlehrer Basilius der Große (gest. 379) hat später die Demut als „das größte Juwel unter den christlichen Tugenden" bezeichnet. In der vorchristlichen Antike galt die Demut dagegen überhaupt nicht als Tugend. Megalopsychia, auf deutsch Großherzigkeit, war eine heidnische Tugend. Demut galt dagegen als eine Eigenschaft der Unterwürfigkeit und Kriecherei, die man verachtete, aber nicht erstrebte. Im Griechischen gab es ein eng mit dem bei Paulus vorkommenden Substantiv verwandtes Adjektiv, tapeinos. Wörter erkennt man am besten aus dem Zusammenhang, in dem sie gebraucht werden. Dieses Wort findet sich beispielsweise stets in niedriger Gesellschaft. Es wurde zusammen mit Adjektiven gebraucht, die soviel wie sklavisch (andrapododes, doulikos, douloprepes), gemein (agennes), ehrlos, ohne Ansehen (adoxos) und niedrig (chamaizelos) bedeuteten, wobei das letzte Adjektiv bei Kriechpflanzen gebräuchlich war. Die Demut galt in der vorchristlichen Zeit als eine niedrige, skla-

vische Eigenschaft. Dennoch stellte das Christentum sie als höchste Tugend an die Spitze aller christlichen Tugenden, die sämtlich auf ihr beruhen. Woher stammt diese christliche Demut, und was besagt sie?

a) Die christliche Demut beruht auf Selbsterkenntnis. Bernhard von Clairvaux hat die Demut im 12. Jahrhundert als die Tugend bezeichnet, mit deren Hilfe die Menschen sich auf Grund und als Folge der Selbsterkenntnis ihrer eigenen Unwürdigkeit bewußt werden. Sich selbst ins Gesicht zu sehen, ist sehr demütigend. Die meisten Menschen heroisieren sich selbst; sie betrachten sich als den Mittelpunkt, um den alles Geschehen kreist. So wichtig nehmen sich die meisten Menschen. Wirkliche Demut besitzt nur der Mensch, der sich selbst gegenüber kritisch ist, seine Schwachheit, seine Selbstsucht und seine Unzulänglichkeit erkennt und zugibt. Demut setzt Aufrichtigkeit voraus. Sie setzt voraus, daß wir den Mut besitzen, uns nicht durch die rosarote Brille der Eigenliebe zu sehen.

b) Christliche Demut setzt voraus, daß wir unser Leben am Maßstab des Lebens Jesu messen und im Lichte dessen sehen, was Gott von uns erwartet. Gott ist vollkommen. Dieser Vollkommenheit gerecht zu werden, ist nicht nur schwierig, sondern unmöglich. Die Tatsache unseres Menschseins bedeutet, daß wir vor einer Aufgabe stehen, die wir von uns aus nicht bewältigen können. Solange wir uns damit begnügen, uns an Zweitrangigem zu messen, mögen wir ganz gut abschneiden. Vergleichen wir uns aber mit der Vollkommenheit Gottes, dann erkennen wir unsere eigene Unzulänglichkeit und müssen zugeben, daß wir versagt haben. Wer noch nie einen großen Pianisten gehört hat, mag sich selbst für einen guten Klavierspieler halten; wer noch nie einen überragenden Prediger gehört hat, hält sich selbst vielleicht für einen guten Prediger. Unsere Selbstzufriedenheit ist von dem Maßstab abhängig, an dem wir uns messen. Wer sich mit seinem Nachbarn vergleicht, kommt dabei vermutlich nicht allzuschlecht weg. Der Maßstab aller Christen ist jedoch Jesus Christus und die Vollkommenheit Gottes. Wenn wir uns an ihm messen, bleibt für Überheblichkeit kein Raum mehr.

c) Das läßt sich auch auf andere Weise deutlich machen. Jemand hat einmal gesagt, Demut beruhe auf dem ständigen Bewußtsein unserer Kreatürlichkeit. Wir sind Geschöpfe Gottes, Teil seiner Schöpfung und sind vollkommen abhängig von Gott. Von uns aus sind wir nichts. Wir sind immer die Empfangenden. Wir sind Geschöpfe, die in Gegenwart des Schöpfers nichts als Demut empfinden können.

Die christliche Demut beruht auf Selbsterkenntnis, auf dem Vergleich mit Christus und auf dem Bewußtsein dessen, wer Gott ist.

DER GOTTESMANN

Epheser 4, 1—3 (Fortsetzung)

2. Die zweite christliche Tugend wird in der vorliegenden Übersetzung als Sanftmut bezeichnet. Wir könnten dafür auch Güte oder Milde sagen. Das entsprechende griechische Substantiv praotes und das dazugehörige Adjektiv prays lassen sich nur schwer mit einem einzigen Wort übersetzen. Wir wollen daher versuchen, uns klarzumachen, was mit dieser Tugend alles gemeint ist. Das Wort prays hat im Griechischen vor allem zwei Bedeutungen.

a) Der griechische Philosoph Aristoteles (384—322 v. Chr.) weiß eine Menge über die praotes zu sagen. Dieser Philosoph hatte die Angewohnheit, alle Tugenden als Mitte zwischen zwei Extremen zu definieren. Auf der einen Seite war eine Eigenschaft im Übermaß vorhanden, auf der anderen Seite ein Mangel daran; dazwischen lag die Eigenschaft, die genau das rechte Maß von beiden aufwies. Aristoteles bezeichnete daher die praotes als die Mitte zwischen allzu heftigem und allzu geringem Zorn. Praotes verkörpert die Mitte zwischen zu leichter und gänzlich fehlender Erregbarkeit. Wer prays ist, wird stets im rechten Augenblick zornig oder unwillig, nie dagegen zur unrechten Zeit. Anders ausgedrückt: Prays ist derjenige, der sich über Unrecht und Leiden entrüstet, die anderen zugefügt werden, der jedoch nie in Zorn wegen eines Unrechts oder einer Kränkung gerät, die er selbst hinnehmen muß. Der Sanftmütige wird stets zur rechten, aber niemals zur unrechten Zeit zornig.

b) Die Bedeutung des Wortes wird aber auch aus einer anderen Tatsache erhellt. Das Wort prays wird nämlich auch im Zusammenhang mit Tieren verwendet, die dazu erzogen sind, dem Befehl oder den Zügeln eines Menschen zu gehorchen. Diese Tiere wurden solange geschult, bis sie ihrem Herrn ganz und gar willfährig waren. Wer also seine Triebe und Leidenschaften mäßigt, wer seine Gedanken, Herz und Zunge zu zügeln und seine Begierden zu beherrschen weiß, der ist sanftmütig, prays. Damit ist nicht gesagt, daß diese Menschen sich vollkommen in der Gewalt haben; eine solche Selbstbeherrschung übersteigt ihr Kraft. Wohl aber läßt sich mit Recht be-

haupten, daß solche Menschen sich von Gott beherrschen lassen. Die Hand Gottes ist überall im Leben solcher Menschen zu spüren.
Das ist also die zweite wichtige christliche Tugend, das zweite Merkmal, an dem die Glieder der Kirche zu erkennen sein sollen. Wer sich so von Gott leiten läßt, daß ihn der Zorn nur zur rechten Zeit packt, nie dagegen zur unrechten Zeit; wer in sich selbst erstorben ist und sein Leben von Gott lenken und beherrschen läßt, der ist ein Gottesmann.

UNÜBERWINDLICHE GEDULD

Epheser 4, 1—3 (Fortsetzung)

3. Die dritte wichtige christliche Tugend wird in der vorliegenden Übersetzung als Geduld bezeichnet. Im griechischen Grundtext steht dafür das Wort makrothymia, das vor allem in zwei Richtungen zielt.
a) Mit dem Wort makrothymia wird die Geisteshaltung von Menschen gekennzeichnet, die niemals klein beigeben, sondern stets bis zum Schluß durchhalten und daher Lohn und Verheißung ernten. Die Bedeutung dieses Wortes läßt sich am besten am Beispiel eines jüdischen Schriftstellers klarmachen, bei dem es heißt, die Römer seien so ausdauernd, daß sie niemals im Augenblick einer Niederlage Frieden schlössen. In ihrer Glanzzeit waren die Römer tatsächlich unüberwindlich. Selbst wenn sie eine Schlacht oder sogar einen ganzen Feldzug verloren hatten, kamen sie nicht auf den Gedanken, daß sie den ganzen Krieg verlieren könnten. Selbst in Augenblicken größten Unglücks dachten sie nie daran, aufzugeben und sich für besiegt zu erklären. Auch die christliche Geduld erwächst aus einer Geisteshaltung, die sich durch nichts entmutigen läßt, die sich weder durch Unglück noch Leiden geschlagen gibt, die sich durch Enttäuschungen und Hindernisse nicht abschrecken läßt, sondern bis zum Schluß durchhält.
b) Makrothymia, Geduld und Langmut bedeutet im Griechischen jedoch noch etwas anderes, was eigentlich noch bezeichnender für dieses Wort ist. Im Griechischen wurde mit diesem Wort vor allem die Geduld mit Menschen gekennzeichnet. Der Kirchenvater Chrysostomos hat Geduld einmal als die Haltung von Menschen definiert, die zwar die Macht haben, sich zu rächen, von dieser Macht jedoch niemals Gebrauch machen. Jemand anders hat in diesem Zusammenhang

von dem Geist gesprochen, der von Vergeltung nichts wissen will. Aus der Geduld spricht die Geisteshaltung von Menschen, die alles ertragen, was andere ihnen zufügen. Makrothymia, Geduld und Langmut zeugen von einer Geisteshaltung, die Beleidigungen und Unrecht ohne zu klagen und bitter zu werden hinnimmt und erträgt. Wer diese Geisteshaltung besitzt, läßt sich selbst durch die schlimmsten Torheiten der Menschen nicht irritieren, sondern begegnet selbst unangenehmen Menschen mit Freundlichkeit und Narren, ohne zu klagen.

Am besten erkennen wir die Bedeutung dieses Wortes an jenen Stellen des Neuen Testaments, an denen es im Zusammenhang mit Gott gebraucht wird. Paulus fragt den unbußfertigen Sünder: „Oder verachtest du den Reichtum seiner Güte, Geduld und Langmütigkeit?" (Röm. 2, 4). Er spricht von der Geduld, die Jesus ihm erzeigt hat (1. Tim. 1, 16). Christus hat selbst mit Paulus, dem ärgsten Verfolger der Christen, Geduld gehabt. Petrus spricht von der Geduld, die Gott zur Zeit Noahs den Menschen gezeigt habe (1. Petr. 3, 20). Und er sagt, daß wir unsere Rettung der Geduld Gottes verdanken (2. Petr. 3, 15). Wäre Gott Mensch, hätte er längst die Welt in ihrem Ungehorsam ausgelöscht. Doch Gott wartet in Geduld und Liebe auf uns. Als Christen sollten wir unseren Mitmenschen gegenüber die gleiche Geduld aufbringen, die Gott uns selbst erweist.

CHRISTLICHE LIEBE

Epheser 4, 1–3 (Fortsetzung)

4. Liebe ist die vierte wichtige christliche Eigenschaft. Die christliche Liebe war etwas so Neues, daß die Verfasser der christlichen Schriften sich genötigt sahen, dafür ein ganz neues Wort einzuführen oder doch zumindest ein sehr ungebräuchliches griechisches Wort zu benutzen. Es handelt sich um das Wort agape. Im Griechischen gibt es vier Wörter für Liebe. Da ist einmal eros, die Bezeichnung für die Liebe zwischen Mann und Frau, die die geschlechtliche Leidenschaft mit einschließt. Da ist zum andern das Wort philia, mit dem die herzliche Zuneigung zwischen einander nahestehenden Menschen, die sich gern haben, gekennzeichnet wird. Dann gibt es noch das Wort storge, das die Gefühle der Zuneigung zwischen Familienangehörigen betrifft. Und schließlich das Wort agape, das in der vorliegenden Bibelausgabe zuweilen mit Liebe, manch-

mal aber auch mit Nächstenliebe übersetzt ist. Im Grunde bedeutet agape unüberwindliche Güte, unbesiegbares Wohlwollen. Wer jemandem voller agape begegnet, hat nur das Beste dieses Menschen im Auge, einerlei, was der Betreffende getan hat oder tun wird. Auch wenn er uns ein Unrecht zufügt, uns beleidigt oder kränkt, werden wir ihm weiter mit Güte und Freundlichkeit begegnen. Damit ist eindeutig gesagt, daß die christliche agape, die christliche Liebe, keine bloße Gefühlsaufwallung ist. Die christliche Liebe hat nichts mit Verliebtheit zu tun und auch nichts mit der selbstverständlichen Liebe, die wir uns nahestehenden und liebenden Menschen entgegenbringen. Die christliche agape ist ebensosehr eine Sache des Willens wie der Tat. Sie fällt uns nicht einfach in den Schoß, sie will errungen sein. Wir bezeichnen damit die Fähigkeit, ein durch nichts zu erschütterndes Wohlwollen auch unliebenswürdigen und keineswegs liebenswerten sowie jenen Menschen entgegenzubringen, die uns selbst nicht lieben. Jemand hat es einmal folgendermaßen ausgedrückt: Agape ist die Kraft, auch die Menschen zu lieben, die wir nicht mögen. Agape entspringt jener Geisteshaltung, die Christen zwingt, niemals bitter zu werden und keine Rachegelüste zu haben, sondern immer nur das Beste für alle Menschen zu wollen, einerlei, wie sie sich ihm gegenüber verhalten.

5. Die vier christlichen Haupttugenden sind also: Demut, Sanftmut, Geduld und Liebe. Sie bewirken eine fünfte Tugend: Frieden. Paulus gibt seinen Freunden den Rat, ja, er fleht sie an, unermüdlich an der Einigkeit im Geist festzuhalten, die das Kennzeichen jeder echten Gemeinde ist. Dieser Friede läßt sich wohl am besten als das richtige Verhältnis zwischen den Menschen definieren. Diese Einigkeit, dieser Friede, dieses richtige Verhältnis kann nur auf eine einzige Weise erhalten bleiben. Die vier entscheidenden christlichen Tugenden beruhen allesamt darauf, daß der Mensch sein Ich überwindet. Solange das Ich im Mittelpunkt steht, solange unsere persönlichen Gefühle, unser persönliches Ansehen das einzige sind, das für uns zählt, solange läßt sich diese Einigkeit nicht erreichen. Der Ich-Mensch macht den Frieden zunichte. In einer Gemeinschaft, in der Ich-Menschen dominieren, bilden die Menschen eine Ansammlung von nicht integrierten und einander bekämpfenden Einzelwesen. Stirbt jedoch der Ich-Mensch und erwacht Christus in uns zum Leben, dann halten damit auch Friede, Einigkeit und Zusammengehörigkeitsgefühl, die Kennzeichen jeder echten Gemeinde, ihren Einzug.

DIE GRUNDLAGE DER EINHEIT

Epheser 4, 4–6

Als nächstes hält Paulus fest, auf welcher Grundlage die christliche Einheit beruht.

1. Es gibt nur einen Leib. Christus ist das Haupt, die Kirche der Leib. Das Gehirn kann nicht arbeiten, wenn nicht alle Körperteile koordinierte, integrierende Bestandteile eines gemeinsamen Ganzen sind. Nur wenn alle Körperteile eine Einheit von koordinierten Einzelteilen bilden, sind Kopf und Gehirn fähig, ungehindert und fruchtbringend zu arbeiten. So ist auch die Einheit der Gemeinde im Geist von entscheidender Bedeutung für das Wirken Christi. Diese Einheit bezieht sich nicht auf die Einheit von Organisation und Verwaltung. Unabdingbar aber ist die Einheit, die auf der gemeinsamen Liebe zu Christus und auf der Liebe der einzelnen Teile zueinander beruht.

2. Es gibt nur einen Geist. Das griechische Wort pneuma bedeutet sowohl Geist als auch Atem; ja, es ist das allgemein übliche Wort für Atem. Wie der Mensch durch den Atem belebt wird, so ist der Geist Jesu Christi der belebende Atem des Leibes der Kirche. Nur das Wirken des Geistes verleiht dem Körper Leben und erhält ihn am Leben. Ohne den Heiligen Geist keine Gemeinde. Und diesen Heiligen Geist empfangen wir nur, wenn wir im stillen Gebet um ihn bitten.

3. Es gibt nur eine Hoffnung unserer Berufung. Wir streben alle dem gleichen Ziel zu. Darin liegt das große Geheimnis der Einigkeit beschlossen. Auch wenn wir uns nach Lehrweise, Organisation, ja selbst in einigen Glaubenssätzen voneinander unterscheiden, so streben wir als Christen doch alle dem einen großen Ziel zu, daß die Welt durch und in Chritus erlöst werde.

4. Es gibt nur einen Herrn. Das älteste Glaubensbekenntnis der Frühkirche bestand in dem kurzen Satz: „Jesus Christus ist der Herr" (Phil. 2, 11). Nach paulinischer Auffassung wartet Gott auf den Tag, an dem alle Menschen bekennen werden: „Jesus Christus ist der Herr." Das entsprechende griechische Wort für Herr heißt kyrios und hatte in der griechischen Umgangssprache zwei Bedeutungen, aus denen wenigstens zum Teil hervorgeht, was Paulus meinte. Das Wort kyrios war der Gegenbegriff zu Diener und Sklave. Außerdem war es die übliche Bezeichnung für die römischen Herrscher. Die Christen sind also miteinander verbunden, weil sie einem Herrn und einem König dienen und gehören.

5. Es gibt nur einen Glauben. Wir sollen alle einen Glauben

haben. Paulus meinte damit nicht, daß es nur ein einziges Glaubensbekenntnis geben könne. Das Wort Glaube bedeutet im Neuen Testament nur sehr selten Glaubensbekenntnis. Nach neutestamentlichem Verständnis ist mit Glauben fast immer das unbedingte Vertrauen zu Jesus Christus und die völlige Ergebung in Jesus Christus gemeint. Paulus will also sagen, daß alle Christen miteinander in eins verbunden sind, weil sie sich alle gleichermaßen der Liebe Jesu völlig ergeben haben. Wie unterschiedlich auch die Ausdrucksformen der einzelnen Glaubensbekenntnisse sein mögen, entscheidend ist allein, daß allen die Ergebung in Jesus Christus gemeinsam ist.
6. Es gibt nur eine Taufe. Die Taufe ist das Tor zur christlichen Gemeinde. In der Frühkirche handelt es sich bei diesem Vorgang gewöhnlich um eine Erwachsenentaufe, weil die Menschen ja unmittelbar vom Heidentum zum Christentum übertraten. Die Taufe war gleichbedeutend mit einem öffentlichen Glaubensbekenntnis. Wie die römischen Soldaten beim Eintritt in die Armee den Eid ablegen mußten, daß sie ihrem Kaiser auf immer treu bleiben würden, so gab es auch nur eine Möglichkeit, Mitglieder der christlichen Gemeinde zu werden: Indem man sich öffentlich zu Jesus Christus bekannte.
7. Es gibt nur einen Gott. Sehen wir uns einmal genauer an, was Paulus über den Gott sagt, an den wir glauben. Gott ist der Vater aller. Dieser Begriff ist in Ewigkeit der Inbegriff der Liebe. Das einzigartige Kennzeichen des christlichen Gottes besteht nicht darin, daß er König und Richter, sondern daß er unser Vater ist. Am Anfang des christlichen Gottesgedankens steht die Liebe. Gott ist über allen; das heißt, Gott hat die Gewalt über alle. Wie immer es auch scheinen mag, die Gewalt ist bei Gott. In Zeiten der Überflutung hat „der Herr seinen Thron über der Flut", wie der Psalmist sich ausdrückt (Ps. 29, 10). Nichts kann sich der Gewalt Gottes entziehen. Gott ist durch alle; in diesem Ausdruck liegt die göttliche Fügung beschlossen. Gott hat die Welt nicht erschaffen und in Bewegung gesetzt, wie wir ein Uhrwerk aufziehen, das dann von selbst abläuft. Gott lenkt, erhält und liebt alle und alles in der von Ihm geschaffenen Welt. In allem und durch alles ist die göttliche Fügung wirksam und mächtig. Gott ist in allen; darin kommt die Gegenwart Gottes in allem Lebendigen zum Ausdruck. Paulus glaubte, in allem sei Gott. In den Menschen und im menschlichen Geist, in der Welt und in allem, was da wächst, in der Geschichte und in allem, was geschieht. In allem ist Gott. Als Christen glauben wir, daß wir in einer von Gott geschaffenen und regierten Welt leben.

DIE GABEN DER GNADE

Epheser 4, 7–10

Paulus wendet sich hier einem anderen Aspekt des von ihm behandelten Gegenstandes zu. Bisher hat er von den Eigenschaften gesprochen, die alle Glieder der christlichen Gemeinde haben sollen. Jetzt geht er dazu über, von ihrer Aufgabe in der Gemeinde zu sprechen. Wie können die Christen ihre Fähigkeiten und Gaben im Dienste der Gemeinde am besten einsetzen? Paulus beginnt damit, ihnen einen für ihn selbst entscheidenden Sachverhalt klarzumachen: Alle Gaben sind Gaben der Gnade Christi. Paulus sieht in Jesus den Spender aller christlichen Gaben. „Von ihm allein ist alles, was wir sind und haben." So sehr ist Paulus daran gelegen, Christus als den Spender aller Gaben hinzustellen, daß er hier einen Vers aus den Psalmen zitiert. Es handelt sich um Psalm 68, den Paulus hier jedoch mit einer bezeichnenden Abwandlung zitiert. In diesem Psalm ist von der Rückkehr eines siegreichen Königs die Rede. Als Sieger steigt der König zur Höhe hinauf; das heißt, er erklimmt den steilen Weg auf den Berg Zion und in die heilige Stadt. Er führt die Schar der Gefangenen gefangen; das heißt, er zieht im Triumphzug durch die Straßen, mit den gefesselten Gefangenen, die ihm folgen, um auf diese Weise den Sieg seiner Macht zu demonstrieren. Und dann kommen wir an die Stelle, an der es heißt: „Du bist aufgefahren zur Höhe und führtest Gefangene gefangen; du hast Gaben empfangen unter den Menschen; auch die Abtrünnigen müssen sich, Gott, vor dir bücken" (Ps. 68, 19). Der Sieger ist mit seiner Siegesbeute gekommen und fordert nun den ihm zustehenden Tribut und das Lösegeld von den Gefangenen. Bei Paulus dagegen heißt es: „Er ist aufgefahren in die Höhe und hat das Gefängnis gefangengeführt und hat den Menschen Gaben gegeben." Während der siegreiche König des Alten Testaments Gaben von den Menschen verlangt und empfängt, bietet der siegreiche Christus im Neuen Testament den Menschen von sich aus Gaben an und schenkt sie ihnen. Das ist der entscheidende Unterschied zwischen den beiden Testamenten. Der Gott des Alten Testaments ist ein fordernder Gott; der Gott des Neuen Testaments ist ein schenkender Gott. Im Alten Testament fordert ein eifersüchtiger Gott hartnäckig seinen Tribut von den Menschen; im Neuen Testament gießt ein liebender Gott seine Liebe über die Menschen aus und schenkt ihnen, was er zu geben hat. Das ist frohe Botschaft.

Danach schweifen die Gedanken wie so oft wieder einmal ab, als er das Wort aufgefahren ausspricht. Er mußte dabei an Jesus denken, und das veranlaßt ihn zu einer wunderbaren Aussage. Jesus ist als Mensch in die Welt hinuntergefahren; Jesus ist von dieser Welt aufgefahren, als er sie wieder verließ, um in seine Herrlichkeit zurückzukehren. Paulus äußert hier den Gedanken, daß der Christus, der aufgefahren, und der Christus, der hinuntergefahren ist, ein und derselbe ist. Was heißt das? Es heißt, daß der Christus der Herrlichkeit der gleiche ist wie Jesus, der über diese Erde schritt; Jesus Christus hat noch immer alle Menschen lieb; immer noch sucht er die Sünder; immer noch heilt er die Kranken; immer noch tröstet er die Leidtragenden; immer noch ist er der Freund aller Ausgestoßenen. Der paulinische Gedanke besagt, daß Christus selbst in seiner Herrlichkeit nicht vergißt, uns zu lieben. Der aufgefahrene Christus liebt die Menschen wie eh und je.

Und dann kommt Paulus noch ein Gedanke. Jesus ist aufgefahren in die Höhe. Er tat dies nicht, um die Welt zu verlassen; er ist aufgefahren, um die Welt mit seiner Gegenwart zu erfüllen. Als Jesus leiblich auf Erden wandelte, konnte er jeweils nur an einem Ort zur selben Zeit sein; er unterstand den Gesetzen der Leiblichkeit; als er diesen Leib abgelegt hatte und in seine Herrlichkeit zurückgekehrt war, wurde er frei von allen Einschränkungen des leiblichen Daseins und fähig, durch seinen Geist überall in der Welt zu sein. Die Himmelfahrt Jesu bedeutet für Paulus nicht, daß die Welt von Christus verlassen, sondern vielmehr, daß sie von Christus erfüllt war.

DIE AMTSTRÄGER DER GEMEINDE

Epheser 4, 11–13

Und er hat etliche zu Aposteln gesetzt, etliche zu Propheten, etliche zu Evangelisten, etliche zu Hirten und Lehrern, daß die Heiligen zugerüstet würden zum Werk des Dienstes. Dadurch soll der Leib Christi erbaut werden, bis daß wir alle hinankommen zur Einheit des Glaubens und der Erkenntnis des Sohnes Gottes, zur Reife des Mannesalters, zum vollen Maß der Fülle Christi.

Dieser Abschnitt ist deswegen so interessant, weil er uns eine Vorstellung von der Organisation und Verwaltung der Frühkirche vermittelt. Wir erfahren darin, welche kirchlichen Würdenträger es zur Zeit Paulus gab. Sie waren in drei Gruppen gegliedert. Es gab einige wenige, deren Vollmacht sich auf die ganze Kirche erstreckte. Es gab viele, deren Amt nicht an einen bestimmten Ort gebunden war; ihr geistliches Amt führte sie jeweils dorthin, wohin Gott sie durch den Heiligen Geist leitete. Außerdem gab es noch Amtsträger, deren Dienst örtlich begrenzt und auf eine einzelne Gemeinde beschränkt war.

1. Die Vollmacht der Apostel erstreckte sich auf alle Gemeinden. Es gab nicht nur zwölf Apostel. So waren zum Beispiel auch Barnabas (Apg. 14, 4. 17) und Jakobus, der Bruder unseres Herrn (1. Kor. 15, 7; Gal. 1, 19), Apostel. Auch Silvanus war ein Apostel (1. Thess. 2, 7), und ebenso waren Andronikus und Junias Apostel (Röm. 16, 7). Zur Ausübung des Apostelamtes waren zwei wichtige Voraussetzungen erforderlich. Die Apostel mußten Jesus gesehen haben. Als Paulus seine Ansprüche gegen die Widersacher in Korinth verteidigt, fragt er sie: „Bin ich nicht ein Apostel? Habe ich nicht unsren Herrn gesehen?" (1. Kor. 9, 1). Zweitens mußten die Apostel auch Zeugen des auferstandenen Herrn Jesus Christus sein. Als die elf Jünger sich versammelten, um einen Ersatzmann für Judas, den Verräter, zu wählen, wurde die Bedingung gestellt, daß es sich um jemanden handeln müsse, der Jesus zu seinen Lebzeiten begleitet hatte und außerdem Zeuge der Auferstehung war (Apg. 1, 21.22). In gewisser Hinsicht waren die Apostel also zum Aussterben verurteilt, weil in absehbarer Zeit niemand mehr von denen am Leben sein würde, die Jesus wirklich gesehen hatten und wirklich Zeuge seiner Auferstehung gewesen waren. In anderer Hinsicht dagegen, in einem viel bedeutsameren Sinne gelten auch danach noch die gleichen Bedingungen für das Apostelamt. Wer Christus verkünden will, muß ihn auch heute noch kennen; wer anderen Menschen die Kraft Jesu bringen will, muß an sich selbst die Kraft erfahren haben, die von dem Auferstandenen ausgeht.

2. Es gab Propheten. Die Propheten sagten nicht in erster Linie voraus, was in Zukunft geschehen werde, sondern sie verkündeten den Menschen vor allem den Willen Gottes. Indem sie den Menschen den Willen Gottes kundtaten, sagten sie bis zu einem gewissen Grade zwangsläufig auch die Zukunft voraus, weil sie die Folgen des Ungehorsams gegen Gott ankündigten. Die Propheten zogen von Gemeinde zu Gemeinde. In der Botschaft, die sie verkündeten, sah man weniger das Ergebnis ihres Nachdenkens und ihrer eigenen Bemühungen, als vielmehr das unmittelbare Ergebnis des Wirkens des Heiligen Gei-

stes. Die Propheten waren nirgends zu Hause, sie hatten keine Familie und verfügten über keinerlei Mittel. Sie wanderten von einer Gemeinde zur anderen und verkündeten dort den Willen Gottes, so wie sie ihn unmittelbar von Gott erfahren hatten. Die Propheten verschwanden sehr bald aus dem Leben der Gemeinde. Das ist auf drei Gründe zurückzuführen. a) Die Propheten waren die ersten, die in Zeiten der Verfolgung zu leiden hatten. Ihr Beruf war gefährlich; sie hatten keine Möglichkeit, ihn geheimzuhalten, und waren daher die ersten, die für den Glauben sterben mußten. b) Die Propheten wurden zu einem Problem innerhalb der Kirche. Je größer die Kirche wurde, umsomehr bedurfte sie der Gliederung. Jede Gemeinde wurde zu einem organisierten Gefüge mit einem eigenen, ständigen Geistlichen und eigener Verwaltung. Es dauerte gar nicht lange, da nahm die ortsansässige Geistlichkeit Anstoß an den Wanderpropheten, die oftmals Unruhe in die Gemeinden brachten. Die ortsansässigen Pastoren neigen zu allen Zeiten dazu, an umherziehenden Evangelisten Anstoß zu nehmen. Daraus ergab sich ganz zwangsläufig, daß die Propheten nach und nach von der Bildfläche verschwanden. Statt dessen gewannen die Pastoren mit festem Wohnsitz die Oberhand. c) Das Amt des Propheten war in besonders hohem Maße dem Mißbrauch ausgesetzt. Die umherziehenden Propheten genossen ein beachtliches Ansehen, doch mißbrauchten manche ihr Amt dazu, auf Kosten der Gemeinden, die sie bei sich aufnahmen, ein bequemes Leben zu führen. Die älteste erhalten gebliebene Kirchenordnung, die sogenannte D i d a c h e, die Lehre der zwölf Apostel, entstand kurz nach dem Jahre 100. Aus ihr geht hervor, welches Ansehen die Propheten genossen, aber auch, welchem Argwohn diese Männer begegneten. In der Didache folgt auf die Abendmahlsordnung und die Angabe der Gebete, die dabei gesprochen werden sollen, die Anweisung, daß den Propheten gestattet sein solle, das Sakrament des Abendmahls nach ihrem Belieben zu zelebrieren. Sie seien nicht an die allgemeinen Abendmahlsvorschriften gebunden. Doch finden sich in der Didache auch andere Bestimmungen. Es heißt darin, daß die umherziehenden Propheten höchstens ein bis zwei Tage in einer Gemeinde verweilen sollen; falls sie aber die Absicht hätten, länger zu bleiben, seien sie falsche Propheten. Es heißt darin, daß es sich bei den Propheten, die im Augenblick einer angeblichen Inspiration Geld oder eine Mahlzeit verlangten, um falsche Propheten handele. Es hat Zeiten gegeben, in denen die Propheten wirkliche Boten Gottes waren, die der Kirche die Botschaft Gottes übermittelten, und auch zur Zeit des Paulus war dies der Fall. Doch dann wurden die umherziehenden Propheten zu einem Anachronismus. Einige von ihnen brachten dieses Amt in Verruf, so daß die Propheten schließlich gänzlich von der Bildfläche verschwanden.

3. Es gab die Evangelisten, die ebenfalls im Lande umherzogen. Sie entsprachen etwa unseren Missionaren. Paulus schreibt an Timotheus: „Tu das Werk eines Predigers des Evangeliums" (2. Tim. 4, 5). Die Evangelisten verkündeten den Menschen das Evangelium als frohe Botschaft. Sie genossen weder das Ansehen noch besaßen sie die gleiche Vollmacht wie die Apostel, die den Herrn gesehen hatten; sie hatten auch nicht einen solchen Einfluß wie die vom Heiligen Geist inspirierten Propheten; sie waren vielmehr einfache Mitglieder der Gemeinde, die Menschen, die bisher noch nie etwas davon gehört hatten, als Missionare die frohe Botschaft des Evangeliums verkündeten. Diese namenlosen Evangelisten werden im Neuen Testament nur am Rande erwähnt; dennoch waren sie es, die den Namen Christus in alle Welt hinaustrugen.

4. Es gab Hirten und Lehrer. Es hat den Anschein, als ob mit diesen beiden Begriffen eine ganze Gruppe von Menschen gemeint war. Die Lehrer hatten in gewisser Hinsicht die wichtigste Aufgabe innerhalb der Kirche zu erfüllen. Sie zogen nicht mehr umher, sondern waren seßhaft und arbeiteten ständig in derselben Gemeinde. Sie hatten eine dreifache Funktion. a) Wir dürfen nicht vergessen, daß es in der Frühkirche nur sehr wenige schriftliche Zeugnisse gab. Der Buchdruck wurde erst etwa vierzehnhundert Jahre später erfunden. Jedes Buch mußte daher mit der Hand abgeschrieben werden, und ein Buch vom Umfange des Neuen Testaments kostete umgerechnet etwa fünfhundert Mark. Das bedeutet also, daß die Geschichte von Jesus im wesentlichen mündlich übermittelt werden mußte. Lange bevor die Geschichte von Jesus aufgeschrieben wurde, hatte sie sich bereits durch mündliche Weitergabe ausgebreitet. Den Lehrern fiel dabei die ungeheure Verantwortung zu, gewissermaßen Speicher des Evangeliums zu bilden. Ihre Aufgabe bestand darin, die Geschichte vom Leben Jesu weiterzugeben, nachdem sie sie selbst erfahren hatten. Diesen Männern verdanken wir wohl, daß die Geschichte von Jesus weiter überliefert wurde. b) Die Menschen, die zum christlichen Glauben übertraten, kamen unmittelbar aus dem Heidentum. Sie wußten buchstäblich nichts über den christlichen Glauben, abgesehen davon, daß Jesus Christus von ihnen Besitz ergriffen hatte. Die Lehrer mußten alle, die aus der heidnischen Welt in die Gemeinde kamen, unterweisen und ihnen den christlichen

Glauben erschließen. Sie mußten ihnen die wichtigsten Glaubenssätze erklären und waren verantwortlich für die Reinheit der Lehre. Ihnen verdanken wir, daß der christliche Glaube rein erhalten blieb und nicht entstellt überliefert wurde. c) Diese Lehrer waren auch Hirten. Pastor ist das lateinische Wort für Schafhirte. Die christliche Kirche war zu jener Zeit nur eine kleine Insel inmitten eines sie umbrandenden heidnischen Meeres. Die Menschen, die der Gemeinde beitraten, waren nur einen winzigen Schritt von ihrem bisherigen Leben entfernt; sie waren ständig der Ansteckungsgefahr ihrer heidnischen Umwelt ausgesetzt und konnten nur allzuleicht wieder ins Heidentum zurückverfallen. Der pastor hatte die Pflicht, seine Herde zu hüten und sie vor Unbill zu bewahren. Die Bezeichnung Hirte ist alt und ehrwürdig. Schon in homerischen Zeiten wurde König Agamemnon der Hirte seines Volkes genannt. Auch Jesus hatte sich selbst als den guten Hirten bezeichnet (Joh. 10, 11. 14). Der Verfasser des Hebräerbriefes nannte Jesus den großen Hirten der Schafe (Hebr. 13, 20). Petrus nannte Jesus den Hirten der Seelen (1. Petr. 2, 25) und den Erzhirten (1. Petr. 5, 4). Jesus hatte Petrus befohlen, seine Schafe zu weiden (Joh. 21, 16). Paulus hatte die Ältesten der Gemeinde zu Ephesus ermahnt, sie sollten achtgeben auf die Herde, die Gott ihnen anvertraut habe (Apg. 20, 28). Petrus hatte die Gemeindeältesten ermahnt, die Herde Gottes zu weiden (1. Petr. 5, 2). Das Bild des guten Hirten ist zu einem bleibenden unauslöschlichen Begriff des Neuen Testaments geworden. Der Hirte sorgte für seine Herde und führte seine Schafe an einen sicheren Platz. Er suchte die verirrten Schafe und brachte sie zur Herde zurück; er verteidigte die Schafe gegen Feinde und gab, wenn es sein mußte, sogar sein Leben hin, um sie zu retten. Der Hirte der Herde Gottes trägt die Kinder Gottes in seinem Herzen, speist sie mit der Wahrheit, sucht sie, wenn sie straucheln und sich verirren, und verteidigt sie gegen alles, was ihrem Glauben Abbruch tun, was ihn entstellen oder zerstören könnte.

DAS ZIEL DER WÜRDENTRÄGER

Epheser 4, 11—13 (Fortsetzung)

Nachdem Paulus die verschiedenen Ämter innerhalb der Kirche aufgezählt hat, fährt er fort, von dem Ziel zu sprechen, das die Würdenträger der Gemeinden anstreben sollen.

Ihr Ziel soll sein, die Mitglieder der Gemeinde zuzurüsten zum Werk des Dienstes. Das Wort katartismon, das Paulus für zugerüstet verwendet, ist ein interessantes Wort. Es handelt sich dabei um eine Form des Verbs katartizein, das in der Medizin für das Einrichten und Geradestellen gebrochener Gliedmaßen und für das Einrenken von Gelenken verwendet wurde. In der Politik diente es dazu, gegensätzliche Meinungen einander soweit anzunähern, daß die Weiterarbeit der Regierung nicht gefährdet war. Im Neuen Testament wird das Flicken der Netze mit diesem Verb bezeichnet (Mark. 1, 19), und auch bei Missetätern, die zur Zucht angehalten werden, damit sie wieder ihren alten Platz in der Gemeinschaft der Kirche einnehmen können, wird das Wort verwendet (Gal. 6, 1). Dem Wort liegt der Gedanke zugrunde, eine Sache oder einen Menschen dahinzubringen, daß sie wieder so sind, wie sie eigentlich sein müßten. Die Aufgabe der kirchlichen Würdenträger besteht darin, alle Glieder der Gemeinde so zu lenken, ihnen so beizustehen und sich so um sie zu kümmern, wenn sie straucheln und abirren, daß sie wieder zu Menschen werden, die sie nach ihrer Bestimmung sein sollten. Die Würdenträger bekleiden ihr Amt nicht um der persönlichen Ehre willen, sondern um ihren Mitmenschen in der Kirche alle nur erdenkliche Hilfe angedeihen zu lassen.

Sie sollen danach trachten, daß das Werk des Dienstes Fortschritte macht. Das für Dienst gebrauchte griechische Wort ist diakonia; ein Wort, dem die Bedeutung tätigen Dienens zugrundeliegt. Die Aufgabe der Kirche ist nicht auf Verkündigung und Unterweisung beschränkt, sondern erstreckt sich auch auf den Dienst der Tat. Wer ein Amt in der Kirche versieht, soll nicht nur über theologische und kirchenrechtliche Fragen sprechen und diskutieren. Er hat sein Amt, um den Dienst tätiger Nächstenliebe z. B. an Kindern auszuüben.

Wer ein kirchliches Amt versieht, soll dafür sorgen, daß der Leib Christi erbaut wird. Das Amt der Mitarbeiter soll ausschließlich konstruktiven, niemals aber destruktiven Charakter haben. Die Menschen, die ein Amt versehen, sollen die Gemeinde erbauen, aber nicht sprengen. Sie sollen niemals Schwierigkeiten verursachen, sondern stets dafür sorgen, daß Schwierigkeiten abgebaut werden. Sie sollen das Gebäude der Kirche stärken, nicht aber schwächen.

Doch die Mitarbeiter in der Gemeinde sollen noch wichtigere, noch größere Ziele verfolgen. Was bisher gesagt wurde, betraf vor allem die tägliche Arbeit. Darüber hinaus gibt es jedoch noch größere Ziele.

Wer ein kirchliches Amt ausübt, soll danach trachten, daß unter den Gliedern der Kirche Einigkeit herrscht. Sie sollen nicht dulden, daß sich innerhalb der Kirche Parteien bilden. Sie sollen nichts tun, was zu Differenzen innerhalb der Kirche führen könnte. Sie sollen durch ihre Unterweisung und durch ihr persönliches Beispiel danach trachten, die Gemeinde dieser Einheit täglich ein wenig näherzubringen.
Sie sollen dafür sorgen, daß die Glieder der Gemeinde zu vollkommenen Menschen werden. Die Kirche strebt nichts Geringeres an als die Vollkommenheit ihrer Mitglieder. Die Kirche kann sich nicht damit zufrieden geben, daß ihre Mitglieder ein anständiges, ehrbares Leben führen; sie sollen danach trachten, daß die Menschen zu Vorbildern christlicher Lebensführung werden.
Und so schließt Paulus seine Betrachtung mit einer Zielsetzung, wie sie größer nicht denkbar ist. Die Kirche soll danach streben, daß ihre Mitglieder an der Vollkommenheit Christi gemessen werden können. Ein bekannter Theologe pflegte zu sagen, das Ziel Jesu Christi sei, ein Geschlecht von Menschen hervorzubringen, das wie er sei. Die Kirche hat kein geringeres Ziel als das, Menschen heranzubilden, in denen Jesus Christus sich widerspiegelt. Als Florence Nightingale sich während des Krimkrieges eines Nachts über einen schwerverwundeten Soldaten beugte, blickte dieser zu ihr auf und sagte: „Für mich sind Sie wie Christus." Auch von den Heiligen heißt es, sie seien Menschen, „in denen Christus erneut lebt". Ebenso sollte es auch bei den Gliedern der Gemeinde sein.

IN CHRISTUS HINEINWACHSEN

Epheser 4, 14–16

Auf daß wir nicht mehr unmündig seien und uns bewegen und umhertreiben lassen von jeglichem Wind der Lehre durch Bosheit der Menschen und Täuscherei, womit sie uns beschleichen und uns verführen. Lasset uns aber wahrhaftig sein in der Liebe und wachsen in allen Stükken zu dem hin, der das Haupt ist, Christus, von welchem aus der ganze Leib zusammengefügt ist und ein Glied am andern hanget durch alle Gelenke, dadurch ein jegliches Glied dem andern kräftig Handreichung tut nach seinem Maße und macht, daß der Leib wächst und sich selbst auferbaut in der Liebe.

In jeder Gemeinde gibt es besonders schutzbedürftige Menschen. Sie sind wie Kinder, die sich ständig nach Abwechslung sehnen. Sie lassen sich stets von dem Neuesten beeindrucken und von dem beeinflussen, der als letzter mit ihnen gesprochen hat. Sie sind unfähig, sich auf die Kernpunkte des Glaubens zu konzentrieren. Die Geschichte lehrt, daß es auch im Hinblick auf die Religion Moden gibt, die kommen und vergehen. Die Kirche aber bleibt.

In jeder Gemeinde gibt es Menschen, vor denen man sich in acht nehmen muß. Paulus spricht von klugem Betrug, von Täuschereien. Das griechische Wort, das Paulus an dieser Stelle benutzt (k y b e i a), bedeutet geschicktes Manipulieren beim Würfeln. Es wird immer Menschen geben, die andere durch kluge und einfallsreiche Gedanken ihrem Glauben zu entfremden suchen. So ist es zum Beispiel sehr bezeichnend, daß heute mehr als früher über Glaubensfragen gesprochen wird. Christen, vor allem jugendliche Christen, müssen dabei oftmals den klugen Argumenten jener Menschen entgegentreten, die sowohl gegen die Kirche als auch gegen Gott eingestellt sind.

Es gibt nur eine Möglichkeit, wie wir uns dagegen wehren können, von den jeweils neuesten Strömungen erfaßt und von den trügerischen, aber bestechenden Argumenten kluger Menschen verführt zu werden. Wir müssen immer mehr zu Christus hinwachsen; wir müssen ihm täglich ein Stück näher kommen und vertrauter mit ihm werden.

Paulus bedient sich hier noch eines anderen Bildes. Er sagt, der Mensch sei nur solange gesund und leistungsfähig, wie alle Körperteile integrierende Bestandteile eines Ganzen und alle Glieder miteinander durch Gelenke verbunden seien, so daß jeder Körperteil die Rolle spielen könne, die ihm von Natur aus zufalle. Paulus sagt, ebenso verhalte es sich auch mit der Kirche, die dieser Aufgabe nur gerecht werden könne, wenn Christus tatsächlich ihr Haupt sei und jedes ihrer Glieder sich seiner Leitung füge, genau wie jeder Teil des gesunden Körpers sich von dem Gehirn ausgehenden Impulsen entsprechend verhalte.

Der einzelne Christ kann nur dann fest im Glauben sein und sicher vor jeder Verführung; die Kirche kann nur dann gesund und leistungsfähig sein, wenn sie aufs engste und unlöslich mit Jesus Christus verbunden bleibt, der das richtungsweisende Haupt des Leibes der Kirche ist.

VON DEN DINGEN, DIE PREISGEGEBEN WERDEN MÜSSEN

Epheser 4, 17–24

So sage ich nun und bezeuge in dem Herrn, daß ihr nicht mehr wandeln dürft, wie die Heiden wandeln in der Nichtigkeit ihres Sinnes. Ihr Verstand ist verfinstert, und sie sind fremd geworden dem Leben, das aus Gott ist, durch die Unwissenheit, die in ihnen ist, durch die Verstockung ihres Herzens; in ihrem Gewissen sind sie stumpf geworden und ergeben sich der Unzucht und treiben jegliche Unreinigkeit voll Habgier. Ihr aber habt Christus nicht so gelernt, wenn anders ihr von ihm gehört habt und in ihm gelehrt seid, wie es in Jesus Wahrheit ist. Leget von euch ab den alten Menschen mit seinem vorigen Wandel, der durch trügerische Lüste sich verderbt. Erneuert euch aber im Geist eures Gemüts und ziehet den neuen Menschen an, der nach Gott geschaffen ist in rechtschaffener Gerechtigkeit und Heiligkeit.

Paulus bittet in diesem Abschnitt, alle, die sich zum Christentum bekehrt hätten, sollten von ihrer früheren Lebensweise ablassen und sich der christlichen Lebensweise zuwenden. Paulus legt dar, worin nach seiner Ansicht die charakteristischen Merkmale heidnischen Lebens bestehen. Die Heiden bringen ihr Leben mit nichtigen Dingen zu, ihr Verstand ist verfinstert, weil sie keine Ahnung vom wirklichen Leben haben. Und dann folgt ein besonders ins Auge springendes Wort. Paulus sagt, ihre Herzen seien v e r s t o c k t. Das entsprechende griechische Wort heißt p o r o s i s und ist von dem Substantiv p o r o s abgeleitet, mit dem ursprünglich ein Gestein bezeichnet wurde, das noch härter als Marmor war. Dann erlangte das Wort auch medizinische Bedeutung. Man bezeichnete damit die zur vollständigen Versteifung führende Kalkablagerung in den Gelenken, ebenso aber auch die sich bei der Heilung von Knochenbrüchen bildenden Verhärtungen. Und dann erlangte das Wort im übertragenen Sinne schließlich die Bedeutung, daß der Mensch jeglicher Gefühlsregung unfähig wird, da er vollständig verhärtet, ja wie versteinert ist. Das sei, sagt Paulus, bei der heidnischen Lebensführung der Fall. Die Heiden seien so verhärtet, so verstockt, daß sie die Fähigkeit, zu fühlen, eingebüßt hätten. Die Macht der Sünde ist so groß, daß sie die Menschen verstockt macht. Dieser Prozeß ist deutlich wahrnehmbar. Niemand wird von heute auf morgen zu einem großen Sünder. Zunächst packt die Menschen beim Gedanken an die Sünde Furcht und Schrecken. Zunächst empfinden alle Gewissensbisse und Reue, wenn sie trotzdem sündigen. Doch je mehr wir sündigen, umsomehr verlieren wir das Gefühl dafür, daß wir etwas Unrechtes tun, bis wir schließlich selbst die scheußlichsten Dinge tun können, ohne dabei überhaupt noch Gewissensbisse zu haben. Das Gewissen der Menschen ist in diesem Stadium bereits verstockt. Paulus beschuldigt hier die Heiden, ihre Lebensweise verhärte das Gewissen der Menschen, bis es sich schließlich überhaupt nicht mehr rege.

Paulus läßt es bei diesem furchtbaren Wort jedoch nicht bewenden. Er sagt weiter, die gottlos lebenden Menschen ergäben sich ihren unersättlichen Begierden und trieben jegliche Unreinigkeit in ihrer schamlosen Unzucht. Paulus verwendet an dieser Stelle das griechische Wort a s e l g e i a für Zügellosigkeit. Plato hat diese Eigenschaft als „Unverschämtheit" bezeichnet; ein anderer Schriftsteller als „die Bereitschaft zu Vergnügungen aller Art". Der Kirchenlehrer Basilius (gest. 379) spricht von der a s e l g e i a als von der „Veranlagung eines Menschen, der unfähig zur Selbstzucht ist." Während schlechte Menschen im allgemeinen ihre Sünden zu verheimlichen suchen, kümmert sich der von der a s e l g e i a erfaßte Mensch nicht darum, wie sehr er andere durch sein Verhalten schockiert, wie sehr er ihr Schamgefühl verletzt. Ihm geht es ausschließlich um die Befriedigung seiner Wollust. Die meisten Menschen besitzen soviel Schamgefühl, daß sie ihre Sünden vor anderen zu verbergen suchen; Menschen, von denen die a s e l g e i a Besitz ergriffen hat, ist es dagegen völlig gleichgültig, ob andere ihr schändliches Treiben sehen. Hauptsache, sie bekommen, wonach ihnen der Sinn steht. Die Sünde kann die Menschen so sehr in ihrer Gewalt haben, daß sie jedes Gefühl für Scham und Anstand verlieren. Sie sind wie Süchtige, die ihre Drogen anfangs insgeheim nehmen, schließlich jedoch dahin gelangen, daß sie in aller Öffentlichkeit um die Drogen betteln und winseln, weil sie völlig abhängig von ihnen geworden sind. Die Menschen können so sehr zum Sklaven geistiger Getränke werden, daß es ihnen nichts ausmacht, wenn andere sie in betrunkenem Zustand sehen. Die Menschen können sich von ihrem Geschlechtstrieb so völlig beherrschen lassen, daß es sie gleichgültig läßt, wenn andere sehen, auf welche Weise sie ihn befriedigen. Die heidnische, gottlose Lebensweise kann so völlig von Sünde beherrscht sein, daß die Menschen ihr natürliches Schamgefühl verlieren und zu Bestien werden.

Menschen, die ein gottloses Leben ohne Christus führen, ergeben sich der Unzucht und Unreinigkeit voller Habgier. Die Griechen definierten das an dieser Stelle verwendete Wort pleonexia als „unverschämte Gier“, als „abscheuliche Besitzgier“, als „das widerrechtliche Verlangen nach etwas, was anderen gehört“. Dieser Begriff besagt, daß jemand von einem Geist besessen ist, der bereitwillig seinen Nächsten den eigenen Begierden opfert. Pleonexia ist der unwiderstehliche Drang nach etwas, worauf wir keinen Rechtsanspruch haben. Diese Eigenschaft kann zum Diebstahl führen; sie kann dazu führen, daß der Mensch sich rücksichtslos über andere hinwegsetzt, um seine persönlichen Ziele zu erreichen; sie kann zur Sünde auf geschlechtlichem Gebiet führen. Menschen, denen es gleichgültig ist, ob sie andere verletzen, denen jede Methode recht ist, wenn sie nur bekommen, was sie haben möchten, sind von der pleonexia erfaßt.

In der heidnischen Welt, in der gottlosen Welt ohne Christus erblickte Paulus drei große Gefahren. Einmal die Gefahr, daß die Herzen der Menschen so verstockt würden, daß sie sich ihrer Sünde gar nicht mehr bewußt seien; zum andern die Gefahr, daß die Sünde solche Macht über sie gewänne, daß sie jedes Schamgefühl verlören, und drittens die Gefahr, daß es den Menschen in ihrer Gier nach Unerlaubtem völlig gleichgültig sei, ob sie dadurch andere Menschen kränkten oder an ihnen schuldig werden. Wenn wir ein wenig über diese Sünden nachdenken, erkennen wir, daß sie in jedem Leben ohne Gott heute noch in der gleichen Weise vorhanden sind. Es sind die Sünden, denen wir täglich auf jeder Großstadtstraße begegnen können.

Paulus bittet seine zum christlichen Glauben bekehrten Freunde, mit diesem Leben endgültig Schluß zu machen. Auf sehr anschauliche Weise fordert er sie auf, den alten Menschen abzulegen, wie man ein altes Kleidungsstück ablegt; er fordert sie auf, sich neu einzukleiden; sie sollen ihre Sünden ablegen und die rechtschaffene Gerechtigkeit und Heiligkeit anziehen, die Gott ihnen zu geben vermag.

Es gibt nur wenige Stellen, an denen die Scheußlichkeit der Sünde so anschaulich dargestellt ist und die Menschen so dringend wie hier aufgefordert werden, ihr Leben nach göttlichen und nicht nach weltlichen Maßstäben auszurichten.

WAS WIR MENSCHEN AUS UNSEREM LEBEN VERBANNEN MÜSSEN

Epheser 4, 25–32

Darum leget die Lüge ab und redet die Wahrheit, ein jeglicher mit seinem Nächsten, weil wir untereinander Glieder sind. Zürnet ihr, so sündiget nicht; lasset die Sonne nicht über eurem Zorn untergehen und gebet nicht Raum dem Lästerer. Wer gestohlen hat, der stehle nicht mehr, sondern arbeite und schaffe mit seinen Händen etwas Gutes, auf daß er habe, zu geben dem Bedürftigen. Lasset kein faul Geschwätz aus eurem Munde gehen, sondern was gut ist und das Nötige fördert, das redet, auf daß es Segen bringe denen, die es hören. Und betrübet nicht den heiligen Geist Gottes, mit dem ihr versiegelt seid auf den Tag der Erlösung. Alle Bitterkeit und Grimm und Zorn und Geschrei und Lästerung sei ferne von euch samt aller Bosheit. Seid aber miteinander freundlich, herzlich und vergebet einer dem andern, gleichwie Gott euch vergeben hat in Christus.

Soeben hat Paulus festgestellt, daß alle, die Christen werden, ihr altes Leben ablegen müssen, wie man alte Kleider ablegt, für die man keine Verwendung mehr hat. In diesem Abschnitt nun spricht Paulus von den Dingen, die aus dem christlichen Leben verbannt werden müssen.

1. Es soll keine Falschheit darin geben. Es gibt viele Formen der Lüge. Man kann mit Worten lügen. Manchmal geschieht dies absichtlich, manchmal fast unbewußt. Eine alte Erziehungsregel besagt: „Gewöhne deine Kinder von Anfang an daran, die Wahrheit zu sagen; geschieht etwas an einem bestimmten Fenster und sie berichten, es sei an einem anderen Fenster geschehen, laß es nicht durchgehen, sondern gebiete ihnen augenblicklich Einhalt; du weißt, wohin jede noch so geringfügige Abweichung von der Wahrheit führen kann . . . Daß es soviel Falschheit und Lüge auf der Welt gibt, ist vielfach mehr auf Gedankenlosigkeit und Achtlosigkeit zurückzuführen als darauf, daß die Menschen absichtlich lügen." Wir müssen uns also ganz bewußt daran gewöhnen, immer die Wahrheit zu sagen. Wie leicht lassen sich die Einzelheiten eines Berichts ausschmücken! Wie erfinderisch sind wir, wenn wir uns ausreden wollen! Sei es, daß wir etwas Verbotenes getan oder etwas unterlassen haben, was wir hätten tun sollen. Es ist den Menschen vielfach

kaum noch bewußt, daß sie lügen und daß es großer Anstrengungen bedarf, um stets bei der Wahrheit zu bleiben. Doch außer den Lügen, die wir aussprechen, gibt es auch Lügen, deren wir uns durch unser Schweigen schuldig machen. Der französische Schriftsteller André Maurois hat einmal von der „Bedrohung durch das Unausgesprochene" gesprochen. Wer bei einer Diskussion schweigt, obwohl er hätte Stellung beziehen sollen, gibt durch sein Schweigen unter Umständen seine Einwilligung zu einer Sache, von der er genau weiß, daß sie falsch oder böse ist. Wie oft halten die Menschen wider besseres Wissen mit ihren Mahnungen und Einwänden zurück! Wir können die Wahrheit durch unser Schweigen ebensosehr unterdrücken, wie wir sie mit unseren Worten ins Gegenteil verkehren können.

Paulus führt die Gründe an, weshalb wir bei der Wahrheit bleiben sollen. Wir sollen die Wahrheit sagen, weil wir alle Glieder desselben Leibes sind. Wir leben nur dann sicher, wenn unsere Sinne und Nerven dem Gehirn die richtigen Nachrichten übermitteln. Tun sie dies nicht und übermitteln zum Beispiel die Nachricht, etwas sei kalt und lasse sich berühren, obwohl es in Wirklichkeit heiß ist, so daß man sich daran verbrennt, wäre sehr bald überhaupt kein Leben mehr möglich. Unser Körper funktioniert nur solange, wie jeder seiner Teile das Gehirn und damit auch die anderen Körperteile richtig informiert. Wenn wir also alle dem gleichen Leib angehören, kann dieser nur funktionieren, wenn wir die Wahrheit sagen. Jeder Täuschungsversuch beeinträchtigt die Wirksamkeit des Leibes Jesu Christi.

2. Wohl gehört auch der Zorn zum christlichen Leben, doch sollen Christen sich nur auf die rechte Weise erzürnen. Menschen, denen die Fähigkeit, sich zu erzürnen, überhaupt abgeht, fehlt etwas Wesentliches. Zorn, der der Selbstsucht entspringt, Zorn über das, was uns selbst widerfährt, ist stets unangebracht. Verdrießlichkeit, schlechte Laune und Reizbarkeit sind durch nichts gerechtfertigt. Doch es gibt einen Zorn, ohne den die Welt eine armselige Welt wäre. Wenn es keine Männer gegeben hätte, die mit feurigem Zorn gegen den Sklavenhandel oder die schlechten Arbeitsbedingungen des 19. Jahrhunderts gekämpft hätten, unter denen zahllose Männer, Frauen und Kinder zu leiden hatten, wäre der Welt viel entgangen. Der englische Schriftsteller Dr. Johnson (1709–1784) war von einer zeitweilig geradezu schroffen Offenheit. Wenn er etwas für schlecht hielt, sprach er dies unverblümt und mit Nachdruck aus. Als er im Begriff stand, das Buch über die Reise zu den

Hebriden zu veröffentlichen, bat man ihn, einige darin enthaltene Schroffheiten des Ausdrucks zu mildern. Darauf soll Johnson erwidert haben, „er werde niemandem zuliebe seine Krallen beschneiden lassen und von einem Tiger zur zahmen Katze werden". Auch der Tiger hat eine Aufgabe zu erfüllen, und wenn aus dem Tiger eine bloß getigerte Katze wird, entgeht der Welt etwas. Auch im Leben Jesu hat es Augenblicke gegeben, in denen ihn ein achtunggebietender, schrecklicher Zorn erfüllte. Er war zornig, als die Pharisäer und Schriftgelehrten ihn lauernd beobachteten, um aufzupassen, ob er den Mann mit der verdorrten Hand am Sabbat heilen werde (Mark. 3, 5). Er war nicht etwa zornig, weil sie ihn kritisierten, sondern weil sie in ihrer starren Strenggläubigkeit nicht davor zurückschreckten, einen leidenden Mitmenschen unnötige Qualen zu bereiten. Jesus war voller Zorn, als er die Geldwechsler und Händler der Opfertiere mit der Peitsche zum Tempel hinaustrieb (Joh. 2, 13–17). John Wesley, der Begründer der Methodistenkirche, hat einmal gesagt: „Gebt mir hundert Menschen, die niemand außer Gott fürchten, die nichts außer der Sünde hassen, die nichts wissen, außer daß Jesus Christus für uns gelebt hat und gestorben ist, dann werde ich mit ihrer Hilfe die Welt erschüttern." Zorn und Selbstsucht, Leidenschaft, Disziplinlosigkeit und Unbeherrschtheit ist Sünde, verletzend und sinnlos, und sollte daher aus dem Leben jedes Christen verbannt werden. Doch Zorn, der sich zu beherrschen weiß und dem Dienst Jesu Christi und dem Dienst an den Mitmenschen gilt, ein Zorn, der rein und selbstlos ist, gehört zu den dynamischsten Kräften des Lebens.

WAS WIR AUS UNSEREM LEBEN VERBANNEN SOLLTEN

Epheser 4, 25–32 (Fortsetzung)

3. Weiter sagt Paulus, Christen sollten nie die Sonne über ihrem Zorn untergehen lassen. Bei Plutarch (gest. um 125 nach Christus) heißt es, bei den Pythagoräern, einem Bund, der sich aus Schülern des griechischen Philosophen Pythagoras (6. Jh. v. Chr.) gebildet habe, habe eine ihrer Lebensregeln besagt, daß sie sich noch vor Sonnenuntergang des Tages, an dem sie einander im Streit gekränkt und beleidigt hatten, wieder aussöhnen sollten, indem sie sich die Hände reichten und küßten. Und ein jüdischer Rabbi bat Gott darum, er möge ihm helfen, daß er sich nie mit einem bitteren oder bösen Gedanken gegen einen

seiner Brüder schlafen lege. Der Tag könne nicht besser beschlossen werden, als wenn man mit allen Menschen Frieden gemacht habe, sagt auch Paulus an dieser Stelle. Der Rat ist deshalb so vernünftig, weil Streit oder Ärger umso schwerer zu bereinigen sind, je länger wir die Sache aufschieben. Wenn wir Unannehmlichkeiten mit jemandem haben, wenn es in der Kirche oder in einer anderen Gemeinschaft Verdruß gibt, sollten wir auf der Stelle damit fertigzuwerden versuchen, weil dies der einzig mögliche Weg zur Bereinigung ist. Je länger wir warten, umso komplizierter und schwieriger wird die Sache, weil jeder sich auf seinen Standpunkt versteift. Wenn wir im Unrecht sind, sollen wir Gott bitten, er möge uns die Kraft schenken, hinzugehen und unser Unrecht zuzugeben. Ja, selbst wenn wir recht hatten, sollen wir Gott bitten, er möge uns die Güte schenken, die uns befähigt, den ersten Schritt zu tun, damit die Angelegenheit wieder in Ordnung kommt.

Zugleich fordert Paulus noch etwas anderes von seinen Freunden. Der griechische Text läßt an dieser Stelle zwei Deutungen zu. Er kann einmal heißen: „Gebt dem Teufel keine günstige Gelegenheit." Jeder Bruch, jeder Streit, der nicht bereinigt ist, bietet dem Teufel ausgezeichnet Gelegenheit, Zwietracht und Unfrieden zu säen. Immer wieder sind neue Sekten und Spaltungen in der Kirche entstanden, weil zwei Menschen miteinander in Streit gerieten und die Sonne über ihrem Zorn haben untergehen lassen. Wir sollten nie vergessen, daß dem Teufel immer dann eine Chance eingeräumt wird, wenn sich die Beziehungen der Menschen untereinander verschlechtern. Und der Teufel ist sehr schnell bei der Hand! Der griechische Text kann an dieser Stelle ebensogut aber auch etwas anderes bedeuten. Diabolos heißt nicht nur Teufel, sondern auch Verleumder. So hat zum Beispiel auch Luther diese Stelle verstanden und übersetzt: „Gebet nicht Raum den Lästerer!" Vielleicht wollte Paulus mit seinen Worten tatsächlich dies zum Ausdruck bringen, denn niemand richtet mehr Schaden an und verursacht soviel Kummer wie die Lästermäuler. Täglich werden durch Klatsch und Tratsch viele Menschen um ihren guten Ruf gebracht. Wir täten daher gut daran, unsere Türen vor jedem Klatschmaul zu verschließen.

4. Wer gestohlen hat, soll versuchen, durch ehrliche Arbeit zu etwas zu kommen. Dieser Rat war dringend erforderlich, da Diebstahl in der Antike in ungewöhnlicher Weise überhandgenommen hatte. Vor allem in den Häfen und in den städtischen Bädern war er gang und gäbe. Die Bäder waren allen zugängliche öffentliche Einrichtungen, und das Stehlen von

Kleidern und dem, was die Badenden sonst bei sich hatten, gehörte zu den häufigsten Delikten, die an der Tagesordnung waren.
Interessant an diesem Pauluswort ist vor allem der Grund, den er dafür angibt, daß die Menschen auf ehrliche Weise ihr Geld verdienen sollten. Paulus sagt nicht etwa: „Sei ein rechtschaffener Arbeiter, damit du dich unter deiner Hände Arbeit selbst ernähren kannst und unabhängig bist", sondern er sagt: „Verdiene dein Geld durch ehrliche Arbeit, damit du etwas hast, um es denen zu geben, die ärmer sind als du." Das ist ein neuer Gedanke und ein neues Ziel: Der Mensch soll arbeiten, um etwas verschenken zu können. Auch wenn wir in einer modernen Gesellschaft leben und nicht übermäßig viel zum Verschenken besitzen, sollten wir stets bedenken, daß das christliche Arbeitsethos nicht darin besteht, Schätze anzuhäufen, sondern darin, daß die Mittel, die wir durch unsere Arbeit erwerben, uns die Möglichkeit verschaffen, sie im Bedarfsfalle zu verschenken.
5. Weiter fordert Paulus die Menschen auf, kein faules Geschwätz aus ihrem Munde gehen zu lassen, sondern nur das zu sagen, was anderen Menschen nützt. Die christliche Rede sollte dadurch gekennzeichnet sein, daß sie den Mitmenschen hilft. Schon Eliphas von Teman hat seinem Freunde Hiob das großartige Kompliment gemacht: „Deine Rede hat die Strauchelnden aufgerichtet, und die bebenden Knie hast du gekräftigt" (Hiob 4, 4). So sollte auch die Rede aller Christen beschaffen sein.
6. Paulus fordert uns dringend auf, den Heiligen Geist nicht zu betrüben. Der Heilige Geist lenkt und beschützt uns. Wer als junger Mensch weder auf die Ratschläge noch auf die Mahnungen der Eltern hört, sondern das Gegenteil von dem tut, wozu sie ihm raten, verletzt sie und betrübt ihre Herzen. So kränken wir auch Gott, den Vater, der durch den Heiligen Geist sein Wort zu uns sprechen läßt, wenn wir den Heiligen Geist betrüben und das Gegenteil von dem tun, wozu er uns rät.

WAS WIR AUS UNSEREM LEBEN VERBANNEN SOLLEN

Epheser 4, 25–32 (Fortsetzung)

Paulus beschließt das Kapitel mit der Aufzählung weiterer Dinge, die aus unserem Leben verschwinden müssen.
a) Die Bitterkeit (p i k r i a) soll in unserem Leben keinen Platz

haben. Mit diesem Wort bezeichneten die Griechen eine seit langem bestehende Verstimmung gegen jemand, die Haltung eines Menschen, der sich um keinen Preis mit jemanden aussöhnen will. Wie oft hegen und pflegen wir unseren Zorn, grübeln wir über Beleidigungen, Kränkungen und Zurücksetzungen nach, die andere uns zugefügt haben. Je mehr wir über diese Dinge nachgrübeln, umso tiefer fressen sie sich ein. Wir alle täten daher gut daran, Gott zu bitten, uns diese Dinge vergessen zu lehren.

b) Wir sollen uns von Unmut und Zorn freimachen. Wir sollen uns weder von plötzlicher Leidenschaft (thymos) noch von langanhaltendem Zorn (orge) beherrschen lassen. Mit dem Wort thymos bezeichneten die Griechen jenen Zorn, der wie ein Strohfeuer aufflammt, aber ebenso rasch auch wieder in sich selbst zusammensinkt. Orge war dagegen jener Zorn, in den sich jemand so fest verrannte, daß er nicht mehr davon lassen konnte. Christen sollen weder jähzornig noch von langandauerndem Zorn sein.

c) Wir sollen uns freimachen von lautem Geschrei und vom Lästern. Ein bekannter Prediger erzählte einmal, seine Frau pflege ihm vor jeder Predigt den Rat zu geben: „Sprich nicht so laut!" Wenn wir bei einem Gespräch oder bei einer Auseinandersetzung merken, daß wir laut werden, sollten wir aufhören zu sprechen. Bei den Juden gab es die „Sünde des Lästerns". Sie glaubten, niemand sei vor Gott schuldlos, der über seine Mitmenschen lästere. König Lear sagt von seiner toten Tochter Cordelia: „Ihre Stimme war stets sanft, zärtlich und mild; ein köstlich Ding an Fraun —." Viel Herzeleid bliebe uns erspart, wenn wir unsere Stimme immer in der Gewalt hätten und leise sprächen, wenn wir schwiegen, sofern wir jemandem nichts Gutes zu sagen wüßten. Lautstark vorgebrachte Argumente sind keine Argumente; und eine Auseinandersetzung, in der es ohne Beleidigungen nicht abgeht, ist keine Diskussion mehr, sondern ein regelrechter Streit.

Paulus faßt alle seine Ratschläge in der Aufforderung zusammen, wir sollten miteinander freundlich (chrestos) sein. Die Griechen definierten diese Eigenschaft als die Gesinnung eines Menschen, der ebensosehr auf das Wohl seines Nächsten wie auf das eigene Wohl bedacht sei. Ein freundlicher Mensch verhält sich gegenüber den Gefühlen anderer Menschen nicht anders als gegenüber seinen eigenen Gefühlen. Wer freundlich ist, läßt sich den Schmerz, die Schwierigkeiten und die Sorgen anderer Menschen ebenso angelegen sein wie seine eigenen. Freundlichkeit ist auf andere gerichtet, nicht auf sich selbst; darin besteht ihr Geheimnis. Paulus sagt, wir sollen unseren Mitmenschen vergeben, wie Gott uns vergibt. In einem einzigen Satz faßt Paulus hier das die mitmenschlichen Beziehungen regelnde Gesetz zusammen. Das Gebot lautet, daß wir miteinander so umgehen sollen, wie Jesus Christus sich uns gegenüber verhält.

GOTT NACHAHMEN. GOTT ZUM VORBILD NEHMEN

Epheser 5, 1–8

So seid nun Gottes Nachfolger als die geliebten Kinder und wandelt in der Liebe, gleichwie Christus euch hat geliebt und sich selbst dargegeben für uns als Gabe und Opfer, Gott zu einem lieblichen Geruch. Unzucht aber und alle Unreinigkeit oder Habsucht lasset nicht von euch gesagt werden, wie es den Heiligen ziemt, auch nicht schandbare Worte und närrische Dinge oder Scherze, welche euch nicht anstehen, sondern vielmehr Danksagung. Denn das sollt ihr wissen, daß kein Unzüchtiger oder Unreiner oder Habsüchtiger, das ist ein Götzendiener, Erbe hat an dem Reich Christi und Gottes. Lasset euch von niemand verführen mit nichtigen Worten; denn um dieser Dinge willen kommt der Zorn Gottes über die Kinder des Ungehorsams. Darum seid nicht ihre Mitgenossen. Denn ihr waret vormals Finsternis; nun aber seid ihr Licht in dem Herrn.

Paulus fordert seine christlichen Freunde auf, sich an den höchsten Maßstäben zu messen. Er sagt, sie sollen sich Gott zum Vorbild nehmen. Von Klemens von Alexandrien stammt das kühne Wort, der wirklich christliche und weise Mensch übe sich darin, wie Gott zu sein. Die griechischen Philosophen verstanden durchaus, was Paulus mit dem Ausdruck m i m e s i s, N a c h a h m u n g meinte, dessen er sich hier bedient. Die m i m e s i s war ein wichtiger Bestandteil der rhetorischen Ausbildung. Die Lehrer der Rhetorik behaupteten, das Erlernen der Redekunst sei von drei Faktoren abhängig. Wer ein guter Redner werden wolle, müsse die Theorie der Rhetorik, die Kunst der Nachahmung und die Kunst der Rede und des Sprechens beherrschen. Die Schulung bestand zum größten Teil im Studium und in der Nachahmung von Meisterrednern der Vergangenheit, die den Schülern als Vorbild dienten. Es ist also, als ob Paulus sagen wollte: „Wenn ihr geschulte Redner werden wollt, würde man euch sagen, daß ihr euch die Meister der Rhetorik zum Vorbild nehmen und nachahmen müßtet; da ihr euch aber nicht in der Redekunst, sondern in der Kunst des Lebens üben sollt, müßt ihr euch den Herrn und Meister alles guten Lebens zum Vorbild nehmen und ihn nachahmen."

Diese Nachahmung zielt ganz besonders in einer Richtung. Christen sollen sich die Liebe und Vergebung Gottes zum Vorbild nehmen. Paulus bedient sich hier eines für das Alte Testament typischen Ausdrucks. Er spricht von dem „lieblichen Geruch". Dieser Ausdruck geht auf eine Vorstellung zurück, die ebenso alt ist wie die Darbringung von Opfern. Wurde das Opfer auf dem Altar dargebracht, stieg der Geruch des verbrennenden Fleisches zum Himmel empor, und man glaubte, der Gott, dem das Opfer dargebracht wurde, ergötze sich an diesem Geruch. Opfer mit lieblichem Geruch waren der Gottheit, der sie dargebracht wurden, besonders wohlgefällig. Paulus benutzt diesen durch die Zeit geheiligten alten Ausdruck – er kommt im Alten Testament fast fünfzigmal vor –, um damit das Opfer zu beschreiben, das Jesus Gott gebracht hat. Das Opfer Jesu gefiel Gott wohl; er freute sich darüber. Worin bestand nun das Opfer Jesu? In einem Leben völligen Gehorsams gegenüber Gott und in seiner vollkommenen Liebe zu den Menschen. So bedingungslos war Jesus Gott gehorsam, und so unbedingt war seine Liebe zu den Menschen, daß er selbst den Kreuzestod bejahte. Paulus sagt hier also: „Ahmt Gott nach. Wenn ihr aber Gott nachahmen wollt und das Opfer, das Jesus gebracht hat, dann kann dies nur dadurch geschehen, daß ihr die Menschen mit der gleichen opferbereiten Liebe liebt, mit der Jesus sie geliebt hat, und ihnen mit der gleichen Liebe vergebt, mit der Gott euch vergibt." Die dringende Bitte des Paulus geht dahin, daß alle Christen sich Gottes Liebe, Gottes Freundlichkeit und seine Vergebung und Barmherzigkeit zum Vorbild ihres Lebens nehmen.

Dann wendet Paulus sich einem anderen Thema zu. Man sagt, die Keuschheit sei eine Tugend, die es erst seit Bestehen des Christentums gebe. Sicher ist, daß in der Antike zügelloses Ausschweifen im sexuellen Bereich keineswegs als Sünde galt. Man nahm es als selbstverständlich hin, daß Männer eine Geliebte hatten. In Städten wie Korinth gab es in den Tempeln Hunderte von Priesterinnen, die zugleich „heilige" Prostituierte waren. Ihre Einkünfte dienten zur Bestreitung der Unterhaltungskosten des Tempels. In seiner Rede Pro Caelio plädiert Cicero folgendermaßen: „Wer die Ansicht vertritt, jungen Männern sollte der Umgang mit Kurtisanen völlig verboten werden, ist wirklich äußerst streng. Ich sehe mich außerstande, das Prinzip als solches in Abrede zu stellen und stelle fest, daß jemand, der es dennoch tut, nicht nur von der gegenwärtigen Freiheit in diesem Punkt abweicht, sondern auch von den Sitten und Zugeständnissen, die schon unsere Ahnen machten. Hat es sich etwa je anders verhalten? Hat jemals ein Mensch Anstoß daran genommen? Hat je ein Mensch bestritten, daß es erlaubt sei? Hat es je eine Zeit gegeben, in der ungesetzlich war, was jetzt erlaubt ist?" Cicero behauptet, kein vernünftiger Römer käme auf den Gedanken, einem jungen Mann den Umgang mit Prostituierten zu verbieten. Den Standpunkt, den die Antike in dieser Frage vertrat, erkennen wir auch daraus, daß die Griechen behaupteten, schon Solon habe die Prostitution in Athen zugelassen und die Errichtung von Bordellen veranlaßt. Von den Einkünften aus diesem Gewerbe wurde der Liebesgöttin Aphrodite ein neuer Tempel erbaut. Nichts veranschaulicht den griechischen Standpunkt besser als die Tatsache, daß die Griechen nichts Böses darin sahen, den Göttern aus den Einnahmen der Prostitution Tempel zu errichten. Der Nachdruck, den Paulus auf Sittenreinheit legte, war gleichbedeutend mit der Errichtung eines Wertmaßstabes, von dem kein Durchschnittsheide sich je hätte träumen lassen. Das ist auch der Grund dafür, daß Paulus sie so inständig bittet und ihnen das Gebot der Reinheit so sehr einschärft. Wir dürfen nicht vergessen, aus welcher Umwelt heraus die Menschen damals sich zum Christentum bekehrten. Wir dürfen nicht vergessen, in welcher Umgebung sie aufgewachsen waren und bisher gelebt hatten. Der Wandel, den das Christentum im Hinblick auf die Moral bewirkt hat, steht in der Geschichte einzigartig dar.

KEINEN SCHERZ TREIBEN MIT DER SÜNDE

Epheser 5, 1—8 (Fortsetzung)

Paulus warnt seine Freunde auch noch vor zwei anderen Dingen.

1. Er sagt, man solle über diese Sünde weder sprechen noch solle sie dazu dienen, daß man törichten und üblen Scherz damit treibe. Von Herodot wissen wir, daß es einer alten persischen Vorschrift zufolge „nicht erlaubt war, über Dinge zu sprechen, die verboten waren". Wer über eine Sache spricht, wer über sie scherzt, wer sie zum bevorzugten Gegenstand

seiner Unterhaltung macht, räumt ihr damit einen Platz in seinen Gedanken ein und kommt damit ihrer Ausführung immer näher. Paulus glaubt, daß es Dinge gibt, von denen zu sprechen und über die zu scherzen nicht ratsam sei. Er ermahnt seine Freunde daher, derartige Gespräche aus ihrem Leben auszuklammern. Viele Bücher, Theaterstücke und Filme werfen ein trauriges Licht auf die menschliche Natur; ihnen ist nur deshalb Erfolg beschieden, weil sie Themen behandeln, die mit verbotenen und verabscheuungswürdigen Dingen zusammenhängen.

2. Paulus sagt, seine zum christlichen Glauben bekehrten Freunde sollten sich nicht durch nichtige Worte verführen lassen. Was meint er damit? In der Antike, ja, selbst in der christlichen Gemeinde wurden Stimmen laut, die die Menschen lehrten, leibliche Sünden nicht allzu ernst zu nehmen. Es gab damals eine Geistesströmung, die als Gnosis bekannt wurde. Die Gnostiker gingen von dem Grundgedanken und von der Behauptung aus, daß nur der Geist gut sei, daß dagegen alles Stoffliche fehlerhaft und böse sei, daß die Materie ihrem Wesen nach böse sei. Daraus folgerten sie, daß nur der Geist Wert besäße, daß alles Stoffliche dagegen verächtlich sei. Nun besteht der Mensch aus Körper und Geist. Vom Standpunkt der Gnostiker aus zählt jedoch nur der Geist des Menschen; sein Körper ist völlig unwichtig. Es sei daher, so argumentierten zumindest manche Gnostiker, auch einerlei, was der Mensch mit seinem Körper anfange. Es sei ohne Bedeutung, ob er seine Triebe befriedige oder nicht. Da die leibliche Existenz nur von kurzer Dauer sei, komme es ausschließlich auf den Geist an. Diese Gruppe unter den Gnostikern behauptete, ob der Mensch auf sexuellem Gebiet sündige oder nicht, sei völlig belanglos, weil es sich ja nur um Sünden des Körpers und nicht um Sünden des Geistes handele. Dieser Lehre trat das Christentum mit der Behauptung entgegen, daß Leib und Seele gleich wichtig seien, daß Gott beide geschaffen habe, daß Jesus Christus den menschlichen Leib auf immer geheiligt habe, indem er selbst Mensch wurde, und daß es dem Christentum um das Heil und die Rettung des ganzen Menschen gehe, um seinen Leib, um seine Seele und um seinen Geist.

3. Kam dieser Angriff von außerhalb der Gemeinde, so kam ein noch gefährlicherer Angriff gegen das Christentum aus der Gemeinde selbst. Innerhalb der Gemeinden gab es Menschen, die die Gnadenlehre mißdeuteten. Ein Echo dieser Auseinandersetzung klingt uns Römer 6 entgegen. Diese Menschen argumentieren folgendermaßen. „Du behauptest also, daß es nichts

größeres gibt als die Gnade Gottes?" „Ja." „Und ebenso behauptest du, daß die Gnade Gottes sich auf jede Schuld, auf jede Sünde und auf jeden Makel erstreckt?" „Ja." „Dann können wir also ruhig weiter sündigen, denn Gott macht in seiner Gnade ja alle Sünden zuschanden. Ja, mehr noch: Je mehr wir sündigen, umsomehr geben wir Gott Gelegenheit, seine Gnade walten zu lassen. Unsere Sünde ist also sogar etwas Gutes, weil sie Gnade bewirkt, die, wie du selbst sagst, das Wunderbarste ist, was es gibt." Diesem Einwand wurde damit begegnet, daß man nachdrücklich betonte, bei der Gnade handele es sich nicht ausschließlich um ein Vorrecht und ein Geschenk, sondern die göttliche Gnade bedeute zugleich die Verpflichtung zu größerer Verantwortlichkeit. Wohl vermag Gott in seiner Liebe alles zu vergeben, und er tut es auch; doch die Tatsache, daß Gott uns liebt, schließt selbstverständlich auch die Verpflichtung ein, daß wir versuchen, uns dieser Liebe würdig zu erweisen.
Der schlimmste Dienst, den wir unseren Mitmenschen tun können, besteht darin, daß wir sie glauben machen, sie dürften ihre Sünden leicht nehmen. Jede Lehre, die unser Entsetzen und unseren Abscheu vor der Sünde verkleinert, ist Gift. Paulus fleht daher die bekehrten Heiden an, sich nicht von den leeren und nichtigen Worten jener Menschen verführen zu lassen, die die Sünde ihres Schreckens und Stachels berauben wollen.

KINDER DES LICHTS

Epheser 5, 9–14

Wandelt wie die Kinder des Lichtes – die Frucht des Lichtes ist lauter Gütigkeit und Gerechtigkeit und Wahrheit –, und prüfet, was da sei wohlgefällig dem Herrn. Und habt nicht Gemeinschaft mit den unfruchtbaren Werken der Finsternis, strafet sie vielmehr. Denn was heimlich von ihnen geschieht, das ist schändlich auch nur zu sagen. Das alles aber wird offenbar, wenn's vom Licht gestraft wird; denn alles, was offenbar wird, das ist Licht. Darum heißt es: Wache auf, der du schläfst, und stehe auf von den Toten, so wird dich Christus erleuchten.

Für Paulus war das heidnische Leben ein Leben in der Finsternis, das christliche Leben dagegen ein Leben im Licht. Um es ganz anschaulich zu machen, sagt er nicht, daß die Heiden Kinder der Finsternis seien und die Christen Kinder des Lichts, sondern er sagt, die Heiden s e i e n Finsternis und die Christen s e i e n Licht. Paulus spricht in diesem Abschnitt über das Licht, das die Menschen Jesus Christus verdanken.

1. Das Licht bringt gute Früchte hervor. Es bewirkt Gütigkeit, Gerechtigkeit und Wahrheit. Gütigkeit (a g a t h o s y n e) zeugt von Großmut. Gerechtigkeit (d i k a i o s y n e) besaß nach Auffassung der Griechen ein Mensch, „der Gott und den Menschen gab, was ihnen zustand". Die Wahrheit (a l e t h e i a) ist nach neutestamentlichem Verständnis nicht bloß etwas, was sich mit dem Verstand erfassen läßt, sondern es handelt sich dabei stets auch um ein sittliches Faktum. Wahrheit muß man nicht nur k e n n e n, sondern man muß sie auch v e r w i r k l i c h e n. Das Licht, das Christus uns gebracht hat, macht uns zu nützlichen und hilfreichen Menschen; es macht uns zu Menschen, die Gott und den Mitmenschen gegenüber ihre Pflicht erfüllen; es stärkt uns, das, was wir als wahr erkannt haben auch in die Tat umzusetzen. Unser Leben bleibt unfruchtbar, solange wir nicht im Lichte Jesu leben.

2. Das Licht macht uns fähig, zwischen dem, was Gott gefällt, und dem, was ihm nicht gefällt, zu unterscheiden. Alles, was wir tun und denken, muß im Lichte Christi geprüft werden können. Da die Läden in den Basaren des Orients einfache Gelasse ohne Fenster sind, geht der Käufer, der einen Seidenstoff oder ein Gerät aus gehämmertem Messing erwerben möchte, mit dem betreffenden Stück auf die Straße, um es im Sonnenlicht zu betrachten und etwaige Mängel festzustellen. Nur wenn die Ware dieser Lichtprobe standhält, wird er sie kaufen. So ist es auch Christenpflicht, jede Tat, jeden Entschluß, jeden Gedanken im Lichte Christi zu prüfen, um festzustellen, ob sie ihm standhalten.

3. Das Licht entlarvt das Böse. Der beste Weg, die Gesellschaft von etwas Bösem zu befreien, ist immer noch, daß wir es ans Licht zerren. Was im Verborgenen geschieht, hört niemals auf zu bestehen; erst wenn es ans Tageslicht gezogen wird, stirbt es eines natürlichen Todes. Das sicherste Mittel, unsere Herzen zu reinigen und ebenso die Verhaltensweisen innerhalb jeder Gemeinschaft, der wir angehören, besteht darin, daß wir sie im Lichte Jesu betrachten.

4. Zum Schluß äußert Paulus noch einen wunderschönen Gedanken über das Licht, indem er sagt: „Alles, was offenbar wird, das ist Licht." Dieser Satz ist nicht ganz einfach zu verstehen. Doch scheint Paulus damit sagen zu wollen, daß das Licht in sich selbst eine reinigende Wirkung ausübt. Als Menschen der Gegenwart wissen wir, daß tatsächlich viele Krankheiten ein-

fach durch das Licht der Sonne geheilt werden können. Wir wissen, welche Heilkraft der Strahlen der Sonne innewohnt. Ebenso verhält es sich auch mit dem Licht Christi. Wir dürfen uns unter dem Licht Christi keineswegs nur ein kaltes, verdammendes Licht vorstellen. Das Licht Christi besitzt ebenso auch Heilkraft. Was dem Licht Christi ausgesetzt wird, wird nicht nur erleuchtet, sondern auch gereinigt. Paulus beschließt den Abschnitt mit dem Vers: „Wache auf, der du schläfst, und stehe auf von den Toten, so wird dich Christus erleuchten" und tut dabei, als ob alle dieses Zitat kennen. Doch weiß in Wirklichkeit bis heute niemand, woher es stammt. Es sind verschiedene interessante Vermutungen über die Herkunft des Zitats geäußert worden. Die Versform läßt beinahe mit Sicherheit darauf schließen, daß es sich um das Bruchstück einer frühchristlichen Hymne handelt. Möglicherweise gehört der Vers zu einer Taufhymne. Dabei müssen wir wieder einmal bedenken, daß es in der Frühkirche fast ausschließlich um die Erwachsenentaufe ging. Menschen, die vom Heidentum zum Christentum übertraten, bekannten sich zu diesem Glauben, indem sie sich taufen ließen. Vielleicht wurden diese Zeilen gesungen, wenn der Täufling dem Wasser entstieg, um dadurch symbolisch zum Ausdruck zu bringen, daß er als Christ aus dem dunklen Schlaf des Heidentums erwacht und in das helle Licht des christlichen Lebens eingetreten sei. Eine andere Vermutung besagt, daß es sich bei diesen Zeilen um Teile einer Hymne handele, die der Erzengel mit seiner Trompete am jüngsten Tage erschallen lassen werde. Dann würden sich die Menschen aus dem Schlaf des Todes erheben, um das ewige Leben Christi zu empfangen. Es sind dies zwar Spekulationen, doch scheint zumindest sicher, daß wir hier das Bruchstück einer der ältesten christlichen Hymnen vor uns haben, die in der Gemeinde gesungen wurden.

DIE CHRISTLICHE GEMEINSCHAFT

Epheser 5, 15–21

So sehet nun wohl zu, wie ihr wandelt, nicht als Unweise, sondern als Weise, und kaufet die Zeit aus; denn es ist böse Zeit. Darum werdet nicht unverständig, sondern verstehet, was da sei des Herrn Wille. Und saufet euch nicht voll Wein, daraus ein unordentlich Wesen folgt, sondern werdet voll Geistes: redet untereinander in Psalmen und Lobgesängen und geistlichen Liedern, singet und spielet dem Herrn in euren Herzen und saget Dank allezeit für alles Gott, dem Vater, in dem Namen unsres Herrn Jesus Christus, und seid einander untertan in der Furcht Christi.

Der allgemeine Appell des Paulus schließt mit der Ermahnung, seine zum christlichen Glauben bekehrten Freunde möchten weise sein. In diesen Tagen gäbe es genug Böses auf der Welt, und sie sollten die Zeit möglichst nicht mit törichten und bösen Dingen verbringen.

Danach stellt Paulus einen Vergleich zwischen heidnischen und christlichen Zusammenkünften an. Die heidnischen Zusammenkünfte seien dazu angetan, die Menschen zu verführen. Bezeichnend ist, daß sich bis heute der Ausdruck Symposion erhalten hat, wenn wir heute auch etwas anderes darunter verstehen, nämlich eine Diskussion verschiedener Menschen über einen bestimmten Gegenstand. Ursprünglich wurde damit ein Gastmahl mit anschließendem Trinkgelage bezeichnet. Ein Pastor begann seine Predigt über das Wort „Werdet voll Geistes" einmal unvermittelt mit folgendem Satz: „Man muß die Menschen mit etwas füllen." Die Heiden fanden Befriedigung darin, sich mit Wein zu füllen und sich weltlichen Vergnügungen hinzugeben; die Christen dagegen ließen sich vom Heiligen Geist mit Freuden erfüllen.

Diesem Abschnitt können wir bestimmte Fakten über die christlichen Zusammenkünfte in den ersten Gemeinden entnehmen.

1. Die ersten Gemeinden waren singende Gemeinden. Man erkannte sie daran, daß sie Psalmen, Lobgesänge und Kirchenlieder sangen. Die Frühkirche strahlte eine Freude aus, die die Menschen zum Singen veranlaßte.

2. Die ersten Gemeinden waren dankbare Gemeinden. Es trieb die Menschen damals, stets und überall für alles zu danken. Chrysostomos, der große Prediger der griechischen Kirche (gest. 407), hat den merkwürdigen Gedanken geäußert, die Christen sollten selbst für die Hölle dankbar sein, weil sie eine Drohung und Mahnung darstelle, die sie davor bewahre, vom rechten Weg abzuweichen. Die christliche Gemeinde war eine dankbare Gemeinde, weil ihre Anhänger immer noch darüber staunten, daß Gott sich in seiner Liebe erniedrigt hatte, damit sie gerettet würden; und sie war eine dankbare Gemeinde, weil den Menschen nie zuvor so stark zum Bewußtsein gekommen war, daß sie sich in Gottes Hand befanden. Die Christen damals waren fähig, für alles zu danken, weil sie überzeugt waren, daß alles von Gott kam.

3. Die Menschen der Frühkirche achteten und ehrten sich gegenseitig. Paulus nennt uns auch die Ursache dieser gegenseitigen Achtung. Sie ehrten alle gleichermaßen Christus. Sie betrachteten sich gegenseitig nicht vom Standpunkt ihrer verschiedenen Berufe oder im Lichte ihrer gesellschaftlichen Stellung; sie sahen alle Menschen im Lichte Christi; darum erkannten sie auch die Würde jedes einzelnen, und es fiel ihnen leicht, sich untereinander Achtung und Ehrerbietung entgegenzubringen.

WERTVOLLE BINDUNGEN.
DIE CHRISTLICHE HAUSTAFEL

Epheser 5, 22–33

Die Frauen seien untertan ihren Männern als dem Herrn. Denn der Mann ist des Weibes Haupt, gleichwie auch Christus das Haupt ist der Gemeinde, die er als seinen Leib erlöst hat. Aber wie nun die Gemeinde ist Christus untertan, so seien es auch die Frauen ihren Männern in allen Dingen. Ihr Männer, liebet eure Frauen, gleichwie auch Christus geliebt hat die Gemeinde und hat sich selbst für sie gegeben, auf daß er sie heiligte, und hat sie gereinigt durch das Wasserbad im Wort, auf daß er sie sich selbst darstellte als eine Gemeinde, die herrlich sei, die nicht habe einen Flecken oder Runzel oder etwas dergleichen, sondern daß sie heilig sei und unsträflich. So sollen auch die Männer ihre Frauen lieben wie ihren eigenen Leib. Wer seine Frau liebt, der liebt sich selbst. Denn niemand hat jemals sein eigen Fleisch gehaßt; sondern er nährt es und pflegt es, gleichwie auch Christus die Gemeinde. Denn wir sind Glieder seines Leibes. „Um deswillen wird ein Mensch verlassen Vater und Mutter und seinem Weibe anhangen, und werden die zwei ein Fleisch sein" (1. Mose 2, 24). Dieses Geheimnis ist groß; ich rede aber von Christus und der Gemeinde. Darum auch ihr, ein jeglicher habe lieb seine Frau wie sich selbst; die Frau aber fürchte den Mann.

Kein Mensch des zwanzigsten Jahrhunderts, der diesen Abschnitt liest, kann voll ermessen, was er in der damaligen Zeit bedeutete, da die christliche Eheauffassung den Menschen seitdem völlig vertraut geworden ist. Auch wenn die Praxis hinter diesem Ideal zurückblieb, hat es den Christen doch stets als erstrebenswert vorgeschwebt. Nach christlicher Auffassung ist die Ehe eine lebenslange Vereinigung der Körper, der Herzen und des Geistes von Mann und Frau. Als Paulus diese Gedanken niederschrieb, lagen die Dinge jedoch völlig anders. Paulus stellte ein Ideal von strahlender Reinheit vor Menschen auf, die in einer sittenlosen Welt lebten. Ein bedeutender Gelehrter hat einmal gesagt, eine der Hauptursachen des Niedergangs der antiken Kultur sei darin zu sehen, daß die Frauen so gering geachtet wurden.

Wir wollen einmal kurz den Hintergrund betrachten, vor dem Paulus seine Gedanken entwickelte.

Die Juden hatten eine sehr niedrige Meinung von den Frauen. In einem jüdischen Morgengebet dankten die jüdischen Männer Gott dafür, daß er sie nicht „zu Heiden, Sklaven oder Frauen" gemacht habe. Eine wesentliche Beeinträchtigung des jüdischen Gesetzes bestand darin, daß Frauen nach jüdischem Recht keine Personen, sondern eine Sache, ein Gegenstand waren. Frauen hatten überhaupt keine Rechte; sie waren Eigentum des Ehemannes, der nach Belieben mit ihnen umgehen konnte. Theoretisch vertraten die Juden zwar eine höchst ideale Eheauffassung, wie es auch in folgenden Sprichwörtern zum Ausdruck kommt: „Eher soll ein Jude sein Leben lassen, als Götzendienst, Mord und Ehebruch zu begehen." „Der Altar selbst vergießt Tränen, wenn ein Mann sich von der Ehegefährtin seiner Jugend scheidet." In Wirklichkeit aber war zu jener Zeit die Scheidung verhängnisvoll leicht gemacht worden. 5. Mose 24,1 heißt es über die nach dem Gesetz zulässigen Scheidungsgründe: „Wenn jemand eine Frau zur Ehe nimmt und sie nicht Gnade findet vor seinen Augen, weil er etwas Schändliches an ihr gefunden hat", schreibt er einen Scheidebrief, gibt ihn ihr in die Hand und entläßt sie aus seinem Hause. Offensichtlich hängt dabei alles von der Interpretation des Ausdrucks etwas Schändliches ab. Die strengeren Rabbinen, allen voran der berühmte Shammai, waren der Ansicht, daß damit ausschließlich Ehebruch gemeint sei, und erklärten daher, daß eine Scheidung selbst im Falle von Ehebruch nur dann zulässig sei, wenn eine Frau so böse wie Isebel sei. Die liberaleren unter den Rabbinen, an ihrer Spitze der ebenfalls berühmte Hillel, legten diese Stelle so großzügig wie nur möglich aus. Sie behaupteten, der Mann habe bereits dann das Recht, sich von seiner Frau zu scheiden, wenn sie das Essen versalze, wenn sie sich mit bloßem Kopf in der Öffentlichkeit zeige, wenn sie sich auf der Straße mit Männern unterhalte, wenn sie in der Gegenwart des Ehemannes respektlos über seine Eltern spräche, wenn sie eine zänkische Frau sei, streitsüchtig und unbequem. Ein gewisser Rabbi Akiba legte diese Stelle sogar dahingehend aus, daß der Mann sich auch dann von dieser Frau scheiden könne, wenn er kein Gefallen an ihr fände und einer Frau begegne, die ihm reizvoller erscheine. Es ist leicht einzusehen, welche von diesen Auffassungen am meisten Anklang fand und Schule machte.

Zwei weitere Faktoren trugen zur Verschlechterung der Lage der Frau bei. Erstens hatten die Frauen von sich aus nicht das Recht, die Scheidung zu verlangen. Das Scheidungsrecht stand nur den Männern zu. Frauen konnten sich nur dann scheiden lassen, wenn der Mann aussätzig war, abtrünnig wurde oder sich in ekelhafte Geschäfte einließ. Im allgemeinen galt der Grundsatz, daß die Männer sich aus dem geringfügigsten Anlaß von ihren Frauen trennen konnten, während den Frauen überhaupt kein Scheidungsgrund zugebilligt wurde. Nach jüdischem Eherecht war die Frau dem Manne völlig ausgeliefert, hilf- und schutzlos. Zweitens war die Scheidung selbst unglaublich einfach. Im mosaischen Gesetz hieß es, ein Mann, der sich von seiner Frau scheiden wolle, solle ihr einen Scheidungsbrief schreiben. Der Text dieses Dokumentes lautete: „Durch diese Scheidungsurkunde sollst du von mir entlassen und frei sein, jeden beliebigen anderen Mann zu heiraten." Der Mann brauchte seiner Frau in Gegenwart zweier Zeugen lediglich den von einem Rabbi ordnungsgemäß aufgesetzten Scheidungsbrief auszuhändigen, dann war die Scheidung vollzogen. Die einzige weitere Bedingung, die an die Scheidung geknüpft war, bestand darin, daß der Mann seiner Frau die Mitgift zurückgeben mußte.

In der Zeit, als das Christentum aufkam, war selbst die jüdische Ehe gefährdet und ihre Bande gelockert. Die Gefahr war so groß, daß die Ehe als Institution gefährdet war, weil jüdische Mädchen es wegen der unsicheren Stellung der Frau vielfach überhaupt ablehnten, zu heiraten.

EINE WERTVOLLE BINDUNG

Epheser 5, 22–33 (Fortsetzung)

Noch schlimmer sah es in der hellenistischen Welt aus, in der die Prostitution eine feste Einrichtung war. Der Redner Demosthenes (384–322 v. Chr.) hatte als allgemein anerkannte Lebensregel folgendes formuliert: „Wir haben Hetären als Freundinnen zu unserem Vergnügen, Konkubinen, um bei ihnen zu schlafen, und Ehefrauen als Mütter legitimer Kinder und als treusorgende Hausfrauen." Die Frauen der angesehenen Gesellschaftskreise Griechenlands führten ein vollkommen von der Außenwelt und vom kulturellen Leben ausgeschlossenes Dasein. Sie nahmen weder am öffentlichen Leben teil, noch erschienen sie allein auf der Straße. Ebenso waren sie von den Mahlzeiten der Männer und von gesellschaftlichen Veranstaltungen ausgeschlossen. Sie bewohnten eigene Räume, zu denen außer dem Ehemann niemand Zutritt hatte. Man verfolgte damit das Ziel, daß „die Frauen so wenig wie möglich sahen, so wenig wie möglich hörten und so wenig wie möglich fragten", wie es bei Xenophon heißt. Die Töchter achtbarer griechischer Eltern wurden auf eine Ehe hin erzogen, in der Kameradschaft und gemeinsames Leben von vornherein ausgeschlossen waren. Der Mann ging seinen Vergnügungen außerhalb des Hauses nach, und ebenso traf er mit seinem Freundeskreis außerhalb des Hauses zusammen. Sokrates hat einmal gesagt: „Gibt es jemanden, dem wir Ernsteres anvertrauen als unseren Frauen – und gibt es jemanden, mit dem wir uns weniger unterhalten als mit ihnen?" Verus, der kaiserliche Amtsgenosse des Mark Aurel, erwiderte seiner Frau, die ihm wegen seines Umgangs mit anderen Frauen Vorwürfe machte, sie dürfe nicht vergessen, daß Ehefrau (m a t r o n a) ein Ehrentitel sei und daß die Ehefrau keineswegs dem Vergnügen zu dienen habe. Kameradschaft zwischen Mann und Frau war nach griechischer Sitte nahezu unmöglich. Die Griechen erwarteten von ihren Frauen lediglich, daß sie dem Haushalt vorstanden und sich um die Kinder kümmerten; im übrigen jedoch gingen die Männer ihren Vergnügungen und Freundschaften außerhalb des Hauses nach. Noch schlimmer wurde die Sache dadurch, daß es in Griechenland keine gesetzliche Scheidungsmöglichkeit gab. Jemand hat einmal gesagt, die Scheidung sei ausschließlich von den Launen der Männer abhängig gewesen. Den einzigen Schutz der Frau bildete der Umstand, daß der Mann ihre Mitgift zurückgeben mußte, wenn er sich von ihr scheiden ließ. Das Familienleben war in Griechenland nahezu tot; den Begriff der ehelichen Treue gab es überhaupt nicht.

EINE WERTVOLLE BINDUNG

Epheser 5, 22–33 (Fortsetzung)

Noch schlimmer sah es zur Zeit des Paulus in Rom aus. Dort herrschte ein unheilvoller Sittenverfall. In den ersten fünfhundert Jahren des Bestehens der römischen Republik hatte es nicht eine einzige Scheidung gegeben. Die erste nachweisliche Scheidung erfolgte im Jahre 234 v. Chr., als ein Mann namens Spirius Carvilius Ruga sich scheiden ließ. Zur Zeit des Paulus war das römische Familienleben dagegen bereits weitgehend zerrüttet. So schreibt Seneca, die Frauen heirateten nur noch, um sich wieder scheiden zu lassen, und sie ließen sich scheiden, um wieder zu heiraten. Bei den Römern war es üblich, die Jahre nach den jeweiligen Konsuln zu benennen statt wie wir nach Jahreszahlen; ähnlich pflegten nach Seneca zu jener Zeit die Frauen die Jahre nach ihren Ehemännern zu benennen. Der Schriftsteller Martial berichtet von einer Frau, die mit zehn Männern verheiratet war. Und Juvenal berichtet von einer Frau, die innerhalb von fünf Jahren achtmal verheiratet gewesen sei. Hieronymus behauptet, in Rom habe es eine Frau gegeben, die in dreiundzwanzigster Ehe mit einem Mann verheiratet gewesen sei, dessen einundzwanzigste Frau sie war. Selbst Kaiser Augustus verlangte, daß der Ehemann der Livia sich von ihr scheiden ließ, obwohl sie gerade ein Kind erwartete, weil er sie selbst heiraten wollte. Auch Cicero trennte sich noch als alter Mann von seiner Frau Terentia, um eine junge Erbin zu heiraten, deren juristischer Bevollmächtigter er war, nur um in den Genuß ihres Besitzes zu gelangen und damit seine Schulden zu bezahlen.

Das heißt jedoch nicht, daß es damals überhaupt keine eheliche Treue mehr gab. So berichtet Suetonius zum Beispiel, daß eine vornehme Römerin namens Mallonia Selbstmord begangen habe, weil sie Kaiser Tiberius nicht zu Willen sein wollte. Dennoch aber ist es nicht zuviel behauptet, wenn wir sagen, daß insgesamt die damalige Welt eine ehebrecherische Epoche war. Keuschheit war die Ausnahme in einer Welt zunehmenden Wohllebens. Die Ehe als Institution war nahezu völlig zerrüttet, und eheliche Bindungen gab es so gut wie gar nicht mehr.

Das ist der Hintergrund, vor dem dieser Brief des Paulus gesehen werden muß. Paulus vertritt in diesem wunderbaren Abschnitt keineswegs den allgemeinen Standpunkt, sondern ruft die Menschen darin zu einer neuen Treue, zu einer neuen Reinheit und zu einer neuen ehelichen Gemeinschaft auf. Es ist historisch erwiesen, daß außer den Kindern niemand Christus soviel verdankt wie die Frauen. Die reinigende Wirkung, die das Christentum auf das Familienleben der Antike ausgeübt hat, kann gar nicht hoch genug eingeschätzt werden.

VOM WACHSEN UND REIFEN DER PAULINISCHEN AUFFASSUNG VON DER EHE

Epheser 5, 22–33 (Fortsetzung)

Dieser Abschnitt enthält den eigentlichen Standpunkt des Paulus und seine wahre Auffassung von der Ehe. Freilich gibt es auch anderes, was Paulus zu diesem Thema geschrieben hat und was uns so sonderbar anmutet, daß wir wünschen, er hätte es nie geschrieben. Leicht werden gerade jene Änderungen des Paulus oftmals als sein eigentlicher Standpunkt im Hinblick auf die Ehe angeführt. Zu den merkwürdigsten Äußerungen, die sich in den Schriften des Paulus finden, gehört, was Paulus 1. Korinther 7 sagt. In diesem Kapitel spricht Paulus von der Ehe und von den Beziehungen zwischen Mann und Frau. Es läßt sich nicht leugnen, daß Paulus hier lehrt, der einzige Grund, aus dem die Ehe erlaubt sei, bestehe darin, daß auf die Weise Schlimmeres verhütet werde. „Doch um der Keuschheit willen habe ein jeglicher seine eigene Frau, und eine jegliche habe ihren eigenen Mann" (1. Kor. 7, 2). Er gestattet darin auch, daß eine Frau sich wieder verheiratet, wenn ihr Mann stirbt. Besser freilich sei es, wenn sie ledig bleibe (1. Kor. 7, 39. 40). Nach seiner Meinung sei es für unverheiratete Frauen und Witwen besser, nicht zu heiraten. „Wenn sie sich aber nicht können enthalten, so laß sie freien; es ist besser freien als von Begierde verzehrt werden" (1. Kor. 7, 9). Um es ganz grob zu sagen: In diesem merkwürdigen, verletzenden und schmerzlichen Kapitel lehrt Paulus, die Ehe sei zwar besser als Ehebruch, mehr aber auch nicht.

Natürlich schrieb Paulus dies nicht ohne Grund. Als er an die Korinther schrieb, erwartete er täglich und stündlich die Wiederkunft Jesu und war daher überzeugt, daß Mann und Frau zu diesem Zeitpunkt keine irdischen Bindungen eingehen, sondern die ihnen noch verbleibende Zeit dazu nutzen sollten, sich auf das Kommen des Herrn vorzubereiten. „Wer ledig ist, der sorgt um des Herrn Sache, nämlich wie er dem Herrn gefalle; wer aber gefreit hat, der sorgt um die Dinge der Welt, nämlich wie er der Frau gefalle" (1. Kor. 7, 32. 33). 1. Kor. 7 geht es

Paulus in Wirklichkeit und vor allem darum, daß die Menschen Jesus mehr lieben sollen als Vater, Mutter, Frau und Kind. Die Treue zu Jesus soll selbst vor den teuersten irdischen Bindungen Vorrang haben. Doch weiß Paulus auch darum, daß Ehe oder Ehelosigkeit ein Charisma ist, eine Gabe Gottes an den einzelnen Christen: „. . . doch ein jeglicher hat seine eigene Gabe von Gott, einer so, der andere so" (1. Kor. 7, 7).

Zwischen dem ersten Korintherbrief und dem Epheserbrief liegt eine Spanne von vielleicht neun Jahren. Paulus war mittlerweile klar geworden, daß die Wiederkunft Jesu nicht so nahe bevorstand, wie er angenommen hatte; er und die Seinen befanden sich nach wie vor am Leben, und zwar nicht in einer Situation kurz vor dem allgemeinen Ende, sondern in einem mehr oder weniger dauerhaften Zustand. Im Epheserbrief finden wir daher die eigentliche Eheauffassung des Paulus. Dort lehrt er, daß die christliche Ehe die kostbarste Bindung sei, die es zwischen zwei Menschen gibt und daß sie sich nur mit der Beziehung vergleichen läßt, die zwischen Christus und der Gemeinde besteht.

Wenn wir Paulus gerecht werden wollen, müssen wir also diesem Kapitel entnehmen, was er von der Ehe hielt, nicht aber dem genannten Kapitel des früher entstandenen Korintherbriefes. 1. Korinther 7 enthält Anweisungen in einer Ausnahmesituation, in der Paulus glaubte, das Ende der Welt stünde unmittelbar bevor. Im Epheserbrief vermittelt Paulus uns dagegen seine Auffassung von der Ehe als einem Bestandteil des christlichen Lebens als eines Dauerzustandes.

Es wäre auch möglich, daß die Aussagen des Paulus im Korintherbrief auch von seinen persönlichen Erfahrungen beeinflußt waren. Paulus scheint in der Zeit, als er die Christen verfolgte, dem Hohen Rat angehört zu haben. In der Apostelgeschichte sagt Paulus von seinem Verhalten gegenüber den Christen: „Ich half ihr Urteil sprechen" (Apg. 26, 10). Eine Voraussetzung zum Hohen Rat scheint jedoch gewesen zu sein, daß alle, die ihm angehörten, verheiratet sein mußten. Danach wäre also auch Paulus verheiratet gewesen. Er erwähnt dies jedoch an keiner Stelle. Weshalb nicht? Es ist durchaus möglich, daß seine Frau ihn verließ, als er Christ wurde, und gegen ihn hetzte. Vielleicht schrieb Paulus den ersten Korintherbrief aus einer Situation heraus, in der er nicht bloß die unmittelbar bevorstehende Wiederkunft Christi erwartete, sondern auch erkannt hatte, daß seine eigene Ehe höchst problematisch und eine bittere Erfahrung für ihn gewesen war. Vielleicht glaubte er auf Grund der damals herrschenden Verhältnisse und auf

Grund seiner persönlichen Erfahrungen, daß die Ehe für Christen von Nachteil sei. Ebenso gewiß ist aber auch, daß er später die Einzigartigkeit der ehelichen Beziehung erkannte, die sich nur mit dem Verhältnis vergleichen ließ, das zwischen Christus und der Gemeinde bestand.

DIE GRUNDLAGE DER LIEBE

Epheser 5, 22—33 (Fortsetzung)

In diesem Abschnitt wird die Betonung zuweilen auf eine völlig falsche Stelle gelegt. Er wird so gelesen, als ob der eigentliche Kern darin zu sehen sei, daß die Frau dem Manne untertan sei. Der kurze Satz: „Der Mann ist des Weibes Haupt" wird häufig ganz isoliert zitiert, statt im Zusammenhang mit allem, was Paulus in diesem Abschnitt sonst noch sagt. Und das ist wesentlich mehr als das in diesem einen Satz Enthaltene. Nicht Gewalt sondern Liebe bildet den Ausgangspunkt dieser Zeilen. Paulus spricht hier über die Liebe, die der Mann seiner Frau entgegenbringen soll.

1. Die Liebe soll eine opferbereite Liebe sein. Der Mann soll seine Frau so lieben, wie Christus die Gemeinde geliebt und sich für sie hingegeben hat. Die Liebe soll nicht selbstsüchtig sein. Christus hat die Gemeinde nicht geliebt, damit sie etwas für ihn tue, sondern damit er etwas für sie bewirke. Bei Chrysostomos findet sich eine wunderbare Erweiterung dieser Stelle. „Kennst du das Maß des Gehorsams? Dann vernimm auch das Maß der Liebe. Willst du, daß dein Weib dir gehorcht, wie die Kirche Christus gehorcht? Dann sorge für sie, wie Christus für die Kirche sorgt. Und wenn es nötig sein sollte, daß du dein Leben für sie läßt, daß du dich in Stücke reißen lassen oder sonst etwas erdulden mußt, wehre dich nicht dagegen . . . Jesus hat nicht durch Angst und Drohungen bewirkt, daß die Kirche ihm zu Füßen liegt, sondern durch seine große Fürsorge; so sollst auch du dich deinem Weibe gegenüber verhalten." Der Mann ist des Weibes Haupt, das hat Paulus gesagt; aber ebenso hat er gesagt, daß der Ehemann seine Frau lieben soll, wie Christus die Gemeinde liebt, mit einer Liebe, die auf Gewaltherrschaft verzichtet und bereit ist, jedes Opfer zu bringen.

2. Die Liebe soll eine reinigende Wirkung ausüben. Christus hat die Gemeinde gereinigt und geheiligt durch das Wasserbad, und zwar an dem Tage, an dem die Glieder der Gemeinde sich zum christlichen Glauben bekannt

haben. Es ist durchaus möglich, daß Paulus dabei an eine griechische Sitte dachte, die darin bestand, daß die Braut vor der Hochzeit in einem Fluß baden mußte, der einer Gottheit geweiht war. So mußten die Bräute in Athen zum Beispiel im Wasser des Kallrhoe baden, das der Göttin Athene geweiht war. Das heilige Wasser reinigte sie von aller Unreinigkeit. Paulus denkt hier an die Taufe. Durch das Wasserbad und das Glaubensbekenntnis machte Christus sie zu seiner Gemeinde; sie wurden gereinigt, geläutert und geheiligt, bis weder ein Schmutzfleck noch entstellende Runzeln mehr zurückblieben. Liebe, die den Menschen hinabzieht, ist keine richtige Liebe. Liebe, die keine Sublimierung, keine Verfeinerung des Charakters, sondern eine Vergröberung bewirkt, Liebe, die der Täuschung bedarf, Liebe, die uns sittlich schwächt, Liebe, die den Menschen schlechter macht, ist keine Liebe. Echte Liebe besitzt eine reinigende, läuternde Kraft.

3. Die Liebe soll eine sorgende Liebe sein. Echte Liebe ist eine sorgende Liebe. Der Ehemann soll seine Frau lieben wie seinen eigenen Leib, den er nährt und pflegt, wie Paulus sich ausdrückt. Echte Liebe sorgt sich stets um den geliebten Menschen. Sie trachtet nicht danach, sich selbst dienen zu lassen, und sie ist nicht auf das eigene leibliche Wohl und auf den eigenen Vorteil bedacht, sondern stets auf das Wohl des geliebten Menschen. Wenn der Mann, ob bewußt oder unbewußt, in der Frau nichts anderes sieht als einen Menschen, der für ihn kocht, wäscht und Kinder und Haushalt versorgt, ist etwas nicht in Ordnung. Der Mann soll in seiner Frau nicht einen dienstbaren Geist sehen, der ständig zu seiner Verfügung steht, sondern einen Menschen, dem er seine Fürsorge angedeihen lassen sollte.

4. Echte Liebe ist unzerbrechlich. Um dieser Liebe willen verläßt der Mann Vater und Mutter und hängt seinem Weibe an. Sie werden ein Fleisch. Er ist mit ihr verbunden, wie die Glieder des Körpers miteinander verbunden sind. Er denkt ebensowenig daran, sich von ihr zu trennen, wie er daran denkt, seinen eigenen Körper zu zerreißen. Das war in der Tat ein völlig neues Ideal in einer Epoche, in der die Menschen ihre Partner mit der gleichen Selbstverständlichkeit wechselten wie ihre Kleider.

5. Dieses Verhältnis beruht darauf, daß wir Glieder der Gemeinde Jesu Christi und in dem Herrn sind. Die Ehe ist eine Beziehung vor Gott und soll in dem Herrn gelebt werden; jede Regung wird von dem Herrn regiert; jede Entscheidung in dem Herrn getroffen. In der christlichen Familie soll Jesus ein

stets gegenwärtiger, wenn auch unsichtbarer Herr sein. Zur christlichen Ehe gehören nicht nur zwei, sondern drei Partner — der erste ist Christus.

KINDER UND ELTERN

Epheser 6, 1—4

Ihr Kinder, seid gehorsam euren Eltern in dem Herrn; denn das ist recht. „Ehre Vater und Mutter", das ist das erste Gebot, das eine Verheißung hat: „auf daß dir's wohl gehe und du lange lebest auf Erden" (5. Mose 5, 16). Und ihr Väter, reizet eure Kinder nicht zum Zorn, sondern ziehet sie auf in der Zucht und Vermahnung zum Herrn.

Fast noch mehr als für die Frauen hat der christliche Glaube im Hinblick auf die Kinder bewirkt. Es ist eine unleugbare Tatsache, daß die Menschen aller Kulturen ihren Kindern mit selbstverständlicher Liebe begegnen. Ebensowenig läßt sich jedoch leugnen, daß in vorchristlichen und heidnischen Kulturen in gewisser Hinsicht eine Gefühllosigkeit und Grausamkeit herrschten, die in einem auf christlicher Grundlage aufgebauten Leben völlig undenkbar sind. So wies auch Rom zur Zeit des Paulus einige Züge auf, die das Leben der Kinder gefährdeten.
1. Da war einmal die patria potestas, die Gewalt, die jeder Vater über seine Kinder besaß. Nach der patria potestas stand dem Mann die absolute Herrschaft in der Familie und über die Familie zu. Väter konnten ihre Kinder als Sklaven verkaufen, sie in Ketten auf den Feldern für sich arbeiten lassen, selbst über sie zu Gericht sitzen, da die Ausübung des Gesetzes in ihren Händen lag. Sie konnten ihre Kinder nach Belieben bestrafen und sogar die Todesstrafe über sie verhängen. Diese Gewalt war solange wirksam, bis der Vater starb. Die Söhne konnten zu Lebzeiten ihrer Väter nicht mündig werden. Selbst als Erwachsene, die ein öffentliches Amt bekleideten, und womöglich vom Staat mit wohlverdienten Ehren überhäuft wurden, unterstanden sie weiterhin der Gewalt ihres Vaters. „Der große Irrtum der Römer bestand darin", hat einmal jemand gesagt, „daß sie die Gewalt, die den Eltern als natürliche Verpflichtung zugebilligt wird, damit sie ihre Kinder während der Jugend leiten und beschützen, auch auf die Freiheit der Kinder ausdehnten, ja, daß diese Gewalt sogar die Gewalt über Leben und Tod einschloß und sich über das ganze

Leben erstreckte." Zwar kam es nur selten vor, daß die väterliche Gewalt bis an die Grenzen des Erlaubten ausgeübt wurde, da die öffentliche Meinung dies nicht geduldet hätte; aber dennoch gibt es geschichtliche Beispiele dafür, daß römische Väter ihre Söhne zum Tode verurteilten und die Todesstrafe sogar selbst vollstreckten. Es bleibt eine Tatsache, daß Kinder zur Zeit des Paulus bedingungslos der Gewalt des Vaters ausgeliefert waren.

2. Da war zum andern die Sitte der Kindesaussetzung. Wurde ein Kind geboren, legte man es zunächst dem Vater vor die Füße. Bückte sich der Vater dann hinunter und hob das Kind auf, bedeutete dies, daß er es als sein Kind anerkannte und wünschte, daß es großgezogen wurde. Wandte er sich dagegen ab und ging fort, so bedeutete dies, daß er das Kind nicht anerkannte, so daß das Neugeborene buchstäblich hinausgeworfen werden konnte. Aus dem Jahre 1 v. Chr. ist uns der Brief eines Mannes namens Hilarion an seine Frau Alis erhalten geblieben. Der Mann, der sich gerade in Alexandrien aufhält, schreibt in häuslichen Angelegenheiten folgenden Brief an seine Frau:

„Hilarius sendet seiner Frau Alis, seinem lieben Berous und Apollonarion die herzlichsten Grüße. Wisset, daß wir immer noch in Alexandrien sind. Sorget euch nicht, wenn die anderen zurückkehren und ich noch in Alexandrien zurückbleibe. Ich bitte dich, ja, ich flehe dich an, achte gut auf das kleine Kind. Sobald wir unseren Lohn empfangen, werde ich ihn dir schikken. Falls — ich wünsche dir viel Glück dazu — du ein Kind bekommst, laß es am Leben, sofern es ein Junge ist; setze es aus, falls es ein Mädchen ist. Du hast Aphrodiassis gebeten, mir zu sagen: ‚Vergiß mich nicht'. Wie könnte ich dich je vergessen? Ich bitte dich herzlich, dir deswegen keine Gedanken zu machen."

Ein merkwürdiger Brief! So voller Zuneigung und dennoch so gefühllos gegenüber dem Kind, das vielleicht geboren wird. Alle römischen Kinder waren der Gefahr ausgesetzt, von ihrem Vater nicht anerkannt und ausgesetzt zu werden. Das Risiko war zur Zeit Paulus besonders groß. Wir haben bereits gehört, wie sehr die ehelichen Bindungen sich gelockert hatten und wie die Menschen ihre Partner mit geradezu verwirrender Schnelligkeit wechselten. Kinder waren unter solchen Umständen ein Unglück und es wurden damals so wenige Kinder geboren, daß ein Gesetz erlassen wurde, demzufolge kinderlose Ehepaare nur Erbschaften bis zu einer bestimmten Höhe antreten durften. Unerwünschte Kinder wurden auf den Marktplatz gelegt und dort ihrem Schicksal überlassen. Wer sie dort aufhob, dessen

Eigentum waren sie fortan. Leute, die sie aufzogen, um sie später als Sklaven zu verkaufen oder in die Bordelle der Stadt zu stecken, lasen die Kinder dort bei Nacht auf. Heute wäre so etwas unvorstellbar, nicht weil wir in einer durch und durch christlichen Welt leben, sondern weil die christlichen Prinzipien die ganze abendländische Kultur so sehr bestimmt haben, daß so etwas heute einfach undenkbar wäre.

3. In der Antike kannte man gegenüber dem kränklichen und mißgestalteten Kind kein Erbarmen. Seneca schreibt, als ob es sich dabei um die größte Selbstverständlichkeit handele, was ja auch tatsächlich zutraf: „Wilde Tiere werden geschlachtet, tollwütige Hunde erdrosselt, schwächliches Vieh getötet, damit es die übrige Herde nicht ansteckt; schwache und mißgestaltete Kinder werden ertränkt." Schwächliche und mißgestaltete Kinder hatten damals nur geringe Überlebungschancen.

Aus einer solchen Situation heraus gab Paulus Eltern und Kindern Ratschläge. Wer danach fragt, was das Christentum Gutes bewirkt habe, den brauchen wir bloß auf den Wandel hinzuweisen, der sich im Hinblick auf Frauen und Kinder vollzogen hat, seit das Christentum sich auszubreiten begann. Das ist eine ebenso unwiderlegliche wie vollkommene Antwort.

KINDER UND ELTERN

Epheser 6, 1–4 (Fortsetzung)

Das Gebot des Paulus an die Kinder lautet, sie sollten ihren Eltern gehorchen und sie ehren. Er sagt, das sei das e r s t e Gebot. Damit meint er wahrscheinlich, daß es sich hierbei um das erste Gebot handelte, das die Kinder auswendig lernen mußten. Keineswegs meint Paulus mit seiner Forderung, daß Kinder ihre Eltern nur mit Worten ehren sollen. Kinder können ihre Eltern nur dadurch ehren, daß sie ihnen gehorchen, daß sie sie achten und ihnen keinen Kummer bereiten.

Doch Paulus verkennt auch die andere Seite des Problems nicht. Er ermahnt die Väter, daß sie ihre Kinder nicht zum Zorn reizen. Bengel beantwortet die Frage, weshalb dies Gebot so ausdrücklich an die V ä t e r gerichtet sei, damit, daß Mütter ihren Kindern gegenüber eine Art göttlicher Geduld bewiesen, daß „Väter hingegen mehr dazu neigen, sich von ihrem Zorn hinreißen zu lassen." Merkwürdigerweise wiederholt Paulus diesen Befehl Kolosser 3, 21 sogar noch ein wenig ausführlicher. „Ihr Väter", heißt es dort, „erbittert eure Kinder nicht, a u f d a ß

sie nicht scheu werden." Dazu bemerkt Bengel, die größte Heimsuchung der Jugend sei ein „gebrochener Mut", Mutlosigkeit als Folge fortgesetzter Kritik, ständigen Tadelns und allzu strenger Zucht. Ein anderer Theologe ist der Ansicht, Paulus habe all dies auf Grund eigener bitterer Erfahrungen geschrieben. „Man spürt den Worten das Persönliche an", heißt es bei ihm, „und es scheint, als ob der betagte Gefangene sich seiner eigenen lieblosen Kindheit erinnert habe. Aufgewachsen in der strengen Atmosphäre der überlieferten Rechtgläubigkeit hatte er nur wenig Zärtlichkeit empfangen, dafür aber umsomehr Strenge, und wußte daher, daß die Heimsuchung der Jugend ein ‚gebrochener Mut' ist."
Wir können unseren Kindern auf dreierlei Weise Unrecht zufügen.
1. Wir vergessen allzuleicht, daß sich die Verhältnisse ändern und daß jede neue Generation unter anderen Bedingungen aufwächst als die vorhergehende. Eine Mutter, die ihrer Tochter bei irgendeiner Gelegenheit Einhalt gebot mit den Worten: „Als ich so alt wie du war, durfte ich das auch nicht tun", erhielt darauf die Antwort: „Vergiß bitte nicht, daß du *damals* jung warst, so wie ich *heute* jung bin." Eltern können unendlichen Schaden anrichten, wenn sie vergessen, daß sich mit den Zeiten auch die Sitten ändern.
2. Wir überwachen unsere Kinder häufig in einer Weise, mit der wir unsere Erziehungsmethode selbst verurteilen. Wer seine Kinder allzulange am Gängelband führt, stellt sich damit selbst das Zeugnis aus, daß er ihnen nicht vertraut; und wer sagt, daß er seinen Kindern nicht vertraut, sagt damit nichts anderes, als daß er kein Vertrauen zu seiner Erziehungsmethode hat. Fehler und Irrtümer, die durch zu großes Vertrauen entstehen, sind besser als solche, die durch allzu strenge Überwachung entstehen.
3. Wir vernachlässigen häufig unsere Pflicht, die Kinder zu ermutigen. So war Luthers Vater zum Beispiel allzustreng, ja streng bis zur Grausamkeit. Luther pflegte daher zu sagen: „Wer allzu sparsam mit der Rute umgeht, verdirbt sein Kind — das stimmt; dennoch sollte neben der Rute stets ein Apfel liegen, den das Kind erhält, wenn es brav war." Der englische Maler Benjamin West wurde durch folgendes Erlebnis dazu bestimmt, Maler zu werden. Eines Tages ging seine Mutter fort und bat ihn, auf seine kleine Schwester Sally zu achten. Nachdem seine Mutter fort war, entdeckte der Junge ein paar Flaschen mit bunter Tinte und begann seine Schwester zu malen. Dabei gab es eine Menge unfreiwilliger Tintenkleckse. Als

seine Mutter bei ihrer Rückkehr die Unordnung bemerkte, sagte sie nichts, sondern nahm bloß das Stück Papier in die Hand und betrachtete die Zeichnung. „Wahrhaftig", sagte sie dann, „das ist Sally!" Und dann beugte sie sich zu ihm hinab und küßte ihn. Benjamin West pflegte später zu sagen: „Dem Kuß meiner Mutter verdanke ich, daß ich Maler geworden bin." Ermutigung und Zuspruch helfen weit mehr als jeder Tadel. Kinder dürfen auf keinen Fall eingeschüchtert werden.
Nach Ansicht des Apostels Paulus sollen Kinder ihre Eltern ehren und Eltern ihre Kinder niemals entmutigen.

HERREN UND KNECHTE

Epheser 6, 5—9

Ihr Knechte, seid gehorsam euren leiblichen Herren mit Furcht und Zittern, in Einfalt eures Herzens, als dem Herrn Christus; nicht mit Dienst allein vor Augen, um den Menschen zu gefallen, sondern als Knechte Christi, die den Willen Gottes tun von Herzen. Tut euren Dienst mit gutem Willen als dem Herrn und nicht den Menschen und wisset: was ein jeglicher Gutes tun wird, das wird er von dem Herrn wieder empfangen, er sei Knecht oder Freier. Und ihr Herren, tut ihnen ein Gleiches und lasset das Drohen; wisset, daß euer und ihr Herr im Himmel ist, und ist bei ihm kein Ansehen der Person.

Die Worte, die Paulus an die Sklaven und Knechte schrieb, müssen an eine sehr große Zahl von Menschen innerhalb der Gemeinde gerichtet gewesen sein. Eine Schätzung hat ergeben, daß es im Römischen Weltreich etwa sechzig Millionen Sklaven gegeben hat. Die Bürger Roms waren zur Zeit des Paulus von einer entsetzlichen und verhängnisvollen Trägheit erfaßt. Rom beherrschte die Welt, und römische Bürger hielten es daher für unter ihrer Würde, zu arbeiten. Praktisch alle Arbeiten wurden von Sklaven verrichtet. Selbst Ärzte und Lehrer waren Sklaven. Auch die engsten Freunde des Kaisers und die Sekretäre, die seinen Schriftverkehr erledigten, Bittgesuche bearbeiteten und seine Finanzen verwalteten, waren Sklaven. Es gab viele gute Herren, und Herren und Sklaven waren oft durch das Band tiefster Treue und Zuneigung miteinander verbunden. So schreibt der römische Schriftsteller Plinius an einen Freund, der Tod einiger seiner vielgeliebten Sklaven habe ihn tief bewegt. Zwei Dinge seien sein Trost, obwohl auch sie ihm nicht ganz über seinen Schmerz hinwegzuhelfen vermöchten. „Ich habe meinen Sklaven stets die Freiheit geschenkt (und ihr Tod erscheint mir nicht zu früh, wenn sie solange gelebt haben, bis sie freigelassen wurden); zum andern gestattete ich ihnen, so etwas wie einen letzten Willen zu hinterlassen, an den ich mich ebenso halte, als handele es sich um ein rechtsgültiges Testament." Aus diesem Brief spricht ein Herr, der freundlich zu seinen Sklaven war.

Aber seinem Wesen nach war das Leben der Sklaven schrecklich und unmenschlich. Vor dem Gesetz galten Sklaven nicht als Personen, sondern als Sache. Bei Aristoteles heißt es, zwischen Herren und Sklaven könne es keine Freundschaft geben, weil Herr und Sklave nichts gemein hätten; „denn Sklaven sind lebende Werkzeuge, ebenso wie Werkzeuge leblose Sklaven sind". Sklaven hatten ebensowenig Rechte wie Werkzeuge und waren nichts anderes als Werkzeuge. In seinem Alterswerk „Über den Landbau" gliedert der gelehrte römische Schriftsteller Varro die landwirtschaftlichen Geräte in drei Gruppen: In die artikuliert sprechende, in die unartikuliert sprechende und in die stumme Gruppe. Die deutlich vernehmbare Gruppe umfaßte die Sklaven; die undeutlich vernehmbare das Vieh und die stumme Gruppe Fuhrwerke und Geräte. Danach waren Sklaven nichts anderes als Tiere, die zufällig sprechen konnten. Von Cato sind uns Ratschläge an einen Mann, der ein Landgut übernommen hatte, erhalten geblieben. Darin rät Cato dem Manne, er solle zunächst einmal alles durchgehen und prüfen und dann ausscheiden, was ausgedient habe; auch alte Sklaven gehörten auf den Abfallhaufen, wo sie verhungern könnten. Kranke Sklaven mit normalen Eßrationen zu versorgen, sei schiere Verschwendung. Alte und kranke Sklaven sind nichts anderes als fehlerhaft gewordene, untaugliche Werkzeuge. Das kam auch in den Gesetzen klar zum Ausdruck. Der römische Jurist Gajus schreibt Mitte des zweiten nachchristlichen Jahrhunderts in seinen Institutionen, die dem Rechtsunterricht und der Gesetzgebung zugrundegelegt wurden, folgendes: „Wir möchten feststellen, daß allgemein anerkannt wird: Das Recht über Leben und Tod der Sklaven steht ihrem Herrn zu." Entlaufenen und wieder eingefangenen Sklaven wurde im günstigsten Fall der Buchstabe F – für fugitivus = Entlaufener – auf die Stirn gebrannt; schlimmstenfalls wurden sie getötet. Der Schrecken der Sklaverei bestand darin, daß Sklaven der Willkür ihres Herrn vollkommen ausgeliefert waren. Kaiser Augustus ließ einen Sklaven kreuzigen, weil er eine zahme

Wachtel getötet hatte. Vedius Polli warf einen Sklaven lebendig den gefährlichen Neunaugen in seinem Fischteich vor, weil er einen kostbaren Pokal hatte fallen lassen, der dabei zerbrochen war. Der römische Satirendichter Juvenal berichtet von einer römischen Matrone, die einen Sklaven zu töten befahl, nur weil sie sich über ihn geärgert hatte. Als ihr Mann Einspruch erhob, sagte sie: „Du nennst die Sklaven Menschen? Du behauptest, dieser Sklave habe kein Unrecht begangen? Meinetwegen! Aber ich befehle dennoch, daß er stirbt. Mein Wille soll Zeuge dieser Tat sein." Den Sklavinnen wurde von ihren Herrinnen häufig das Haar ausgerissen und das Gesicht mit den Fingernägeln zerkratzt. Juvenal berichtet von einem Herrn, „der sich an den sausenden Peitschenhieben, mit denen ein Sklave bedacht wurde, ergötzte und sie für lieblichere Musik als den Gesang der Sirenen hielt"; von Herren, „die sich an den rasselnden Ketten der Sklaven weideten" und „einen Folterknecht kommen lassen, um einen Sklaven brandmarken zu lassen, weil zwei Handtücher verschwunden sind". Bei einem anderen römischen Schriftsteller lesen wir: „Was immer der Herr seinem Sklaven auch zufügt, sei es unverdient, im Zorn, gern oder ungern, aus Gedankenlosigkeit oder wohlüberlegt, vorsätzlich oder aus Versehen, stets entspricht sein Urteil den Gesetzen und ist gerecht." Wenn wir die Worte, die Paulus an die Sklaven richtet, richtig verstehen wollen, müssen wir sie stets vor diesem Hintergrund sehen.

HERREN UND KNECHTE

Epheser 6, 5—9 (Fortsetzung)

Wir wollen uns den Rat, den Paulus den Sklaven gab, genau ansehen, denn hier begegnen wir der frohen Botschaft der christlichen Arbeitsauffassung.

1. Paulus fordert die Sklaven nicht zum Aufstand gegen ihre Herren auf, sondern er heißt sie, sich dort, wo sie sich befinden, als Christen zu bewähren. Das ist die wunderbare Botschaft des Christentums an alle Menschen: Wir sollen an eben dem Platz, auf den Gott uns gestellt hat, ein christliches Leben führen. Mögen die Verhältnisse noch so widrig sein, so soll uns das nur umso stärker herausfordern. Christen sollen sich keiner Situation, in die sie geraten. zu entziehen versuchen, sondern sie überwinden und stärker sein als die Verhältnisse.

2. Paulus sagt den Sklaven, sie sollten nicht nur dann ihre

Arbeit zur Zufriedenheit verrichten, wenn sie überwacht würden; die Arbeit geschehe nicht nur, um die Menschen zufriedenzustellen; sie sollten vielmehr stets daran denken, daß Gottes Auge über ihnen wache und daß sie mit ihrer Arbeit Gott zu gefallen trachten sollten. Nach christlicher Auffassung sollte jede Arbeit, die wir verrichten, vor Gott bestehen können. Das Problem, dem die Menschen sich zu allen Zeiten gegenübersahen, war keineswegs in erster Linie ein ökonomisches, sondern ein religiöses Problem. Steigende Löhne und Gehälter, bessere Arbeitsbedingungen und Vergünstigungen allein genügen nicht, um aus den Menschen gute Arbeiter zu machen. Selbstverständlich sind wir als Christen verpflichtet, uns auch um diese Dinge zu bemühen; sie allein bewirken aber noch keine gute Arbeitsleistung. Und noch viel weniger wird man die Menschen durch verstärkte Drohungen, zunehmende Überwachung und vermehrte Strafen zu besseren Leistungen veranlassen. Das Geheimnis guter Arbeit besteht darin, daß wir sie für Gott verrichten. Unsere Arbeit ist nur dann gut, wenn wir sie vor Gott bringen und sie ihm vorlegen.

Doch Paulus spricht auch zu den Herren. Was er ihnen sagt, ist ganz schlicht, daß sie stets bedenken sollen: Auch wenn sie Herren ihrer Sklaven sind, bleiben sie wie diese Diener Gottes. Auch sie sollen daran denken, daß alles, was sie tun, im Hinblick auf den lebendigen Gott geschehen muß. Vor allem aber sollen sie nicht vergessen, daß sie als Vorgesetzte eines Tages zusammen mit ihren Untergebenen vor Gott stehen werden und daß dann die irdische Einstufung der Menschen ohne jede Bedeutung ist. Beide, der Höhergestellte und der Niedriggestellte werden vor Gottes Angesicht nur Menschen sein.

Es gäbe keine Arbeitsprobleme mehr, wenn Vorgesetzte und Untergebene sich gleichermaßen Gott verantwortlich fühlten und seine Gebote befolgten.

DIE WAFFENRÜSTUNG GOTTES. DIE GEISTLICHE WAFFENRÜSTUNG

Epheser 6, 10–20

Zuletzt: Seid stark in dem Herrn und in der Macht seiner Stärke. Ziehet an die Waffenrüstung Gottes, daß ihr bestehen könnt gegen die listigen Anläufe des Teufels. Denn wir haben nicht mit Fleisch und Blut zu kämpfen, sondern mit Mächtigen und Gewaltigen, nämlich mit den

Herren der Welt, die in dieser Finsternis herrschen, mit den bösen Geistern unter dem Himmel. Um deswillen ergreifet die Waffenrüstung Gottes, auf daß ihr an dem bösen Tage Widerstand tun und alles wohl ausrichten und das Feld behalten möget. So stehet nun, umgürtet an euren Lenden mit Wahrheit und angetan mit dem Panzer der Gerechtigkeit und an den Beinen gestiefelt, als fertig, zu treiben das Evangelium des Friedens. Vor allen Dingen aber ergreifet den Schild des Glaubens, mit welchem ihr auslöschen könnt alle feurigen Pfeile des Bösen, und nehmet den Helm des Heils und das Schwert des Geistes, welches ist das Wort Gottes. Und betet allezeit mit Bitten und Flehen im Geist und wachet dazu mit allem Anhalten und Flehen für alle Heiligen und für mich, auf daß mir gegeben werde das Wort mit freudigem Auftun meines Mundes, daß ich möge kundmachen das Geheimnis des Evangeliums, dessen Bote ich bin in Ketten, auf daß ich mit Freudigkeit davon rede, wie sich's gebührt.

Beim Abschied von seinen Freunden muß Paulus an den gewaltigen Kampf denken, der vor ihnen liegt. Zweifellos hatte das Leben für die Menschen der Antike sehr viel mehr Schrecken als für uns heute. Sie alle glaubten an Dämonen, Teufel und böse Geister. Sie glaubten, daß die Luft von bösen Geistern erfüllt sei, die sämtlich darauf aus waren, den Menschen zu schaden. Mit den Mächtigen, den Gewaltigen, den Herren der Welt, die Paulus in diesem Abschnitt anführt, waren die verschiedenen Gruppen dieser bösen Geister und Dämonen gemeint. Die ganze Welt war für Paulus ein einziges großes Schlachtfeld. Die Christen mußten sich also nicht nur gegen die Angriffe der Menschen wehren, sondern auch gegen die Angriffe aller Geister und Mächte, die Gott bekämpften. Auch wer die Worte des Paulus nicht wörtlich nehmen will, weiß doch aus eigener Erfahrung, daß die Macht des Bösen in der Welt wirksam ist. Der englische Schriftsteller R. L. Stevenson hat einmal gesagt: „Kennen Sie den Kaledonischen Bahnhof in Edinburgh? Dort bin ich an einem kalten Morgen, als ein scharfer Ostwind wehte, dem Satan begegnet." Wir wissen nicht, was Stevenson dort wirklich erlebt hat, doch wir ersehen aus seinen Worten, daß er dort ein derartiges Erlebnis gehabt haben muß. Wir alle haben selbst schon die Macht gespürt, die das Böse auf uns ausüben kann, das uns zur Sünde zu verleiten sucht. Das ist der Kern dieser Paulusworte über die Dämonen.

Paulus geht in Gedanken alles durch, was zur Verteidigung gegen diese bösen Mächte infrage kommt. Und plötzlich sieht er ein geeignetes Bild vor sich. Paulus war zu dieser Zeit ständig an die Hand eines römischen Soldaten gefesselt; Tag und Nacht hielt sich ein Soldat bei ihm auf, um seine Flucht zu verhindern. Paulus war buchstäblich ein Bote in Ketten, doch gehörte er zu den Menschen, die mit jedermann auskamen. Zweifellos unterhielt er sich häufig mit den Soldaten, die sich gezwungenermaßen in seiner Nähe aufhalten mußten. Als er nun während des Schreibens hochblickt, kommt ihm beim Anblick der Waffenrüstung des Soldaten der Gedanke, daß so auch die Christen eine Waffenrüstung haben. Stück für Stück der Waffenrüstung des römischen Soldaten überträgt Paulus auf das Leben der Christen und setzt die entsprechenden christlichen Begriffe dafür ein.

Da ist einmal der Gurt der Wahrheit. Die Soldaten trugen über der Tunika einen Gürtel, von dem das Schwert herabhing, so daß sie sich frei bewegen konnten. Während die andern im Dunkeln tappen und auf Mutmaßungen angewiesen sind, können die Christen sich frei und ungehindert bewegen, weil sie in jeder Situation die Wahrheit kennen.

Da ist zum anderen der Panzer des Soldaten. Gerechtigkeit soll der Panzer jedes Christen sein. Gerechtigkeit ist unbezwingbar. Mit Worten kann man sich nicht gegen Anschuldigungen verteidigen, wohl aber mit seiner Lebensführung. Als man Plato gewisser Vergehen beschuldigte, erwiderte er: „Dann wollen wir durch unseren Lebenswandel beweisen, daß es sich bei diesen Vorwürfen um Lügen handelt." Die einzige Möglichkeit, Anschuldigungen entgegenzutreten, besteht darin, daß wir diejenigen, die Vorwürfe gegen den christlichen Glauben erheben, von dem Wert einer christlichen Lebensführung überzeugen.

Da waren die Sandalen, das Zeichen dafür, daß jemand zum Aufbruch gerüstet war. So soll der Christ als Zeichen seiner Bereitschaft darauf bedacht sein, anderen Menschen das Evangelium zu verkünden und es mit ihnen zu teilen. Christen sollen stets bereit sein, denen die Botschaft von Christus zu bringen, die noch nichts davon gehört haben.

Da war der Schild. Mit dem griechischen Wort, das Paulus an dieser Stelle verwendet, wurde nicht der vergleichsweise kleine runde Schild bezeichnet, sondern der große längliche Schild, den die Schwerbewaffneten trugen. Der glühende Pfeil gehörte zu den gefährlichsten Waffen der Antike. Seine mit Werg umwickelte Spitze wurde in Pech getaucht, angezündet und brennend abgeschossen. Der große längliche Schild diente der Ab-

wehr dieser Pfeile. Er bestand aus zwei aneinandergeleimten Holzplatten. Hielt man den Schild dem fliegenden Pfeil entgegen, so drang dieser in das Holz ein, und die Flamme erstickte. So soll auch der Glaube die Pfeile des Bösen auslöschen. Bei Paulus heißt Glaube stets unbedingtes Vertrauen auf Christus. Das heißt, der Glaube bewirkt eine persönliche Beziehung des Menschen zu Christus. Wer ein Christus nahes Leben führt, ist gefeit gegen Versuchungen.
Da war der Helm des Heils. Wir dürfen nicht vergessen, daß die Rettung, das Heil nicht ausschließlich die Vergangenheit betrifft. Nicht nur die Vergebung unserer Sünden ist davon betroffen, sondern vor allem wird uns dadurch auch Stärke zuteil, die uns fähig macht, mit künftigen Angriffen der Sünde fertigzuwerden. Durch das Heil in Christus erlangen wir Vergebung aller begangenen Sünden; aber das Heil in Christus stärkt uns auch, die Sünde in Zukunft zu überwinden.
Da ist das Schwert des Geistes, welches ist das Wort Gottes, das für uns zugleich eine Waffe der Verteidigung und eine Angriffswaffe ist. Das Wort Gottes schützt uns vor der Sünde und dient dazu, daß wir die Sünde aktiv bekämpfen. Wir werden die Feinde Gottes niemals bezwingen und keinen Sieg für Gott ohne das Wort Gottes erringen.
Dann kommt Paulus auf die stärkste aller Waffen zu sprechen, auf die Waffe des Gebets. Dreierlei sagt Paulus an dieser Stelle über das Beten. a) Wir dürfen niemals aufhören zu beten. Das Gebet soll uns durch das ganze Leben begleiten. Vielleicht besteht einer der größten Mängel unserer christlichen Lebensweise darin, daß wir dazu neigen, nur in Zeiten der Krise zu beten. Die Kraft für jeden Tag erwächst dem Christen jedoch aus dem täglichen Gebet. b) Wir sollen eindringlich beten. Unser Gebet soll wachsam und beharrlich sein. Beten erfordert Konzentration. Kraftloses Beten führt zu nichts. Beim Beten sollen wir alle unsere Kräfte auf Gott konzentrieren. c) Wir sollen selbstlos beten. Unser Gebet soll allen Heiligen Gottes gelten. Ein jüdisches Sprichwort besagt: „Im Gebet sollen die Menschen der Gemeinde sich vereinigen.“ Ich glaube, daß wir viel zu oft nur für uns selbst statt auch für andere beten. Wir müssen lernen, ebenso viel und eindringlich für andere und mit anderen zusammen zu beten wie für uns.
Als letztes bittet Paulus seine Freunde, sie möchten auch für ihn beten. Paulus bittet nicht um ein angenehmes Leben und um Frieden, sondern darum, daß es ihm gestattet sein möge, das Geheimnis Gottes kundzumachen, daß die Liebe Gottes allen Menschen und der ganzen Welt gilt. Wir täten gut daran,

zu bedenken, daß kein Kirchenführer und kein Prediger etwas erreichen kann, wenn seine Freunde ihn nicht mit ihrem Gebet unterstützen.

DER SCHLUSSEGEN. GRÜSSE UND SEGENSWÜNSCHE

Epheser 6, 21–24

Auf daß ihr aber auch wisset, wie es um mich steht und was ich schaffe, wird's euch alles kundtun Tychikus, mein lieber Bruder und getreuer Diener in dem Herrn, welchen ich dazu gesandt habe zu euch, daß ihr erfahret, wie es um uns steht, und daß er eure Herzen tröste.
Friede sei den Brüdern und Liebe mit Glauben von Gott, dem Vater, und dem Herrn Jesus Christus! Die Gnade sei mit allen, die da liebhaben unsren Herrn Jesus Christus, für und für!

Wie wir bereits gehört haben, handelt es sich bei dem Brief an die Epheser um einen Rundbrief. Tychikus trug ihn von Gemeinde zu Gemeinde. Anders als die meisten Paulusbriefe vermittelt uns der Epheserbrief keine persönlichen Auskünfte über den Apostel. Doch Tychikus sollte auf seinem Weg von Gemeinde zu Gemeinde berichten, wie es Paulus ging, und ihnen den persönlichen Zuspruch des Paulus übermitteln.
Paulus beschließt seinen Brief wie stets mit Segenswünschen in den bekannten Ausdrücken. Frieden als das höchste Gut des Menschen; Glauben, der vollkommen ist und in Christus ruht; Gnade als das freiwillige Geschenk Gottes, das sind die Dinge, die Paulus für seine Freunde von Gott erbittet. Vor allem aber bittet er darum, daß sie die Liebe Gottes erkennen, daß sie die Menschen in der gleichen Weise liebhaben, wie Gott sie liebhat, und daß sie Jesus Christus so sehr lieben, daß ihre Liebe nie aufhört.